最强大

侦探推理游戏

罗非鱼 主编

化学工业出版社

·北京·

本书将世界上最经典、最有趣的侦探推理游戏汇编成册，在满足孩子们旺盛的猎奇心理的同时，还能提高孩子们的观察力、分析力和判断力。此外，这些简短精彩的探案游戏，可以激发孩子探究的欲望，拓展他们的思维，可以运筹帷幄、抽茧剥丝、去伪存真，最终洞察一切。

本书还在故事中巧妙地设置了很多小问题，通过回答这些问题，循序渐进地引导孩子们关注细节、发现线索，充分运用自己的逻辑分析能力找出自己的答案。在无形中培养了大脑各方面的能力。

图书在版编目（CIP）数据

侦探推理游戏/罗非鱼主编.—北京：化学工业出版社，2015.6（2021.7重印）
（最强大脑思维训练）
ISBN 978-7-122-23842-9

Ⅰ.①侦… Ⅱ.①罗… Ⅲ.①智力游戏–青少年读物 Ⅳ.①G898.2

中国版本图书馆CIP数据核字（2015）第090878号

责任编辑：张　琼　　　　　　　　装帧设计：王晓宇
责任校对：陈　静

出版发行：化学工业出版社（北京市东城区青年湖南街13号　邮政编码100011）
印　　装：大厂聚鑫印刷有限责任公司
710mm×1000mm　1/16　印张16　字数289千字　2021年7月北京第1版第8次印刷

购书咨询：010-64518888　　　　　　售后服务：010-64518899
网　　址：http://www.cip.com.cn
凡购买本书，如有缺损质量问题，本社销售中心负责调换。

定　　价：29.80元　　　　　　　　　　　　　　版权所有　违者必究

破奇案，挑战思维的极限！

多思考，开发智力和大脑！

善推理，成功终将属于你！

一个人的智慧需要不断培养，才会成熟；一个人的思维需要不断学习，才会提高。爱因斯坦曾经说过：逻辑思维能力强是智商高的表现。因为人思维的逻辑性在很大程度上决定了一个人认识的深度和广度。对于学生来说，思维的逻辑性与其学习成绩有很大关系，因为它关系到我们的判断、推理以及综合分析的能力。因此，培养一个人思维的逻辑性是促进其智慧发展的关键。

究竟如何才能提高我们思维的逻辑性呢？进行探案推理训练是一个非常简单而有效的办法。通过阅读与思考，不仅可以享受阅读的乐趣，还能在这些非常有趣的故事中挑战思维极限，提高思维的灵活性、深刻性和逻辑性。有趣严密的逻辑推理故事能够充实人的心灵，改善人的行为方式和思考方法，帮助一个人步入杰出人士的行列。

我们还可以扮演刑警和侦探的角色，在张弛有度的气氛中，面对一个个充满悬疑而又有趣的案件、一个个引人思考的问题，亲自体会发现线索的乐趣和揭开真相的快感。

成为一名合格侦探的必备条件：

（1）对任何小问题都保有好奇心。

（2）能够随机应变，随时准备好应付外界的一切变化。

（3）要熟知心理学，尤其是犯罪心理学。

（4）要具备法医学、鉴识科学等知识基础。

（5）敏锐的反射神经。若不能掌握住转瞬即逝的时机，犯人就逃走了。

（6）与其会说话倒不如会听话。从别人的证词中发现线索。

（7）即使是从未见过面的人，也能在第一次见面后就记住他的长相。

（8）敏锐的观察力。勘测现场，寻找证据。

（9）超强的推理能力。将零碎的信息合理地拼接组合成符合事实的过程。

（10）不用主观的意见来判断事情。只有具备了证据的事实才是真实的。

你所具备的条件越多，你就越适合做一名侦探！

本书收编了四百多个世界上经典、有趣的逻辑探案游戏，在满足孩子们旺盛的猎奇心理的同时，还力求提高孩子的观察力、分析力和判断力。这些简短精彩的逻辑探案游戏，可以激发孩子探究的欲望，拓展他们的思维。你可以运筹帷幄、抽茧剥丝、去伪存真，提高洞察力。

本书的最大特色之一就是巧妙地设置了很多小问题，让你通过回答这些问题，关注细节、发现线索，充分运用自己的逻辑分析能力找出自己的答案，在无形中培养了思考的能力。

如果你认真看完本书中的游戏，你就可以冲破思维定式，学会从不同的角度去思考问题，掌握更科学的思维方式和方法，即使参加世界500强企业的面试，或者报考公务员、MBA等，都能轻松应对。

阅读侦探推理游戏，突破你的思维瓶颈，激发你的推理潜能，引发你的思维风暴，提高你的分析力、挑战力、创造力和想象力，让你在游戏中越玩越聪明。

编者

2015年4月

CONTENTS

目录

■ 第一部分 巧破疑难案件 / 1

1. 县官审案 / 2
2. 伪造的死亡时间 / 2
3. 巧断谋杀案 / 2
4. 塔顶的夜明珠 / 2
5. 特级教师之死 / 3
6. 伪装的自杀 / 3
7. 谁是凶手 / 3
8. 聪明的警长 / 4
9. 粘在身上的血迹 / 5
10. 逃逸的汽车 / 5
11. 偷自行车的人 / 5
12. 校园里的盗窃案 / 6
13. 双胞胎盗窃案 / 6
14. 四条有价值的供述 / 6
15. 多了一个嫌疑人 / 6
16. 询问的技巧 / 7
17. 谁肯定有罪 / 7
18. 有用的信息 / 7
19. 四名嫌疑人 / 7
20. 他是清白的 / 8
21. 村长审案 / 8
22. 谁有罪 / 8
23. 谁在说谎 / 9

24. 窃取情报 / 9
25. 火花 / 10
26. 照片证据 / 10
27. 手表 / 10
28. 失误 / 11
29. 嫁祸他人 / 11
30. 破绽 / 12
31. 假证据 / 12
32. 凶手的破绽 / 12
33. 破绽在哪儿 / 12
34. 死亡线索 / 13
35. 识破小偷 / 13
36. 凶手是哪个 / 14
37. 自杀 / 14
38. 花招 / 14
39. 骗保险金 / 14
40. 吹牛的人 / 15
41. 报案人的谎言 / 15
42. 骗保险 / 16
43. 不是自杀 / 16
44. 骗子的漏洞 / 16
45. 作伪证的证人 / 17

■ 第二部分　不可能的案件 / 19

46. 不在场的证明 / 20
47. 消失的杯子 / 20
48. 作案地点 / 20

49. 谁偷的文件 / 21
50. 跳机自杀 / 22
51. 消失的邮票 / 22
52. 转移财产 / 22
53. 遗产 / 23
54. 走私物品 / 23
55. 消失的赎金 / 23
56. 指纹 / 24
57. 爆炸谋杀案 / 24
58. 偷运黄金 / 24
59. 奇怪的谋杀案 / 25
60. 赎金哪里去了 / 25
61. 指纹哪里去了 / 25
62. 神秘的绑架案 / 25
63. 自杀的破绽 / 26
64. 消失的扑克牌 / 26
65. 不可能的毒杀案 / 26
66. 中毒 / 27
67. 圣经 / 27
68. 不可能的赏赐 / 27
69. 值得怀疑 / 28
70. 陷阱 / 28
71. 假照片 / 28
72. 撒谎的凶手 / 29
73. 自卫还是谋杀 / 29
74. 煤气泄漏之谜 / 30
75. 隔空杀人 / 30

76. 遇害真相 / 30
77. 做了手脚的时间表 / 31
78. 小明的烦恼 / 31
79. 闭门失窃 / 31
80. 粗心的神父 / 32

■ 第三部分　真相只有一个 / 33

81. 奇怪的陌生人 / 34
82. 两个嫌疑人 / 34
83. 丢失的凶器 / 34
84. 屈打成招 / 35
85. 怀疑的对象 / 35
86. 谁是真凶 / 36
87. 两万英镑 / 37
88. 一声枪响 / 38
89. 奇怪的火灾 / 38
90. 被移动的尸体 / 38
91. 谁是小偷 / 39
92. 合谋 / 39
93. 凶手是谁？/ 40
94. 破绽在哪儿 / 40
95. 有经验的警察 / 40
96. 溺死的吉恩 / 41
97. 职业小偷 / 41
98. 作案时间 / 41
99. 隐藏的嫌犯 / 42
100. 洗牌的手法 / 42

101. 吓人的古墓 / 43

102. 习惯标准 / 43

103. 密码猜人名 / 43

104. 有趣的考试 / 44

105. 红纸在哪儿 / 44

106. 效仿 / 44

107. 盒子与真话假话 / 45

108. 两个助教 / 45

109. 男学生和女学生 / 45

110. 盒子上的题词 / 46

111. 四个盒子 / 46

112. 画窃贼 / 46

113. 疏忽 / 46

114. 吹牛 / 47

115. 无名死尸 / 47

116. 正当防卫 / 47

117. 福尔摩斯 / 47

118. 谁是罪犯 / 48

119. 凶器是什么 / 48

120. 露出马脚 / 48

121. 诈骗 / 49

122. 谜团 / 49

123. 第二枪 / 49

124. 潮涨潮落 / 49

125. 鉴别逃犯的血迹 / 50

126. 助手的错误 / 50

127. 识破小偷的伎俩 / 50

128. 老练的警长 / 51

■ 第四部分　真假话大辩论 / 53

129. 真假分不清 / 54
130. 今天星期几 / 54
131. 哪天说实话 / 54
132. 走出迷宫 / 54
133. 从实招来 / 55
134. 三个问题 / 55
135. 该释放了谁 / 56
136. 分辨吸血鬼 / 56
137. 开箱子 / 56
138. 四名证人 / 57
139. 谁偷了金表 / 57
140. 谁是主犯 / 57
141. 有谁偷吃了蛋糕 / 58
142. 真假难辨 / 58
143. 谁是杀人犯 / 58
144. 五个儿子 / 58
145. 警探的询问 / 59
146. 真话和谎话 / 59
147. 零用钱 / 59
148. 谁得了大奖 / 60
149. 电脑高手 / 60
150. 各自的身份 / 61
151. 谁偷吃了糖果 / 61
152. 推算日子 / 61

153. 丙会如何回答 / 61

154. 亲戚关系 / 62

155. 完美岛上的部落 / 62

156. 几个骗子 / 63

157. 仓库遭窃案 / 63

158. 聪明的仆人 / 64

159. 四个人的口供 / 64

160. 说假话的小偷 / 65

161. 中毒身亡 / 65

162. 谁打碎了花瓶 / 65

163. 八名保镖 / 66

164. 四个男孩 / 66

165. 说谎国与老实国 / 66

166. 君子小人村 / 67

167. 谁是小人 / 67

168. 三个村民 / 67

169. 问的人是谁 / 68

170. 回答相同吗 / 68

171. 谁是凡夫 / 68

172. 等级关系 / 68

173. 如何回答 / 69

174. 是同一类人吗 / 69

175. 接受采访 / 69

■ 第五部分　被忽略的细节 / 71

176. 衣柜里的尸体 / 72

177. 学者之死 / 72

178. 自杀的假象 / 72

179. 审狗破案 / 73

180. 车牌号码 / 73

181. 汽车抢劫案 / 74

182. 是自杀还是他杀 / 74

183. 两份遗嘱 / 74

184. 哪个是警察 / 74

185. 清晰的手印 / 75

186. 半夜异响 / 75

187. 说谎的嫌疑人 / 75

188. 破绽 / 76

189. 小偷的破绽 / 76

190. 嫌疑人的破绽 / 76

191. 凶手的破绽 / 76

192. 猎人的朋友 / 77

193. 狐狸说谎 / 77

194. 巫婆和妖精 / 77

195. 得到什么回答 / 78

196. 说话的是谁 / 78

197. 一根魔法杖 / 79

198. 森林里的传言 / 79

199. 巧妙报警 / 80

200. 钥匙上的指纹 / 80

201. 并非自杀 / 80

202. 吹牛的将军 / 81

203. 揭穿谎言 / 81

204. 凶手的破绽 / 81

205. 被揭穿的谎言 / 82
206. 忽略的细节 / 82
207. 聪明的侦探 / 83
208. 重合的指针 / 83
209. 加法与乘法 / 83
210. 曹操的难题 / 84
211. 迪拜塔 / 84
212. 司令的命令 / 84
213. 强劲的对手 / 84

■ 第六部分　深度逻辑推理 / 85

214. 谁是凶手 / 86
215. 未知的数字 / 86
216. 餐馆谋杀案 / 87
217. 被偷的答案 / 87
218. 四种语言 / 88
219. 不用找零 / 88
220. 期末加赛题 / 89
221. 纸片游戏 / 89
222. 令人瞩目的特点 / 90
223. 额头上的数字 / 90
224. 丈夫的忠诚 / 91
225. 谁说的是对的 / 91
226. 宿舍同学 / 92
227. 谁需要找零 / 92
228. 默默无闻的捐助者 / 92
229. 三位授课老师 / 93

230. 不同国籍的人 / 93
231. 英语六级考试 / 94
232. 谁养鱼 / 94
233. 入住时间 / 95
234. 四家孩子 / 95
235. 名字与职业 / 96
236. 死了几条狗 / 96
237. 简单的信息 / 97
238. 特征的组合 / 97
239. 谁得了第一 / 98
240. 哪一天一起营业 / 98
241. 真正的预言家 / 99
242. 勇敢的猎人 / 99
243. 结婚订婚与单身 / 99
244. 忘记的纪念日 / 100
245. 毕业10年 / 100
246. 并列第一 / 101
247. 雨中的聚会 / 101
248. 火车上的座位 / 102
249. 五名狙击手 / 102
250. 谁杀害了医生 / 102
251. 珠宝店盗窃案 / 103
252. 经营的种类 / 103
253. 网球比赛 / 103
254. 三种颜色的球 / 104
255. 巧猜自然数 / 104
256. 生日在哪一天 / 105

257. 单词中的字母 / 105

258. 美国硬币 / 106

259. 得意弟子 / 106

260. 谁买了果酒 / 107

261. 能否看到信 / 107

262. 不同的嗜好 / 107

263. 这张牌是什么 / 108

■ 第七部分　动脑筋巧应对 / 109

264. 偷吃鸡蛋 / 110

265. 大座钟报时 / 110

266. 偷运金属管 / 110

267. 警察抓小偷 / 110

268. 快速煎饼时间 / 111

269. 越狱 / 111

270. 比萨斜塔 / 111

271. 倒硫酸 / 111

272. 谁是总统 / 112

273. 一艘小船 / 112

274. 孙膑与庞涓吃饼 / 112

275. 聪明的聋哑人 / 112

276. 藏起来的宝石 / 112

277. 优势 / 113

278. 被困的海盗 / 113

279. 最终谁会赢 / 114

280. 不可能的分数 / 114

281. 谁是肇事者 / 114

282. 水果卖亏了 / 115
283. 热气球过载 / 115
284. 相互提问 / 115
285. 狡诈的县官 / 116
286. 阿凡提的故事 / 116
287. 丈夫的特异功能 / 116
288. 判决 / 117
289. 什么关系 / 117
290. 他在干什么 / 117
291. 上当的国王 / 117
292. 聚餐 / 118
293. 最轻的体重 / 118
294. 怎么摆放最省力 / 118
295. 两根金属棒 / 118
296. 装睡 / 118
297. 比赛 / 118
298. 无法滚动的球 / 119
299. 谁更有利 / 119
300. 逃离食人族 / 119
301. 偷换概念 / 120
302. 奇怪的数列 / 120
303. 吃饭 / 120
304. 丢失的螺丝 / 120
305. 骑不到的地方 / 121
306. 如何活命 / 121
307. 禁止通行 / 121
308. 两个空心球 / 121

309. 饭店的门牌 / 121

■ 第八部分 语言文字智慧 / 123

310. 酋长的谜语 / 124
311. 有罪的证明 / 124
312. 假话 / 124
313. 加标点 / 124
314. 阿凡提点标点 / 125
315. 猜谜语 / 125
316. 巧改电文 / 125
317. 反驳 / 125
318. 回敬 / 126
319. 聪明的杨修 / 126
320. 影射 / 126
321. 父在母先亡 / 126
322. 辩解 / 127
323. 牌子上的规定 / 127
324. 日近长安远 / 127
325. 子非鱼,安知鱼之乐 / 127
326. 进化论 / 128
327. 我问你猜(1)/ 128
328. 我问你猜(2)/ 128
329. 我问你猜(3)/ 128
330. 左读右读 / 129
331. 诗句重排 / 129
332. 苏小妹试夫 / 129
333. 巧读诗句 / 130

- 334. 讽刺官员 / 130
- 335. 数字密码 / 130
- 336. 密码便条 / 130
- 337. 破解短信 / 131
- 338. 青铜镜 / 131
- 339. 老寿星的年龄 / 131
- 340. 最聪明的人 / 131
- 341. 讹人的下场 / 131
- 342. 保管盒子 / 132
- 343. 电话的暗语 / 132

■ 第九部分　超强的第六感 / 133

- 344. 细心的保安 / 134
- 345. 骗保险金 / 134
- 346. 百密一疏 / 134
- 347. 开玩笑 / 135
- 348. 中毒还是谋杀 / 135
- 349. 隧道自杀案 / 135
- 350. 没有水草 / 135
- 351. 半根火柴 / 136
- 352. 夜半敲门 / 136
- 353. 自杀 / 136
- 354. 第一现场 / 136
- 355. 不在场的证明 / 137
- 356. 意外还是谋杀 / 137
- 357. 密室盗宝 / 138
- 358. 正确的假定 / 138

359. 检验毒酒 / 139
360. 选择箱子 / 139
361. 密室杀人案 / 140
362. 找出重球 / 141
363. 不合格的钢球 / 141
364. 我被骗了吗? / 141
365. 被小孩子问倒了 / 141
366. 我有撒谎吗? / 142
367. 到底谁算是凶手? / 142
368. 探险家的位置 / 143
369. 台长的密室 / 143
370. 三个家庭 / 144
371. 社团成员 / 144
372. 销售果汁 / 145
373. 成绩高低 / 146
374. 选修课程 / 147
375. 成绩排名 / 148
376. 星光大道 / 149
377. 杂技演员 / 150
378. 打扫卫生 / 151
379. 操场上的彩旗 / 152
380. 乘出租车 / 153
381. 生病的人 / 154
382. 两对三胞胎 / 156
383. 展厅之间的通道 / 156
384. 理发师悖论 / 157
385. 所罗门断案 / 158

386. 锦囊妙计 / 158

387. 死因 / 158

388. 司机哪儿去了 / 159

389. 被杀的鸵鸟 / 159

390. 扑克牌的顺序 / 159

391. 盗窃案 / 159

392. 聪明程度 / 160

■ 答案 / 161

第一部分
巧破疑难案件

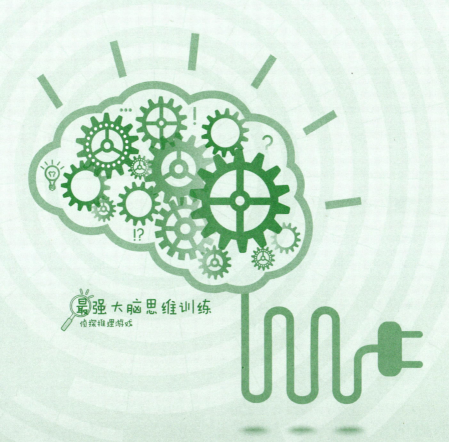

1. 县官审案

古时候，某老翁有两个儿子，二儿子不务正业，到处为非作歹。一次，老翁气急之下错手打死了二儿子。怕官府追究，悄悄地和大儿子一起将尸体埋了起来，对外只说二儿子外出做工。一天，老翁喝醉了酒，喃喃自语颇有悔恨之情，被邻居听到，就把他告到了官府。老翁拒不承认。县令没有证据，便想了一个审讯办法，将大儿子和老翁关在一起，并把大儿子吊起来受刑。从而得知了事情的真相。

你知道这是为什么吗？

2. 伪造的死亡时间

一个黑帮团伙发生内讧，部下造反杀死了大头目。为了伪造死亡时间，将尸体塞进大冷冻箱里放了三天，第四天夜里用汽车将尸体运到自然公园扔进山谷，造成其在山顶遭枪击后坠入山谷的假象。

第二天早晨，尸体被发现。警察开始立案调查。"确切死亡时间，只有在解剖了尸体后才能弄清楚。初步查实死亡已经三四天了。"法医向刑警报告说。"如果是这样，作案现场就不是这里。是在别处作案后，昨天夜里移尸到此，从山顶上推下来的。"团侦探听了法医的报告后这样肯定地说。

实际上，他发现尸体时，注意到了尸体手腕上戴的手表。手表虽然还走着，但时间要慢得多。

为什么团侦探只看了一下手表，就能马上看穿真相呢？

3. 巧断谋杀案

某地发生了一起凶杀案，警察在作案现场附近找到一个嫌疑人，便把他带到了警察局。没想到他是个聋哑人，无论警察说什么，他都听不懂。警察只好对他做了书面盘问，发现如果他真的是个聋哑人，他就不是凶手。于是，聪明的办案人员说了一句简单的话，就拆穿了凶手伪装成聋哑人的伎俩。

你知道办案人员是怎么说的吗？

4. 塔顶的夜明珠

大理有个佛光寺，寺里有座宝塔，塔顶上有一颗闪闪发光的夜明珠，寺庙也因此而得名。一年中秋节，寺院的方丈外出化缘，留下两个徒弟看守寺院。

半个月后，老方丈化缘归来，发现塔顶上的佛珠被人偷走了，便叫来两个徒弟询问。大徒弟说："昨晚我上厕所，借着月光，看见师弟爬上塔偷走了夜明珠。"小徒弟争辩道："我昨晚整夜都睡在禅房里，从没起来过，佛珠不是我偷的。好像自从师傅走后，夜明珠就没有发过光。"老方丈听完两人的叙述后，便知道谁说了谎话，谁偷了夜明珠。

你知道是谁吗？

5. 特级教师之死

有一天晚上9点左右，特级教师于老师在家里批改学生的作业时，被人用木棒从背后打死。书桌上只有一堆作业和一盏亮着的台灯，并且窗户紧闭。

报案的是住在于老师对面公寓的刘夏。他向赶到现场的警方描述当时的情况："那时候我刚洗完澡，正站在窗户旁想呼吸一下新鲜空气，当我从房间向外走时，无意间发现于老师书房的窗口有个影子，似乎举着什么东西向他攻击，我感觉不妙，所以就报警了。"

刑警听了以后却说："你说谎！你就是凶手！"说罢便将刘夏逮捕归案。警察是怎么发现他说谎的呢？

6. 伪装的自杀

在一栋小洋房里，发现了一具中年女性的尸体，已经死了几天了。在死者身旁发现了字迹潦草的遗书，看起来她似乎是自杀。发现尸体的人是死者的邻居，据她所说，这个死者无子女，丈夫在几年前也去世了，只有家里的一条狗与她相依为命。这条狗被绳子拴在床脚旁，几天都没有吃东西，饿得嗷嗷叫。死者的邻居还告诉刑警："这名女士长年一人居住，她生前最爱这条狗，把它当亲儿子一样。"刑警听了以后，深思一番，说："如果是这样的话，那她就不是自杀，遗书是被人伪造的。"请问，这是为什么呢？

7. 谁是凶手

百万女富翁阿拜·到恩在手术前准备室被勒死，凶器是一根铁丝，它在她的颈部围了一圈，而邻屋的护士曾看到主治医师让奈去过那里，他是个瘸子。警察们在医院的一个角落屋子里发现了作案时的衣服，白衣白裤——医院的男装工作服，裤子腿往上卷着；一双鞋，鞋舌向里窝着；鞋带断了，后又被医院专用的白胶布接合。两鞋底磨损不同!

紧接着让奈也被谋杀了。作案手法依旧。只不过他是在自己的办公室死的。他的办公室只有一张办公桌,摆在正中间,他坐在桌子后面的椅子上,左前方是门,方便接待患者。死者伏在桌子上死去了。凶器依然是铁丝,是从后面把人勒死的。

人名	身份	疑点
阿拜·到恩	百万富翁	自杀?
格尔达·到恩	其女	遗产的直接继承人
德里克·到恩	其弟	阿拜生前一直不给他钱用
萨拉·法勒	女佣人	与阿拜不和,经常吵架,遗产的受益人
露西·普来斯	让奈的秘书	两次案发时都在医院
让奈	阿拜·到恩的医生	阿拜遗产的主要受益人,需要一笔试验经费
托马斯·史文逊	谋杀前让奈的客人	让奈医生的私生子,常常向父亲要钱
飞利浦·摩高斯	格尔达男友	格尔达·到恩的未婚夫
约翰·敏钦	德里克·到恩的好友	案发时一直和德里克·到恩在一起

请问谁是凶手?

8. 聪明的警长

在一所乡村旅馆中发生了一起凶杀案。死者是一位妙龄女郎,被水果刀捅入背部致死。警长向侦探介绍说,这位女郎名叫刘丽,上周刚和一位军官完婚;他们在公园街有一套小公寓。嫌疑对象很可能是刘丽的前男友王刚。刘丽曾与王刚相好,但最后却选择了那位军官。

探长决定独自去探探王刚的情况,临走前他故意将一支金笔扔在了旅馆中死者躺过的床上。

王刚独自一人住在自己的修车店,探长一进门就问:"你知道刘丽被人杀了吗?"

"啊!不,不知道啊。"王刚气喘吁吁地说。

"嗯,不知道就好。"说着探长伸手到上衣口袋中摸笔做记录。"啊,糟糕,我的笔一定是掉在刘丽的房间了。我现在得马上去办另一件案子,顺便告诉警方你与此案无关。你不会拒绝帮我找回金笔,送回警察局吧?"

王刚只好无可奈何地答应了。

当王刚把金笔送到警察局时,他立即被捕了。

你知道是为什么吗?

9. 粘在身上的血迹

一个寒冷的清晨,天气滴水成冰,海尔丁探长正在看骑手们跑马练习,突然马棚里冲出一个金发女郎,大叫着:"快来人哪!杀人啦!"海尔丁急忙奔了过去。只见马棚里一个驯马师打扮的人俯卧在干草堆上,后腰上有一大片血迹,一根锐利的冰锥就扎在他腰上。

"死了大约有8个小时了。"海尔丁自语道。他转过身,看了一眼正捂着脸的那位金发女郎,说:"噢,对不起,你袖子上沾的是血迹吗?"那位金发女郎把她那骑装的袖口转过来,只见上面是一长道血印。

"咦,"她脸色煞白,"一定是刚才在他身上蹭到的。我叫盖尔·德伏尔,他,他是彼特·墨菲。他为我驯马。"

海尔丁问道:"你知道有谁可能杀他吗?""不,"她答道,"除了……也许是鲍勃·福特,彼特欠了他一大笔钱……"

第二天,警官告诉海尔丁说:"彼特欠福特确切的数字是15000美元。可是经营渔行的福特发誓说,他已有两天没见过彼特了。另外,盖尔小姐袖口上的血迹经化验是死者的。"

请问谁是罪犯呢?

10. 逃逸的汽车

一辆汽车肇事后逃跑了,警长立即赶到了出事地点。

一位见证人说:"当时我正在开车,在反光镜中发现自己车的后面有一辆车突然拐向小路,飞驶而去,很不正常。所以,他顺手记下了那辆车的车牌号。"

警长说:"那可能就是肇事的车,我马上叫警察搜捕这辆18UA01号车!"几小时后,警察局告知警长,见证人提供的车号18UA01是个空号。现在已把近似车号的车都找来了,有18UA81号、18UA10号、10AU81号和18AU01号共四辆车。

警长看了看所有的车号,终于从四辆车中找出了那辆肇事车。

你知道是哪个吗?

11. 偷自行车的人

某个学校半夜有人开卡车进来偷自行车,通过调查锁定了三名作案嫌疑人:甲、乙和丙。经过了解后,查明了如下三条事实:

A.作案者不可能是甲、乙、丙三个人以外的其他人;
B.丙作案的时候肯定会和甲在一起,当然不一定只有两个人;

C. 乙不懂怎么开卡车。
通过这三个事实，相关人员马上把甲抓了起来，请问是怎么推理的？

12. 校园里的盗窃案

校园里出了一起盗窃案，经过调查锁定了三个嫌疑人，并了解到如下三条事实：
A. 作案者不可能是甲、乙、丙三个人以外的其他人；
B. 甲作案的时候肯定会有搭档；
C. 经过深入调查，丙有充分的不在场证据。
如果你是警官，能依此决定先把谁抓起来吗？

13. 双胞胎盗窃案

这一桩案件的嫌疑人也是有三个，但甲与乙是对双胞胎，长得很像，一般人很难分清哪个是哪个。但大家都知道，那对双胞胎很胆小，必须有搭档才可能会作案。第三个嫌疑人丙则胆子非常大，因此从来都是单干的。有可靠的几个证人作证，在案件发生的时候，他们看见双胞胎兄弟里的一个在操场上打球，但并不能确定是甲和乙里的哪一个。已经知道作案的肯定是甲、乙和丙里的一个人，能确定谁有罪，谁无罪吗？

14. 四条有价值的供述

某金店被盗，丢失了一条价值连城的钻石项链。不久，警察抓到了三名与此案有关的嫌疑人。经过审讯，这三个嫌疑人做了如下的四条供述，而且据证实，这四条供述都是事实：
A. 如果甲有罪而乙无罪，那么丙有罪；
B. 丙从来不单干；
C. 甲从来不和丙合伙；
D. 这次案件的作案人肯定在甲、乙、丙里。
这几条事实也许不能完全认定谁没有罪，但有一个人可以认定必然是有罪的，是哪个人？

15. 多了一个嫌疑人

这次案件里多了一个嫌疑人丁，但我们只能了解到关于甲、乙、丙的几条事实：

A. 甲确实无罪；
B. 如果乙有罪，他恰好有一个搭档。
C. 如果丙有罪，他恰好有两个搭档。
你能依此判断D是否有罪吗？

16. 询问的技巧

有个人被怀疑偷了东西，于是警官过来找他问话。
警官：据我所知，如果你偷了东西，肯定会有同伙。
那人马上答道：不，这不是事实。
警官据此认定那人真的偷了东西，请问为什么。

17. 谁肯定有罪

这一次还是有三个嫌疑人甲、乙、丙，已经知道以下两个事实：
A. 如果甲无罪或者乙有罪，那么丙有罪；
B. 如果甲无罪，那么丙也无罪。
你能确定这三个人里谁肯定有罪吗？

18. 有用的信息

这一次还是有三个嫌疑人甲、乙、丙，已经知道以下两个事实：
A. 三个人中至少有一个人是有罪的；
B. 如果甲有罪而乙无罪，那么丙有罪。
也许这些证据还不足以给其中某个人定罪，但的确能得到一些有用的信息，你能看出是什么信息吗？

19. 四名嫌疑人

这一案更有趣，牵涉到四名嫌疑人甲、乙、丙、丁，确定了如下四个事实：
A. 如果甲和乙都有罪，那丙也是同伙；
B. 如果甲有罪，那么乙、丙中至少有一个人是同伙；
C. 如果丙有罪，那么丁是同伙；
D. 如果甲无罪，那么丁有罪。
能确定哪几个人有罪，哪几个人可能有罪吗？

如果确定了如下四个事实：
A. 如果甲有罪，那么乙是搭档；
B. 如果乙有罪，那么或者丙是同伙或者甲无罪；
C. 如果丁无罪，那么甲有罪而丙无罪；
D. 如果丁有罪，那么甲也有罪。
能确定哪几个人有罪，哪几个人无罪吗？

20. 他是清白的

这一次案件发生在君子小人村里，也就是村里的人或者是永远说真话的君子，或者是永远说假话的小人。

在这个村子里，有个人被怀疑偷了别人东西，于是警官来找他问话。这个人只说了一句话："偷东西的那个人是个小人。"警官听后就知道那个人是清白的，请问这是为什么？

21. 村长审案

还有一回案件也是发生在君子小人村里，甲和乙两个人被怀疑偷了别人东西，于是村长出面审理这个案子。最后村长宣布：
A. 甲有罪；
B. 甲和乙并不是都有罪。
一个路人经过这个村子并知道了这件事，他不知道村长是君子还是小人，那么他能根据村长的话推理出谁有罪吗？村长又是属于哪类人？
如果最后村长宣布的是：
A. 甲或乙有罪；
B. 甲没有罪。
那这个路人还能根据村长的话推理出谁有罪吗？村长又是属于哪类人？

22. 谁有罪

这次这个案子发生在有君子、小人和凡夫的村子里。君子永远讲真话，小人永远讲假话，凡夫则有时讲真话有时讲假话。

现在有三个村民甲、乙和丙被怀疑偷了东西，已经知道犯罪的是君子，而且是他们三人中间唯一的君子。现在三名疑犯作了如下的陈述。

甲：我无罪；
乙：甲说的是实话；
丙：乙不是凡夫。
你能确定是谁有罪吗？

23. 谁在说谎

一名劫匪抢劫了一家珠宝店，正好附近有一个巡逻的警察及时赶到，在作案现场附近抓到了几个嫌疑人。在询问的过程中，几个人的供词分别如下：

第一位说："什么？抢劫？什么时候的事？中午12点半？那时我正在前面那个小吃店吃面，吃完了发现外面下起了雨，我躲了一会儿雨。停了我才出来，可没多远就被抓了。"

第二位说："我和女朋友一起逛街，突然下起了大雨，我们只能待在店里。等停了我们才分手各自回家，还看到那边有一道彩虹呢！"

第三位说："我不知道什么抢劫，我在附近的小店里躲雨，晴了以后我发现有一道彩虹，很漂亮。我最喜欢彩虹了，就一直盯着看了半天。可能时间太久了，被太阳照得很刺眼，就打算回家休息一会，没想到被你们抓来了。"

警察想了想，说这三个人中有一个在说谎！

你知道谁在说谎吗？

24. 窃取情报

某科技公司高层开会的时候，偶然发现在会议室的桌子下面有一个微型录音笔，想必是竞争对手安排了奸细想窃取商业情报。公司决定查出这个奸细。从录音中了解到，这段录音的前1分钟没有任何声音，1分10秒的时候有一声关门的声音，接着又是半个小时的静音状态，接着是零星几个人的脚步声，接着就是会议上讨论的内容。应该是有人将录音笔打开后藏在会议桌下面，然后离开了。半个小时后，高层领导陆续到会议室来参加会议，并开始开会。

根据会议的时间倒推就可以确定奸细安放录音笔的时间。而在这个时间没有不在场证据的人只有三人。第一位是市场部经理的新秘书王小姐，穿着一身白色的连衣裙，红色的高跟鞋；第二位是创作部的一位男职员李先生，穿着黑色的西装，棕色的皮鞋；第三位是人事部的王先生，一身休闲装，运动鞋。

只是凭着三个人的装束，聪明过人的总经理就推出了谁是内奸。

你知道三人中谁是奸细吗？

25. 火花

一天夜里，张三向警察报案称，自己的妻子被人杀害。警察来到现场查看，发现张三的妻子倒在地上，头上被钝器所伤。

警察向张三了解情况。张三说："我在家中的卧室休息，妻子在客厅看电视。后来听到有门铃声，像是来了个人。不久我就听到'哐'的一声，接着就是我妻子的惨叫。我忙冲了出去，发现妻子倒在血泊之中，一个黑影从门口窜了出去。我赶紧去追，那个人在我前面大约50米。看我追过去，回头向我扔过来一个东西，我一闪没有打到我，那个东西撞击地面擦出一串火花。等我回过神来，那个人就跑远不见了。"

警察根据他的口供在张三家门口不远处发现了一尊青铜像，旁边沾着死者的血迹。

警察抓住张三说："我怀疑你杀害自己的妻子！"

请问警察发现了什么破绽呢？

26. 照片证据

一个星期天的下午三点左右，在市郊的一栋小房子里，一位独居的老妇人被人杀害。

经过警方的调查，抓到了一名犯罪嫌疑人，但是嫌疑人很快拿出了一张照片作为自己的不在场证据。照片的拍摄日期正是案发当天，地点是市中心一座钟楼前面。只见照片上钟楼显示的时间是下午三点。

警察仔细看了看这张照片说："你在撒谎，这张照片说明你就是凶手。"并指出了一点错误。嫌疑人只好承认了自己就是凶手。

你知道凶手是如何伪造的证据，而警察又发现了什么呢？

27. 手表

怀特先生加了一夜的班，天亮了才回到家中，发现家中被盗，保险箱里的大量现金和首饰都不见了。于是他报了案。不一会警察来了，和怀特一起在他家锁着的地下酒窖里发现了还在熟睡的妻子。众人将其叫醒，怀特的妻子讲述了事情的经过："昨天下午三点左右，三名歹徒闯进家中，强行给我灌下了安眠药之类的药物，很快我就睡着了，并被歹徒关在了地下酒窖中。也不知道过了多久，现在才被大家叫醒。"

警察看了一眼这个酒窖，是个不大的地窖，放着几架红酒。四周无窗，门可以从外面锁上，里面有一盏40瓦的灯泡，发出不太亮的光。

警察看了一眼怀特的妻子，说："你和那些强盗是一伙的吧！快从实招来。"
你知道警察是如何识破她的诡计的吗？

28. 失误

间谍007想从某国军队高官手中盗取一份机密情报。他首先探听到该高官会在某一时刻独自一人开车经过一段山路，于是他埋伏起来，等高官驾车到达一个转弯处时，他用全息图像制造了一个非常逼真的汽车迎面开来的图像。高官为了躲避前面的车辆，下意识地猛打方向盘，连人带车翻下十几米深的山谷中，撞在一个大石头上当场死亡。本以为车会起火爆炸，没想到因为油箱里油量不足，没有起火。

007赶了过去，偷拍了机密文件后放回原处。又从自己的车上拿来汽油浇在高官的车上点燃，瞬间高官连人带车被熊熊烈火包围，做成高官因不慎坠入深谷，车身起火死亡的假象。

但是没过多久，新闻上就出现了某国军队高官被人谋杀的新闻。
你知道007有什么失误吗？

29. 嫁祸他人

张小姐是一位模特，一个人居住，请了个女佣每隔两天来家中打扫一下。一天早晨，女佣来到张小姐家中打扫房间，发现张小姐一夜未归。在打扫房间时发现了大量首饰，便起了偷窃之心。但是这个过程恰好被前来找张小姐工作的助理发现了。女佣为了守住秘密，勒死了助理。接着她从张小姐的梳子上取下几根头发，塞在死者的手中，布置成助理与张小姐厮打致死的样子后，偷偷离开了。

中午的时候，张小姐回到家中，发现了助理的尸体，便报了警。

警察来到现场，经过调查发现死者手中的长头发正是张小姐的。初步怀疑张小姐就是杀人凶手。接着警察又询问了张小姐的行踪。张小姐回答说："因为今天有工作，所以我昨天晚上先去了理发店，修剪了一下头发。然后就一个人去酒吧喝酒，后来有点喝醉了，就去朋友家睡了一晚。早上起来后，打电话给助理准备工作的事情，可是助理没有接电话，就四处找她。到了中午还没找到，就回了家，发现了助理的尸体……"

警察看了看张小姐新修剪的头发，排除了张小姐的嫌疑。
你知道是怎么回事吗？

30. 破绽

村民张三向新上任的知县控告邻居无赖陈抢占他家10亩良田。知县派人带来无赖陈,他辩解说:"10年前张三父亲去世,没钱埋葬,便把家中10亩田地卖给我。我有证据在此。"说着掏出一张字据。说完将自己用茶汁浸泡发黄的字据冒充成陈年旧物呈给知县。

知县小心翼翼地打开这张折叠起来的字据,一拍惊堂木,喝道:"你竟敢伪造字据,欺骗本县!"

你知道知县发现了什么破绽吗?

31. 假证据

一天夜里,某位富豪的钻石被盗,福尔摩斯前来侦查,发现作案手法很像是怪盗基德,于是找来基德盘问。基德一口否认,说:"丢钻石那天我不在国内,在埃及,不信你看。"说着给福尔摩斯看了一张案发那天他骑着双峰驼在金字塔前拍的照片。

福尔摩斯看了看,一下子就揭穿了基德的谎言。

你知道福尔摩斯是怎样识破的吗?

32. 凶手的破绽

一个寒冷的冬天,在一个公共浴室内,一名客人被人用手枪开枪杀死。警察来现场调查,询问一位在场的证人情况。证人说:"我当时正在洗澡,突然一个人从外面冲了进来,向里环视了一圈,对着死者开了一枪,然后就跑了。"

警察问:"那你有没有看清凶手的样子?"

证人回答说:"没有,他戴着墨镜和口罩,看不出什么样子。"

警察听完,马上对这个人说:"你在说谎,快老实交代,是不是你干的!"

警察发现了什么破绽呢?

33. 破绽在哪儿

冬季一天,气温达到零下20多度,福尔摩斯在一个乡村旅店中休息。突然跑来一个浑身湿漉漉的人,大喊着救命。福尔摩斯忙问怎么了。来人说:"我和朋友一起在结了冰的湖里滑冰,突然冰裂开了,朋友掉了下去。我马上去救他,没有找到,就马上跑回来找人帮忙。"福尔摩斯马上和一群人一起来到两公里以外的出事地点，看到冰上果真有一个大洞。

福尔摩斯看了看那个人说："我看，你的朋友是你故意杀害的吧！"

你知道他的破绽在哪儿吗？

34. 死亡线索

正月初二的早晨，在某公寓508室发现单身生活的女占卜师被杀身亡。利刃刺进背部倒卧在日式房间的榻榻米地板上死去。不知为什么被害人右手指向神龛方向。

神龛上摆放着陶塑制品桃太郎，带着狗和猴子及山鸡。桃太郎是辟邪之神，爱犬和猴子跟随桃太郎身边站在两旁，可奇怪的是那只山鸡却不见了。勘察现场的刑警觉得有些蹊跷，当掰开死者的手一看，发现手心里攥着那只山鸡。一定是死者被杀后并没有立即死去，而留下了关于凶手的线索。

另外，在现场的桌子上散乱地放着贺年片，贺年片上都是印着羊的图案，看上去好像被害人正在看贺年片时被刺死的。不久，搜查的结果集中在两个人身上。两个人都是死者亡夫前妻的子女。为了争夺去年死去的父亲的遗产一直与被害人争执不休。其中一个是27岁的中村清二，卡车司机；一个是22岁的中村妙子，美容师。

究竟谁是凶手？为什么？

35. 识破小偷

一天，警官在一所住宅的后门看见一个可疑男子。

"你等会儿再走。"警官见那人形迹可疑，便喊了一声。

那人听到喊声，愣了一下，便停下了脚步。

"你是不是趁这家里没人，想偷东西？"

"您这是哪儿的话，我就是这家的啊。"那个人答道。

正说着，一条毛乎乎的卷毛狗从后门里跑了出来，站在那个人身旁。

"您瞧，这是我们家的看家狗。这下您知道我不是可疑的人了吧？"他一边摸着狗的脑袋一边说。

那条狗还充满敌意地冲着警官"汪、汪"直叫。

"嘿！玛丽，别叫了！"

听他一喊，狗立刻就不叫了，马上快步跑到电线杆旁边，翘起后腿撒起尿来。

警官感到仿佛受了愚弄，拔腿向前走去。可他刚走几步，好像突然想起了什么，又急转回身不由分说地将那个男子逮捕了，嘴里还嘟嚷着，"闹了半天，你还是个贼啊。"

那么，警官到底是根据什么识破了小偷的诡计呢？

36. 凶手是哪个

一名值夜班的医生被人用水果刀刺死，警察经过调查，在病房旁边的花园里找到了凶器。上面的指纹过于模糊，无法辨认。但是细心的警察发现刀柄上爬着很多蚂蚁。很快警察找到了三名嫌疑犯，他们都是这名医生的病人，而且都与他有矛盾。三人分别是：1号病房的结核病人，与医生原来是好朋友，为治病向其借钱遭到拒绝而怀恨在心；2号病房的糖尿病人，怀疑自己的老婆与医生有染；3号病房的心脏病人，让医生做了3次手术，均告失败。

根据以上信息，你知道凶手是哪一个吗？

37. 自杀

富翁老王的妻子报警说，丈夫在自己家中上吊自杀。警察来到现场，发现死者在三楼的梁上吊着，脚下是一个翻倒的凳子。他妻子坐在旁边的沙发上哭泣。

他妻子说："我刚从外面回来，走到大门口就看见三楼上老王站在凳子上要自杀，于是赶紧冲上楼，可还是晚了一步……"

警察说："我看是你杀死他的吧。"

你知道警察为什么这么说吗？

38. 花招

冬天的早上，外面很冷，有人报案说，王博士死在自己家的床上。报案的是王博士家的女佣。她说自己早上来给王博士打扫卫生时，发现了王博士的尸体。

警察调查现场后发现，死者躺在自己的暖和的被窝里，是被钝器砸死的，没有外伤和流血。从尸体的情况判断死亡时间大约是夜里10点左右。可是昨晚王博士家只有他一个人在，也没有人进来过，女佣在晚上8点就离开了。

有经验的警察马上判断说："一定是凶手伪造了死亡时间。"

你知道凶手是谁？是怎么做到的吗？

39. 骗保险金

一位富翁报案说他家收藏的一幅名画昨晚被盗，要求保险公司赔偿。

保险公司请侦探来现场勘查，只见富翁家中的门被撬开，屋子里有些翻动的痕迹。原本装着名画的画框被打开扔在一旁的鱼缸上。浴缸里养着几条漂亮的热带鱼。

富翁解释说："这几天天气很冷，我都用空调取暖。可昨天晚上突然停电了，没办法我只好去附近一家宾馆住了一晚。早上找来修理工帮我修好了线路，这才发现我的画不见了。"

侦探说："恐怕你是为了骗保险金吧！"

他为什么这么说呢？

40. 吹牛的人

花花公子肯特见到人就说自己的英勇经历："去年圣诞节前一天的早上，我和海军上尉海尔丁一同赶往海军在北极的气象观测站，突然海尔丁摔倒了，大腿骨折，10分钟之后，我们脚下的冰层也松动了，我们开始向大海漂去。我意识到如不马上生个火，我们都会冻死，但是火柴用光了。于是我取出一个放大镜，又撕了几张纸片，放在一个铁盒子上，用放大镜将太阳光聚焦后点燃了纸片，火拯救了我们的生命。幸运的是，24小时后我们被一艘经过的船救了起来。人人都说我临危不惧，采取了自救措施，是个英雄。"

你能找出肯特所说的话中有什么不符合事实的地方吗？

41. 报案人的谎言

凌晨3时30分，值班警官甲身边的报警电话铃急促地响了。他被惊醒，迅速抓起听筒。电话里传来了一个女人娇滴滴的声音："你是值班警官吗？"

"是的，请问您是谁？"

"我叫A，有人杀害了我的丈夫，因为我丈夫是个富翁。"

警官记下了她的地址，立刻跳下床。门外北风呼啸。"这该死的鬼天气！"

他缩着脖子钻进了警车。40分钟后赶到了A家。

A正在门房里等他。警官一到，她就开了门。房子里真暖和，警官摘下了围巾、手套、帽子，并脱下大衣。A穿着睡衣，脚上是一双拖鞋，头发乱蓬蓬的，脸上毫无血色。她说："尸体在楼上。"

警官边细看现场边问："太太，您丈夫是怎么被杀的？请慢慢说，越详细越好。"

"我丈夫是在夜里11时45分睡的，也不知道怎么的，我在3时25分就醒了。听听丈夫一点气息也没有，才发觉他已经死了，他是被人杀死的。"

"那您后来干什么了？"警官又问。

"我就下楼给你们警察局打电话。那时我还看见那扇窗户大开着。"A用纤纤玉手指了指那扇还开着的窗户,"凶手准是从这扇窗户进来,然后又从这逃走的。"

警官走到那扇窗户前往下望去,下面有几个箱子,还有几个啤酒瓶,其他的什么都没有,风吹在他的脖子里面,冻得他缩了缩,忙关上了窗户。

A抽泣着说:"警官先生,你现在要验尸吗?"

警官冷冷回道:"让法医来干此事吧。不过,在他们到这里之前,我想奉劝夫人一句——尽早把真相告诉我!"

A脸色变得更白了:"你这是什么意思?!"

警官严肃地说:"因为刚才你没说实话!"

请问,警官为何知道那女人说了谎?

42. 骗保险

李家发生火灾,李太太对保险公司的调查员说:"我炒菜时油着火了,我赶紧关上煤气,忙乱中我错把旁边的一桶油当作水泼了上去,没想到,火一下子窜到屋顶烧着了。"

调查员听后想了想说:"你在撒谎,你是想骗保险。"

请问,调查员是如何知道的呢?

43. 不是自杀

王先生的夫人服毒自杀了。

王先生是报案者,也是第一个发现妻子自杀的人。

"我妻子最近心情一直不好,"他这样说道,"我刚才出去发信,才半小时,回来时就发现她已经……"说完,他便痛哭起来。

而正如他所说,死者是中毒死的。

王夫人全身肌肉松弛,是氰化物中毒的迹象。

她的尸体瘫坐在椅子上,手里握着一个氰化物的药瓶……

一位很有经验的警员看了看现场就将王先生以涉嫌谋杀自己妻子的罪名带走了。

你知道警员是如何看出这不是起自杀案的吗?

44. 骗子的漏洞

"啊,我的钻石项链不见了!"一家五星级酒店的客房内传来一声尖叫,一位贵妇人气愤地告诉保安她的钻石首饰被人偷了,要酒店作出赔偿。

警长接到报案后,立刻赶到现场,向贵夫人询问详情。贵夫人说:"我刚洗完澡,一打开浴室门,就从浴室的镜子里看到一个大约180厘米的黑衣男子从我的房间跑出去。"

警长看看浴室的镜子,问:"您确定是在这面镜子看到的?"

贵妇人肯定地点了点头。

警长笑笑:"收起您的伪装吧,您只不过是为了拿到保险金才这样做的。"

你知道警长的依据吗?

45. 作伪证的证人

在一个白雪纷飞的冬夜,花园路48号房间有一位单身女郎被人杀害。警方一到现场便展开了深入的调查,发现现场的房间中,电热炉被火烘得红红的,屋子里的人热得直流汗,电灯依旧亮着,紧闭的窗子掩上半边窗帘。

这时,被害人住所附近的一个年轻人向警方提供目击证据说,在昨晚11点左右,他曾目击凶案发生,死者的屋子离他的房间大约20米,他发现凶手是一个白衣男子,戴着金丝框眼镜,并且还蓄着胡子。

警方根据这位年轻人的叙述,逮捕了这名白衣男子。在法庭上,白衣男子的辩护律师开始询问这位目击证人:"你是在案发当时偶然在窗子旁看到凶手的吗?"

年轻人回答:"是的,因为对面窗户是透明的,而且那天晚上她的窗帘又是半掩的,所以我才能从20米远处看到凶手。"

这时,律师很肯定地说:"法官大人,这位年轻人所说的都是谎话,也就是犯了伪证罪。"

经过审查,证明了律师的判断是正确的。你知道律师是怎样判断的吗?

第二部分
不可能的案件

46. 不在场的证明

一家珠宝店打电话报警说两名歹徒抢了数百万的珠宝后,刚刚乘坐一辆黑色"本田"车逃跑,并告诉了警察车牌号码。

警察马上开着警车向距警察局大约5公里的案发现场赶去。刚出警察局的大门,就差点撞到一辆在路上缓慢行驶的汽车。对方马上下车向警察赔礼道歉,警察一看这辆车,发现有什么不对:本田,黑色,连车牌号也同刚才报案的车牌一致。可从这里距案发现场还有一段距离,劫匪不可能在这么短的时间赶到这里的。这究竟是怎么回事呢?

47. 消失的杯子

初冬,外面有一点点冷,小明穿着一件厚外套,围着一条毛线编成的围巾来到好朋友小刚家。

"好久不见了,我们喝点啤酒吧!"小刚很热情,拿出了两个带柄的玻璃杯。可打开冰箱一看,啤酒喝光了。"稍等一下,我下去买。"

小刚来到楼下常去的小店,叫了一打啤酒,又选了几样下酒的零食,十几分钟后就回到了家。正要倒酒,却发现酒杯不见了。"咦,刚才还在这儿的!"

"哈哈,趁你刚才买啤酒,我把它们变到了楼下,你上来时没看到吗?"小明打趣道。

"怎么可能?你又没有下楼。就算你直接从窗子往下扔,也会摔碎的,这可是九楼啊!"可小刚从窗口往下一看,发现楼下的空地上有两个闪亮亮的东西,可不正是家里的酒杯嘛!

你知道小明是怎么把两个玻璃酒杯在没下楼的情况下完好地转移到楼下的空地上的吗?

48. 作案地点

一个星期日的早上,著名职业棒球评论家宫原正彦的尸体在其私宅的书房里被发现。他胸部中了两发手枪子弹而死亡。因其一人独居,所以尸体是早上佣人来时发现的。山田警部赶到现场时,鉴定班的现场勘查工作已经结束。

"近邻的人没有听到枪声的吗?"

"没有。这个书房的玻璃窗是双层的,所以我想枪声没有传到外面。"旁边的鉴定人员答话时,挂在书房墙上的鸽子报时钟咕、咕、咕地响了,把山田警部吓了一跳。挂钟上的鸽子从小窗中探出头报了10点。

"死亡的时间知道了吗？"山田警部向鉴定人员询问道。

"是昨晚9点零3分。"

"没解剖尸体怎么知道得这样准确？"

"我们到这儿时，收音机正开着，录音键也按着。将磁带转到头一放，录的是昨天巨人队和阪神队决赛的比赛实况。"鉴定人员按了下桌上录音机的放音键，里面传出了比赛实况的转播声。这是第八回合的下半场，巨人队进攻以3比2领先。因无出局的跑垒员一垒，下一个击球员就成了选手王。播音员和解说员都在以期待选手王倒转本打垒的兴奋语气播着。当投球到一、二时，观众谴责故意投出的两次坏球的喊声沸腾。

就是在这个时候，磁带中突然传出两声枪响，还听到有呻吟声。然而，实况转播丝毫没受到这一不和谐的枪声的影响而仍旧在进行着。结果，选手王故意投出了四次坏球，为贩神的投手所代替……

山田警部一边看着手表一边听着。鉴定人员关上录音机说：

"是在选手王投四次环球前传出的枪声。刚才打电话问过广播电台，得知选手王投四次坏球的时间是昨晚9点零3分。"

"的确……"

"电视的比赛转播是8点54分结束的，所以在那之后受害人马上换上了收音机，就是在边听边录实况转播时被枪杀的。"鉴定人员这样说明道。

"不，受害人不是在这个书房而是在别处被杀的。"山田警部肯定地说道。

"你说什么？为什么？"

"受害人是在别处录收音机转播的实况时，凶手枪杀受害人的，而且不光是将尸体，还将这台录音机也一块儿搬到这个书房里，伪装成是在这儿被杀的。"

你知道这是为什么吗？

49. 谁偷的文件

一个在中国经商的日本人刚买了一艘游轮，便带着几个部下一起出海游玩。没多久，这个日本人就发现船上的一份重要文件不见了。嫌疑人有五个人，第一个人是船长，负责开船。第二个是厨师，负责做饭，但案发时不是准备膳食的时间，所以他一个人在睡觉。第三个是他的助理，说自己在案发时在换国旗。由于新买的船便将原来的国旗换成日本国旗。本来早就应该做完的，后来发现国旗挂反了，就放下来重新挂了一遍。第四个人是他的儿子，第五个人是他的女儿，说两个人在一起打牌。

根据这些证供，你知道文件是谁偷的吗？为什么？

50. 跳机自杀

一人报警称,亿万富豪张三自杀身亡。警察赶到现场,发现死者是从高空掉下摔死的。旁边停着一架私人飞机,一名飞行员站在飞机旁。报警的就是飞行员,他说他正载着张三在高空飞行,听见富豪长叹一声打开舱门跳了下去。自己费了半天时间才找到尸体,并发现张三的座椅上留着一封遗书。警察看了一眼座椅上摆着的遗书对飞行员说:"别狡辩了,这不是自杀,你才是凶手。"

你知道警察为什么这么说吗?

51. 消失的邮票

王老先生家里有一枚珍贵的邮票,可谓价值连城。一年春节将至,王老先生打算去300公里外的北京去看女儿一家。在路途中被一伙垂涎王老先生邮票已久的劫匪绑架了。劫匪知道,王老先生独自一人居住,去看女儿一家不可能把那么珍贵的邮票留在家中,必定随身携带。

"要想保命,就乖乖地把邮票交出来。"劫匪的头目威胁说。

"我没有随身携带。"王老先生回答说。

"骗谁啊!你家里没人怎么可能留在家中!"

"既然你们不信,那就搜好了。"

一个喽啰搜遍了王老先生的箱包口袋,只找到一些衣物、洗漱用品、几百块钱以及一张女儿寄给他的明信片,上面有女儿家的地址。

小喽啰指着明信片上的邮票问头目:"是明信片上贴着的这张邮票吧?"

"你傻啊,那么重要的邮票,你会把它粘明信片上吗?那只是一张再普通不过的邮票,不值钱。我们要的邮票只有它的一半大小,上面有一条龙。"

"那没有了,他不会真的留在家里了吧!"

劫匪们又仔细地找了一遍,还是一无所获。你知道王老先生把邮票藏哪里了吗?

52. 转移财产

第二次世界大战时,在德军集中营里,囚禁着一个年迈的老人。他是一个非常有钱的犹太人,但德军在逮捕他的时候,根本没有找到一分钱,甚至还发现他有很多债务,这与老人公司的账户记录非常不符。德军希望在监控中发现老人财产的去处,但是一年多下来,老人除了很珍视女儿的一封信之外,没有发现其他异常之处。有一天,老人说:"想得到我的财产可以,但必须先允许我寄封信给我女儿。你们放心,我不用你们替我出邮费,把我女儿给我的这封信上的邮票揭下来贴到这个上面就行。"德军反复检查了信的内容后，没有发现异常，就同意了。谁知，过了几天，老人说："我已经把我的财产从你们眼皮下转移走了。"

这到底是怎么回事呢？

53. 遗产

张三的伯父去世了，因为没有其他亲属，便留下遗嘱说将自己数百万元的遗产全部留给张三。这天，张三赶到伯父家中处理遗产，清点之后发现，只有少量现金和一张存折，数目也不多。打开保险柜，里面除了一些证件、户口本之外，还有一个信封。信封很普通，上面贴着两枚陈旧的邮票，没有写地址和收信人。遗嘱就放在这个信封里。就算加上这栋房子，也只有几十万。伯父说的数百万的遗产到底在哪儿呢？

54. 走私物品

彼得的工作是在边卡检查入境车辆是否携带了走私物品。

经过一段时间的观察，他发现有个看上去很有钱的人每天都会开着一辆宝马车入境，车上只有一大包不值钱的棉花。

彼得每次都会叫住他，仔细检查他的棉花包，看其中是否携带什么贵重物品，但每次都一无所获。多年的经验告诉自己，这个人一定在走私什么物品，只是苦于没有证据。

你知道这个人走私的是什么吗？

55. 消失的赎金

一位上市公司董事长的孙子被人绑架了，勒索一百万赎金。

绑匪要求把钱用布包起放进皮箱，晚上十点放在街角公园门后的垃圾箱旁。董事长为了孙子的安全，只好按照要求做了，并派人暗中监视。十点刚过，就有一个拾荒者走到垃圾箱前，拿起皮箱转身就走。董事长派的人立即开始跟踪。只见拾荒者走了一段路后，拦下了一辆出租车，到了市里最大的一家超市拿着箱子下了车，并将箱子存放在了超市的储物柜中，一个人走了。跟踪者守住箱子，心想一定还会有人来拿，可过了很久都没有人。他们觉得不太对劲，就过去打开箱子一看，箱子竟然是空的。

你知道这是怎么回事吗？那一百万赎金哪里去了？

56. 指纹

晚上10点左右，张三正要睡觉，突然听见门铃响了起来。他打开门一看，原来是自己的债主李四。来人开口便骂："你小子倒是真能躲啊，十天不到你都换了八个住处了。要是你再不还钱我就去法院告你！"

张三忙把李四请进屋子，低声下气地说："别着急，钱我明天就还给你。"趁李四不注意，张三拿起茶几上的烟灰缸朝李四后脑砸去。李四一声没吭就死了。

张三连夜把尸体运到郊外的一条河里，并返回家中，清理了屋中所有李四的痕迹和指纹。忙了一夜有点累，张三晕沉沉地睡了过去。

下午，张三被一阵猛烈的敲门声吵醒，打开门一看，原来是警察。警察说："我们在郊外的河里发现李四的尸体，尸体口袋里有张写有你家地址的字条。"

张三马上否认说："李四死了？不关我的事，我好久都没见到他了。"

警察说："你不用撒谎了，我们早就有证据了，说明他刚来过你这。"说完指了指证据。

张三无话可说，只得承认了。

你知道警察的证据是什么吗？

57. 爆炸谋杀案

警方的一位证人被人杀害并烧死在自己家里。现场调查发现，死者先是被下了安眠药，然后由于煤气爆炸，引发了大火烧死的。在现场只有冰箱、洗衣机、微波炉、电话等一些简单的家具电器，根据调查，爆炸时也没外人在场。当天晚上这一带有大面积停电，不可能是电器短路引起的，究竟是什么引发的煤气爆炸呢？

58. 偷运黄金

警方收到线报说怪盗基德要从邻国走私一百公斤的黄金进境，于是组成专案组稽查。这天，守株待兔的专案组在海关等到了进境的基德。"这么多的黄金，看他怎么在这么多人眼皮底下带过海关！"

"你们要干什么？我这车上可没装什么违禁物品呀！"基德抗议道。

"你说谎，那一百公斤的黄金就藏在你的车上吧！我们的线报一向很准确的。"警察们开始检查基德驾驶的汽车。可是，搜来搜去，连轮胎和座椅都检查过了，一克黄金也没找到。警察们颇感失望。

线报当然是没错的，你知道基德到底将那一百公斤的黄金藏在哪儿了呢？

59. 奇怪的谋杀案

一个夏天的中午,一个女子死在自己的出租屋中。警察勘查现场后发现,女子死于二氧化碳窒息。推测可能是女子在沉睡时,吸入过量的二氧化碳致死的。

这间出租屋不大,只有一张单人床和冰箱、衣柜、桌子等物品。虽然门窗都关得紧紧的,但肯定不至于因为自己呼出的二氧化碳让自己窒息。

那这名女子到底是因为什么才窒息而死的呢?

60. 赎金哪里去了

一位富翁的独生子被绑架了。绑匪要求把100万元的赎金装在手提包里,于第二天晚上12点让他的司机在中央公园的雕塑旁挖一个坑埋进去。

富翁心急如焚,立刻报了警。警方决定派警察埋伏在公园的雕塑旁监视。晚上12点的时候,司机开着车,带着装有100万元的手提包来到公园,按照绑匪的要求,挖了一个很深的坑把手提包埋了起来,然后空手走了。

警察们紧紧地盯着雕塑旁的动静。可是直到第二天中午,还是没有看见人来取钱,而富翁的儿子已经回家了。警察不知道绑匪耍了什么花招,于是挖开埋钱的坑,手提包还在,而钱却不翼而飞了!

请你想一想,赎金会在哪里?绑匪又是谁?

61. 指纹哪里去了

为跟踪逃犯,一名便衣警察走进了酒吧。一位年轻漂亮的女子迎面擦身而过,出了酒吧。这个女子大约25岁,打扮入时,化了很浓的妆。警察忽然想起这个女人正是前几天追捕的诈骗犯。他立刻追了出去,但诈骗犯已不知所踪。警察转身回到酒吧,展开调查。他把女子用过的酒杯加以检验,但是,上面却没有留下任何指纹。警察很清楚地记得,那名女子并没有戴手套,怎么会没有留下指纹呢?

62. 神秘的绑架案

某公司董事长的儿子被绑架了,绑匪开口要20万元赎金,并且强调要用一个普通的大旅行袋装这些钱,于第二天上午在家附近的邮局邮寄,地址是邻市的花园路8号,收件人龚宇华。绑匪还威胁不能报警,否则孩子就没命了。董事长派自己的私家侦探前往邻市调查,发现城市名和地址都是真的,但收件人却是假的。难道绑匪不要赎金了吗？忽然，侦探灵机一动，发现了这宗绑架案的真实面目。

第二天，他捉到了这名绑架犯，成功地解救了小孩。你知道绑匪是谁吗？

63. 自杀的破绽

一天早晨，某公司总经理被发现死在了自己的公寓中。他躺在床上，全身覆盖着被子，只有脑袋露在外面，右边太阳穴有一个弹孔，掀开被子后发现他的右手握着一把手枪。在床边的柜子上有一张纸条，上面写着："我痛恨股市！"这似乎是指近期股市大跌导致公司亏空一事。但是，警察马上断定，这是谋杀伪装成自杀，因为出现了一个重大破绽，你知道是为什么吗？

64. 消失的扑克牌

计算机课上，老师说："今天我给你们做一个测验，你们打开电脑桌面上的附件，背景上浮现出大卫·科波菲尔的脸。然后，出现了六张扑克牌，都是不同花色的J到K，每张都不一样。然后——你在心里默想其中的一张。不要用鼠标点中它，只是在心里默想。看着我的眼睛，默想你的卡片。默想你的卡片，然后击空格键。"

我选了红桃Q，一切都是按步骤来的，最后，我轻轻一击空格键，画面哗地一变，原来的六张牌不见了，然后出现了一行字：看！我取走了你想的那张卡片！我急忙去看，天哪！扑克牌只剩下五张，红桃Q不见了！真的不见了！！

大吃一惊的我，马上再来一遍，这次选了黑桃K，几个步骤下来，黑桃K又不见了！

百思不得其解，其他的同学看来也同样惊讶，看来他们也被这神奇的魔术震慑住了。这时，老师说："你们是不是觉得很神奇呢？其实答案很简单。"他说出了谜底。他的回答令我再次失声惊呼：竟然是这样简单！

你知道这个魔术是怎么变的吗？

65. 不可能的毒杀案

在一家西餐馆里。三个男人正在一起喝啤酒时，突然停电了，店内一片漆黑。然而仅二三分钟的工夫，男服务员就端来了蜡烛，三人又借着蜡烛的光继续喝了起来。但没过多久，其中一个突然感到难受，一头扑在桌子上，不久就断了气。

死因是喝的啤酒里掺了毒药。这是一种可怕的液体毒药，只要沾到皮肤上就会致人死亡，致死量仅0.5毫升。

"当时停电是偶然的吗？"警察问询问店主。

"不，三天前附近一带的电线杆就贴着停电通知了。"

"看来罪犯是看了通知后才制定毒杀计划的，并在停电的瞬间迅速将毒液倒进了被害人的杯子里。当时店里顾客多吧？"

"不多，只有三个人。"

"那么活着的两个人中的一个就是罪犯。他肯定准备了什么装毒药的东西。"

下面是两个人的随身物品。

嫌疑犯A：烟、火柴、手表、带胶囊的感冒药、月票、现金8万元。

嫌疑犯B：手表、手帕、口香糖、日记本、钢笔、现金5万元。

而且，根据店里服务员作证，这两人似乎都未离开过桌子一步，当然不可能将盛毒液的容器扔到外面。

你知道凶手是谁吗？他是用什么盛的毒液呢？

66. 中毒

有一对兄弟因分家闹得不可开交。一天哥哥在自己开的酒吧中请来弟弟商量分家的事，并给弟弟倒了一杯可乐。弟弟担心哥哥下毒害自己，不敢喝。哥哥笑了笑，加了几颗冰块，并亲自喝了一口。弟弟一看没事，也就放了心。

两人谈了半天也没有达成共识，哥哥就生气地离开了。弟弟和哥哥吵了半天觉得有些口渴，就喝掉了哥哥喝剩下来的大半杯可乐。可没过多久，弟弟就死了。

经过调查，弟弟是因中毒而死的。可哥哥也喝了这杯可乐，为什么只有弟弟中毒了呢？

67. 圣经

哥哥和弟弟玩藏东西游戏。哥哥说："我把一张百元钞票藏在了咱家书架上那本《圣经》的第49、50页之间了。"弟弟一听，马上否定了哥哥说的话。你知道弟弟为什么这么肯定吗？

68. 不可能的赏赐

传说，印度的舍罕国王打算重赏国际象棋的发明人——大臣西萨·班·达依尔。这位聪明的大臣跪在国王面前说：陛下，请你在这张8×8的棋盘的第一个小格内，赏给我一粒麦子，在第二个小格内给两粒，在第三个小格内给四粒，照这样下去，每一小格内都比前一小格加一倍，就可以了。国王说：你的要求不高，我会让你如愿以偿的。说着，他下令把一袋麦子拿到宝座前，计算麦粒的工作开始了。但是，令人吃惊的事情出现了：还没到第二十小格，袋子已经空了，一袋又一袋的麦子被扛到国王面前来。但是，麦粒数增长得那样迅速，而格数却增长得很慢。国王很快发现，即使拿出来全国的粮食，也兑现不了他对象棋发明人许下的诺言。算算看，国王应给象棋发明人多少粒麦子？

69. 值得怀疑

一天夜里，从菲律宾飞往北京的班机降落在首都机场，海关人员开始检查旅客的行李。

一名安检员在查看护照的时候发现有个商人打扮的人有些可疑，他来北京的目的是旅游，当天早上从泰国首都曼谷出发，中午通过菲律宾首都马尼拉飞抵北京。

在对行李详细检查时，果然发现在背包的夹层中有大量毒品。

你知道是什么原因引起了安检员的怀疑呢？

70. 陷阱

暑假期间，警察接到报案说某大学宿舍发生一起谋杀案，便立即赶到了现场。发现死者名叫张三，住在这栋两层的宿舍楼里。死者趴在大门口，头对着大门，背上心脏的位置垂直射进一支短箭，像是死者要开门进入宿舍楼，有人在背后痛下杀手。

经过调查发现，和死者有仇的人只有一人，但此人案发时在宿舍中，根本不在死者背后。楼下门口的管理员也可以证明他从没下过楼。

警察轻轻翻动一下尸体，发现死者手里攥着一张百元大钞，立即明白了怎么回事。

你知道张三是怎么被杀的吗？

71. 假照片

小明向同学们吹嘘，自己暑假的时候去了西藏一座4000米高的山峰，并展示了一张照片作为证据。只见照片上小明和朋友在一座山的山顶上，举着一听易拉罐啤酒庆祝。小明指着照片说，"不一样就是不一样，那边的啤酒打开就跟矿泉水一样，都不会乱喷呢！"

这时，小刚说："你这张照片是合成的，你根本没有去西藏。"

你知道，这张照片什么地方不对吗？

72. 撒谎的凶手

一个男子报案说有一名歹徒袭击他，出于正当防卫，他将歹徒打死了。警察赶到现场，发现死者手中握着一把匕首，脖子缠着几圈钓鱼线。男子说："当时我正在池塘钓鱼，透过水面我看到他在我背后拿着匕首向我靠近，要对我不利。我迅速挥起鱼竿向后抡去，鱼钩钩住了他的衣服，鱼线缠在了他的脖子上。他挣扎着还想过来杀我，我就撑着鱼竿不让他靠近。最后他就被勒死了。"

警察听后，马上说："别狡辩了，这可不是正当防卫，是你故意杀死他的。"

你知道这是为什么吗？

73. 自卫还是谋杀

在一座偏僻的小洋房里，进入客厅的大门是一副落地的大玻璃，现在已支离破碎，碎片散落了一地。躺在客厅里，离大门不远处的是这屋子的主人杰克逊，他的左心房洞穿着三个血淋淋的枪洞，各自相差不到三厘米，不容置疑那是致命的伤口。他身旁还滑落着一个酒瓶。

警长蹲下去，扫开了死者伤口上的玻璃碎片，拿着放大镜仔细地察看着伤口。过了一会，他站起来，提出要审问自认是为了自卫才射杀了自己丈夫的杰克逊太太。

杰克逊太太显得非常激动和情绪不稳，警长柔声开导她，要她说出经过来。

"他是一头野兽！他是一个酒鬼！他每天都虐待毒打我。"杰克逊太太开始诉说着，并给警长看了她身上、手上和腿上的伤痕，"他今天又跟我大吵了一架，我诅咒他永远也不要再回家来，他恨恨地说不回就不回，有什么大不了！

"到了晚上，他没有回来，我以为他不会回来了，于是我上床睡觉。深夜时，我听到门口有声响，我好害怕，便亮了灯，拿起枪来到门口。透过玻璃，我看见了他，这魔鬼醉得一塌糊涂，但一看见我，他突然发起疯来，向我狂冲过来，玻璃都给他撞得粉碎，他冲进来张开双手，像是要掐死我的样子。我情急之下，连忙扳动了手枪，将子弹射进他身体。他就那样向后跌倒死去，尸体我一直没动过，就赶快报警了。警官，当时我完全有理由相信他会掐死我，我只是为了自卫才射杀他的。"

请问这真的是自卫吗？为什么？

74. 煤气泄漏之谜

美丽的"金丝雀"萧兰死在自己的家中,现场是大款程福清为她购买的公寓的卧室中,当时她已经怀有4个月的身孕。

经尸体解剖发现萧兰的死亡时间是晚上9点钟左右,因煤气吸入过量死亡。临死前她服用过未超量无法致死剂量的安眠药。

现场勘查,煤气开关开着。上面只有萧兰的指纹,房间里没有发现遗书。床头柜上放着一只打开的冰淇淋盒,里面是吃了一半的无色果味冰淇淋。

经侦查,大款程福清有谋杀萧兰的嫌疑,因为他不可能与萧兰结婚,也不能让萧兰把腹中的孩子生下来,如果萧兰告发他通奸,他将身败名裂。

程福清称述:当晚7:30为萧兰买来冰淇淋,8:00看着她服下安眠药后离开公寓,在门口遇到过邻居。离开公寓后即驾车20分钟到朋友处打牌直至天亮,过程均有证人可作证。

侦察人员会同技术人员对煤气灶的结构做了仔细的研究,并进行了实验,终于发现了煤气外泄的秘密。

在充分的证据面前,程福清终于交代了他预谋杀害萧兰以掩盖自己的丑行的过程。

你能分析出程福清是如何在煤气灶上做手脚的吗?

75. 隔空杀人

滑雪场中有一位女游客突然尖叫一声,从登山升降椅上摔到山谷里。

事件发生时,私家侦探K博士刚好坐在她后面的第二个升降椅上。当时风雪交加,根本看不清前面。

到了山顶,他马上滑到尸体旁边,女游客是被锐器刺进胸口后跌下山谷死的,但找不到凶器。

"她前面的座位没人,再前面的座位上坐着一位男游客,可他离死者10米远,不可能杀死她吧?"管理员说。

"就是他",K博士做出结论。

你知道凶手是怎么作案的呢?

76. 遇害真相

荒野中,有个男子被人绑在树上窒息而死。有人路过发现了尸体报警,不久警察来到现场。

警长发现男子的嘴被堵着,脖子被生牛皮绕了三圈。经警方鉴定死亡时间是在下午四点左右。警方马上逮捕了一个嫌疑犯。

但经过调查,此人从上午至下午尸体被发现为止,都不在作案现场。警方找不到证据,要释放此人。

其实真凶就是他,你知道他是用什么手段蒙蔽警方,杀死男子的吗?

77. 做了手脚的时间表

妞妞是个聪明的孩子,但是却非常不喜欢学习。妈妈每天都要催促妞妞抓紧时间学习,妞妞却辩解说她很忙,几乎没有时间学习。妈妈很疑惑,问她都在忙什么?妞妞就给妈妈列出这样一个表:

(1)睡觉(每天8小时),合122天;
(2)双休日2×52=104天;
(3)暑假60天;
(4)吃饭(每天3小时),合45天;
(5)娱乐(每天2小时),合30天。
总计:122+104+60+45+30=361天。

一年中,只有4天的时间可以学习,这还没有把生病的时间算进去,所以她根本没有时间学习。妈妈看她这样计算觉得也有道理。事实上,妞妞是做了手脚。你发现妞妞在哪里做了手脚吗?

78. 小明的烦恼

小明发现自己身边的朋友家里都有两个孩子,他便思考:如果家里有两个小孩的话,那么就有可能是三种情况:两个都是男孩、两个都是女孩、一个男孩一个女孩。所以,如果生两个孩子的话,都是男孩的概率是1/3。

但是,他自己又隐隐约约地感到不安,觉得似乎自己错了,你能指出他哪里错了吗?

79. 闭门失窃

怪盗基德坐在特快列车的一节卧铺车厢里。半夜时分,趁其他旅客熟睡之际,他钻进3号车厢的一个单人包间,偷走了珠宝大王准备展出的一枚镶满钻石的复活节彩蛋。

这趟列车是直达列车,中间不停车,将在早上7点钟准时到达目的地。带着这个价值连城的复活节彩蛋的珠宝商在早上6点起床时发现宝物丢失了,便报了警。车上的乘警马上带人对车上的人逐一盘查。

可是仔细搜查了每一名旅客的身上和行李等处,都没有发现那个拳头大小的彩蛋。这趟列车的车门是自动控制的,如果有人打开肯定会有记录,而车窗也是全封闭的。这个彩蛋到底哪里去了呢?

80. 粗心的神父

神父有一个贵重的十字架,上面镶有很多价值连城的钻石,钻石的排列如下图所示:

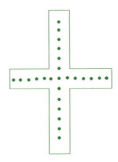

但是神父也不知道十字架上钻石的总数,他每次只是从上面开始数,数到中间那一颗的时候再分别向左、向右、向下继续数,每次都是13颗。有一次,这个十字架出了点问题,神父叫修理匠来修一下。这个修理匠很贪财,他知道神父数钻石的方法,于是他偷偷地把钻石拿走了两颗,而神父却没有发现。你知道他是如何做到的吗?

第三部分
真相只有一个

81. 奇怪的陌生人

一场混乱的枪战之后，某社区诊所中冲进来一个年轻人。他对医生说："我刚才过马路的时候，碰见了两个警察在追一个逃犯，我也想帮帮忙，但是那个逃犯好厉害，两个警察都被他杀死了，我也受了伤。"医生检查完伤口，说："幸好伤口不深。"于是从他背部取出了一粒弹头，并拿出一件病号服让他穿上。然后又将他的右臂用绷带绑在胸前。

这时，一名警察和一个陌生人跑了进来，陌生人喊道："就是他！"警察拔出枪对准了年轻人。年轻人忙说："我是帮你们追捕逃犯的。"陌生人说："你背部中弹，说明你就是逃犯，还想抵赖！"这时，在一旁观察了很久的医生说："这个年轻人不是逃犯。"那么谁是真正的逃犯呢？

82. 两个嫌疑人

葛顿探长上门去拜访黛妮，他按了一下门铃，没有人理会。

黛妮的门上装的是自动锁，一旦装上，除非有钥匙，否则外面人是根本进不去的。葛顿感到奇怪，便请管理员把门打开。他进去一看，见黛妮穿着睡衣，胸部被人刺了一刀，死在地上。经推测，死亡时间大约是在头一天晚9点前后。

经调查，头一天晚9点前后有两个人来找过黛妮小姐，一个是她的情人，一个是她的学生，这个学生是当地的流氓。在讯问这两个可疑分子时，他们都说自己按了门铃，见里面没人答应，以为黛妮不在家，都没有进去。

听了他们的诉说，葛顿想起黛妮小姐的房门上有个小小的窥视窗，于是他立刻认准了谁是真正的凶手。

83. 丢失的凶器

一个漆黑的夜晚，警长木村正骑着自行车沿着河边的路巡逻。突然，从下游大约100米处的桥上传来一声枪响。木村马上蹬车朝桥上飞奔而去。他一上桥便见桥当中躺着一个女人，旁边还有一个男的，那个男的见有人来拔腿便逃。与此同时，木村听到"扑通"一声，像是什么东西掉进了河里。

木村骑车追上去，用车撞倒那男的，给他戴上了手铐，又折回躺在桥上的女人身旁。这时他发现女人左胸中了一枪，已经死了。

"这个女的是谁？"

"不知道，我一上桥就见一个女的躺在那儿，吓了我一跳，一定是凶手从河对岸开的枪。"

"撒谎！她是在近距离内被打中的，左胸部还有火药黑色的焦煳痕迹，这就是证据。枪响时只有你在桥上，你就是凶手。"

"哼，你要是怀疑就搜身好了，看我带没带枪。"那男的争辩着。

木村搜了他的身，没有发现手枪。桥上及尸体旁也没有发现手枪。这是座吊桥，长30米，宽5米，罪犯在短时间内是无法将凶器藏到其他什么地方的。

"那是扔到河里了吗？方才我听到了水声。"

"那是我在逃跑时木屐的带子断了没法跑，就将它扔到河里了，不信你瞧！"那男的抬起左脚笑着说。

果真左脚是光着的，只有右脚穿着木屐。

无奈，木村只好先将他作为嫌疑犯带进附近的警察局，用电话向总署通报了情况。

刑警立即赶来对现场进行了勘查取证，并于翌日清晨，以桥为中心，在河的上游和下游各100米的范围内进行了搜查。

河深1.5米左右，流速也并不那么快，所以枪若扔到了河里，流不多远就会沉到河底的。然而，尽管连电动探测器都用上了，将搜查范围的河底也彻底地找了一遍，但始终未发现手枪的踪迹。

然而石蜡测验结果表明，被当成嫌疑犯的男人确实使用过手枪。他的右手沾有火药的微粒，是手枪射击后火药的渣滓变成细小的颗粒沾在手上的。另外，据尸体内取出的弹头推定，凶器是双口径的小型手枪。那么，凶手在桥上射死了女子后，究竟将手枪藏到哪里去了呢？

84. 屈打成招

四月的一天晚上，外面下着小雨。独居的寡妇胡三娘在家中被杀。接到报案后，衙役到犯罪现场，在胡三娘家门前的院子里发现一把扇子，上面的题词显示是李四送给张三的。

李四不知道是谁，但张三大家都认识，就是住在前街的一个小混混。平时言行举止就很不干净，大家都认为人一定是他杀的。很快，衙役把张三带到公堂之上，一番严刑拷打之后，张三承认了杀人。

案子就这样定了。一位看热闹的村民摇了摇头说："这一定是屈打成招。"

你知道他为什么这么说吗？

85. 怀疑的对象

哈莱金接过一份报告，看了一会儿，对警长说："根据验尸的报告，特里德太太是两天前在她的厨房中被人用木棒打死的。这位孤独的老妪多年来一直住在某山顶上破落的庄园里，与外界几乎隔绝。你想这是什么性质的谋杀呢？"

"哦，我昨天凌晨4点钟就接到一个匿名电话，报告她被人谋杀了，我以为是一个恶作剧，直至今天还没有着手调查。"警长莫纳汉尴尬地说道。

"那么我们现在去现场看看吧。"警长将哈莱金引到庄园的前廊说："老太太连电话都很少打。除了一个送奶工和邮差是这里的常客之外，唯一的来客就是每周一次送食品杂货的男孩子。"

哈莱金紧盯着放在前廊里的两摞报纸和一只空奶瓶，然后坐在一只摇椅上问："谁最后见到特里德太太？"

"也许是卡森太太，"警长说，"据她讲前天早晨她开车经过时还看见老太太在前廊取牛奶呢。"

哈莱金道："凶手实在没料到你会拖延这么久才开始侦破！这回我们有怀疑对象了。"

请问哈莱金怀疑谁是凶手？

86. 谁是真凶

有5名探险者去深山寻找宝藏，其中只有队员甲知道宝藏埋藏的准确地点。一天傍晚，他们5人分别在河的两岸的5个不同的地点扎营休息。当天晚上，队长不时地用手机与大家联系。但是由于山中信号不好，手机只能在帐篷中通过特殊装置放大信号之后才能使用。在晚上10：30以后，他没有收到队员甲的应答。于是队长又同其他3名队员进行了联系，询问了他们3个人的具体情况。

第二天早晨，大家集合的时候，甲没有到。大家去甲的帐篷里去找，发现甲已经死了。他是被人杀死的，犯罪现场的证据表明凶手是乘船到达队员甲的帐篷并把他杀死的。而在当天晚上，每位队员都有使用独木舟的机会。队长怀疑是3个队员中的某人为了得到宝藏的准确位置而杀害了甲。但是根据下面的事实，队长排除了其中2名队员的嫌疑：

（1）队员甲是在前一天晚上10：30之前在他的帐篷里被杀害的，他是被绳索勒死的；

（2）凶手去队员甲的帐篷和返回自己的帐篷都是乘独木舟的；

（3）队员乙的帐篷扎在甲的帐篷的下游，丙的帐篷扎在甲帐篷的正对岸，丁的帐篷扎在甲的帐篷的上游；

（4）河水的流速很快；

（5）顺水而下需要20分钟，逆水而上需要60分钟，而到对岸需要40分钟；

（6）对于队长的手机呼叫，各人的应答时间如下：

应答者	应答时间
乙	8：15
丙	8：20
丁	8：25
甲	9：15
乙	9：40
丙	9：45
丁	9：50
乙	10：55
丙	11：00
丁	11：05

在这三人中，仍被队长作为怀疑对象的是谁？

87. 两万英镑

上午9点20分，米西尔刚走进办公室，电话铃便响个不停。他拿起话筒，"约翰、约翰……"话筒里传来妻子狄娜的抽泣声。这时，话筒里又传出一个男子故意变调的声音："米西尔，要是你不想伤害你太太的话，就拿出两万英镑。10点15分，有个叫威克思的人来找你，把钱交给他，就没你的事了。否则，你的妻子……"说到这里"咔嚓"一声，电话挂断了。

妻子的抽泣声一直萦绕在米西尔的耳边，好像鞭子抽打着他。他忙离开办公室，走进一家百货商店，买了一只蓝色的小皮箱，然后去银行取出两万英镑，回到了办公室。到了10点15分，一个男子走进办公室，两只像狼一样的眼睛凶狠地盯住米西尔，说："我叫威克思，快把钱给我！""我的妻子？"米西尔试探地询问道。"她活着，你想报告警察也可以，不过那样的话，"说到这里，威克思眼露杀机，逼视着米西尔，"你的妻子就没命了！"

威克思一离开，米西尔便往家里挂电话，可是怎么拨也打不通。"妻子会不会……"他急疯了，横下心向警察局报了案，随后冲下楼，坐上汽车，火速开往家里。当他好不容易赶到家中的时候，惊魂未定的狄娜平安无事，正与赶来的警官在交谈。

"哦，米西尔先生，您太太已把事情经过全告诉我了，什么一个男人和一个您给那人的那只装钱的蓝色皮箱，但她怎么也讲不清。现在请您详细讲一讲，到您办公室去的那个男子的外貌特征，以及您给他的那只装钱的皮箱是什么样子。"米西尔忙把事情的经过从头至尾、原原本本地叙述了一遍。

半夜三更，夜深人静，米西尔和妻子狄娜一边喝酒，一边亲切地交谈着。喝着、说着，突然米西尔"呼"地从椅子上弹了起来，给警察局打电话。"约翰，怎么啦,你发现了什么新线索?"狄娜问道。米西尔的脸变得铁青,说:"是的,我请他们来审问你!"狄娜大吃一惊:"我?亲爱的,你喝多了!""别演戏了!我现在非常清醒,你和那个叫威克思的家伙串通一气来敲诈我。"米西尔怒不可遏地叫道。

果然,在警官的审问下,狄娜只好交代了实情。

请问他是如何知道的呢?

88. 一声枪响

警察正在巡逻的时候,忽然听到一声枪响,然后看到不远处一个老人正跌向房门。警察马上跑了过去,发现老人背部中弹,已经死去。

警察开始询问现场仅有的两名目击者。甲说:"我看到老人刚要锁门,枪响后,他应声倒地。"乙说:"我听到枪声后不知道发生了什么事,就跑过来看看。"

警察听了两个人的话后,立即拘捕了其中的一个人。

你知道拘捕的是哪一个吗?

89. 奇怪的火灾

深夜,某饭店失火。125号房间里浓烟滚滚,住在一间套房里的郑小姐逃了出来,而另一间套房里的王小姐则烧死在里面。

经过验尸,发现王小姐在起火前已经被刀刺中心脏而死。她的房间里还发现有一个定时引火装置。

郑小姐说:"我因为有点事很晚才回去,看到王小姐已经睡了,就回自己房间里休息。刚刚睡下,便感觉胸部郁闷而醒来,发现四周弥漫着烟雾,急忙大声喊叫王小姐,然后跑到室外。"

人们又找到平素与王小姐不睦的李先生。

李先生说:"也难怪你们怀疑,我还收到一封恐吓信呢。"

他拿出一封信来,上面写着:"我知道你是刺杀王小姐的凶手,如果不想被人知道,必须在5月1日下午6时,带100万现款,到××车站的入口前。"这时,离案发时间只有3小时。

聪明的警察立即发现了凶手。凶手是谁?为什么?

90. 被移动的尸体

星期六,一名客人在某酒店服毒自杀。翌日,酒店服务员发现了死者,便立即告诉了主管。

"是不是马上报警？"服务员问。

"别那么傻。是他自己找死，我们何必去惹麻烦呢？只要警察一来，这件事便会宣扬出去，对酒店的声誉会大有影响。"

"但尸体不能不处理呀！"

"丢在后面的公园里吧！那里是有名的自杀场所，上个月已经有一对情侣在那里自杀了，警察无非以为又多了一宗自杀案而已。"

午夜，当所有的旅客都睡着后，服务员和主管便悄悄地将尸体抬到后面的公园去。

他们在草丛中看到一张被人丢弃的报纸，便决定把尸体放在上面，然后将遗书塞入死者的口袋里，并把他用过的那个有毒的杯子放在尸体脚边，看起来就像在公园里自杀一般。而主管和服务员也做得十分利落，没留下丝毫与自己有关的证据。

第二天早上，尸体被发现了。经验尸后，证实死亡时间应在星期六晚上9时左右。

老练的警长在观察过现场后便说："即使是自杀，发生的地点也绝不是这里。我揣测是有人怕麻烦，才将尸体移到这里。"

你知道警长是凭什么这样说的呢？

91. 谁是小偷

一天，李经理从北京出发去广州办事。他乘坐的卧铺车厢里的其他三人分别去往郑州、长沙和武汉。

列车运行到石家庄站的时候，停车15分钟，四人均离开了自己的铺位。在列车重新启动前，李经理回到铺位，却发现自己的手提包不见了。他急忙去报告乘警，乘警调查了其他三位乘客。

去郑州的乘客说，停车时他下去买了些早点；去长沙的乘客说，他到车上的厕所方便去了；去武汉的乘客说，他去另一车厢看望同行的朋友了。听完他们的叙述，乘警认定去长沙的人偷了李经理的提包。

你知道为什么吗？

92. 合谋

古时，一妇人来衙门告状，说有人杀死了她的丈夫李四，还抢走了李四外出做生意赚的钱。县令随妇人去验尸，发现死者的头被割走了。于是县令说："你

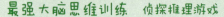

一个人孤苦伶仃的,等我们找到尸体的头,定案之后,你就可以再嫁了。"

第二天,与妇人同村的张三来报告说他在砍柴时发现了李四的头。可能是凶手怕被人认出来,在被害死的时候头就被弄得面目全非了。

县令指着妇人和张三说:"你们二人就是罪犯,合谋杀害亲夫。"

请问:县令的依据是什么?

93. 凶手是谁?

一艘客轮在大海上航行,已经整整三天时间了。这天早晨,船员在甲板上发现了一具死尸。死者是一位有名的富豪,是被人用绳子从背后勒死的,死亡时间在前一晚的12点左右。

客轮三天中没有靠过岸,也不可能有人通过游泳等方式离开,所以凶手一定还在船上。

在船上的人当中,与死者有关的人有三个,而且都有杀人的动机。

第一个是死者的助理,因挪用公款被死者发现,正准备将其革职;第二个是死者公司的副总,与死者是竞争关系且矛盾重重,他死了自己可以顺利当上一把手;第三个是死者的侄子,也是死者财产的唯一合法继承人。最近因投资失败,欠了别人一大笔钱。

根据以上情况,请推理一下,凶手到底是谁?

94. 破绽在哪儿

李四是个收藏家,家里收藏了许多价值连城的字画古玩。一天,李四要出远门,就拜托邻居帮助照看一下家里。当天夜里,邻居就报警说有人把李四的家洗劫一空。警察来到案发现场,发现李四的屋子里有翻动的痕迹,还丢失几个非常值钱的艺术品。邻居告诉警察:"我受李四的委托帮他照看屋子,突然从他家窗户发现他家里有光亮,就赶紧跑过去看。当时外面下着雪,窗户的玻璃上结了一层冰,我赶忙呼了几口热气把冰融化,才看到屋子里有个黑影在翻找东西。于是我就冲过去阻拦,没想到还是被他逃跑了……"

警察打断他的话,说:"其实一切都是你一个人做的,对不对?"

你知道邻居的破绽在哪儿吗?

95. 有经验的警察

张先生一家人出去旅游,回来的时候发现家中被盗。现场所有柜子和桌子的竖排抽屉都是开着的,值钱的东西全部被偷走了。一个很有经验的警察查看了一下现场之后,便说这个小偷一定是个惯偷!

你知道警察为什么这么说吗?

96. 溺死的吉恩

名侦探柯南和其他游客在穿越广袤的西部的旅途中,遇到一条浑浊肮脏的河沟。向导说,人们都叫它"死人河",名称的由来是这样的:多克是这一带有名的医生,一天下午,他正为一个小贩治病,吉恩闯进了诊室。吉恩说,他在城里偶然遇到一个手握六响双枪的强盗在抢劫银行。由于枪战引起了混乱,吉恩被误认作是那个劫匪,不得不抱头鼠窜,到此躲藏。当时情况十分紧急,不允许吉恩找证据澄清真相,况且一位警官已追踪而至。多克相信吉恩是清白的,因此他穿戴上吉恩的衣帽,想把警察引开,好让吉恩逃脱。在告诫那个小贩严守秘密之后,多克从床下拿出一条6英尺(1英尺=0.3048米)长的空心胶管。他要吉恩跳下河沟,通过胶管呼吸,胶管的口径约1英寸(1英寸=0.0254米)。于是,多克骑上吉恩的马跑开了,警察紧追不舍。这样,吉恩摆脱了追捕。然而,结局却非常不幸,吉恩死了——溺死于河中。多克将警官引开之后,小贩将吉恩从水中捞出。多克猜测吉恩也许是因为在水下惊慌失措才淹死的。

听向导介绍到这里,柯南打断他的话说:"不,吉恩是被人谋杀的。"柯南何以得出这样的结论?

97. 职业小偷

小李是一个从未失过手的职业小偷。某一天,他溜到公交车上去作案。先偷了一位西装革履的男子的钱包,下车后又接连着偷了一位中年女子和一位白发苍苍的老太太的钱包。他得意地下了车,躲进角落里清点刚才的战果,突然发现三个钱包里总共不过600元,接着他又叫骂起来,原来他自己的钱包也遭非命,那里面装着5000多元啊!不过最让他生气的是,居然被人耍了一把:那个偷他钱包的人还在他的口袋里塞了一张纸条,上面写着:"让你尝尝我的厉害,也不看看你偷的是谁!"大家猜猜看,那三个人中,究竟是谁偷了小李的钱包呢?

98. 作案时间

一天夜里,有邻居听到一声惨烈的尖叫,早上醒来发现原来昨晚的尖叫是受害者的最后一声。负责调查的警察向邻居们了解案件发生的确切时间。一位邻居说是12：08分，另一位老太太说是11：40分，对面杂货店的老板说他清楚地记得是12：15分，还有一位绅士说是11：53分。但这四个人的表都不准确，在这些手表里，一个慢25分钟，一个快10分钟，还有一个快3分钟，最后一个慢12分钟。你能帮警察确定作案时间吗？

99. 隐藏的嫌犯

一个冬天的深夜，侦探阿飞在路上走着，突然发现一个人影从一家珠宝店里窜了出来，紧接着后面追出两个人，一边追一边喊："抢劫了！"阿飞也朝黑影追了过去。

追了好长一段路，只见黑影钻进了一个地铁站，阿飞气喘吁吁地跟着跑了进去。发现里面只有7个人，体型和刚才的罪犯都比较相近。

其中有两个人像是夫妻，正在争吵着什么；第三个人一边等车一边看书；第四个人头上盖着一张报纸躺在椅子上休息；第五个人坐在座位上冻得发抖，并不停地搓手；第六个人在一个角落里原地跑步取暖；第七个人则望着地铁来的方向，焦急地等着。

地铁没有别的出口，那么哪个人会是抢劫犯呢？

100. 洗牌的手法

有一天，豆子和小羽在看电视上的一个魔术节目。

节目里的魔术师邀请了5位现场观众上来参与表演：他先让观众检查他手上的牌有没有问题，然后请观众在52张扑克牌中任选25张。接着，魔术师将这25张牌分成5组，要5位观众各选一组，再从各自选择的那组中选出一张"记在心里"，就是不可以跟任何人讲，没有人知道观众心里记的是什么牌，当然，魔术师也不知道。

这时候，魔术师将25张牌收回来，然后开始洗牌，只见其手法利落，纸牌如飞般地重新编组，然后他又将牌分成5组，先拿出第一组的5张，问5位观众，是否这5张中有他们心中的牌。并告诉他们：若有则点头，但不需说出是哪一张；若无则摇头。

当然，第一组牌问完后又问第二组牌，依此类推。

在5组牌全部确认完毕之后，魔术师从手中的牌里抽出5张，在5个观众面前分别放一张牌，然后问观众，是否这张牌就是他们心中记住的牌。

当然，结果就是他们心中记忆的牌。

电视机旁的小羽拼命鼓掌。

"这不过是巧用数学罢了",在一旁沉思已久的豆子兴奋地说,"如果我有他的洗牌技术,我也可以表演这个魔术。"

请问:豆子说的是真的吗?

101. 吓人的古墓

一位考古专家在荒凉的深山中发现了一座神秘的古墓,通过考证他确认里面埋葬着一千多年前的一位富可敌国的王侯,他的陪葬物品毫无疑问会价值连城。坟墓的通道里设有重重精巧的机关,稍微不留神就会葬身于此。

那位考古专家费尽千辛万苦终于拆除了所有机关。然而,当他推开坟墓的门时,眼前的景象却吓得他魂飞魄散:在棺木的上方吊着很多熄灭的灯,有一盏竟然还燃烧着,并且投射出幽幽的光芒。这位经验丰富的考古学专家从来没有见过能燃烧一千多年的灯,惊骇之余转身便逃,再也不敢回到墓中。

仅仅几天之后,另外几位考古学家得知消息,也赶到了这里,却没发现那盏燃烧的灯,他们顺利地取出了文物。

你知道这是怎么回事吗?

102. 习惯标准

晚饭后,母亲和女儿一块儿洗碗盘,父亲和儿子在客厅看电视。

突然,厨房里传来打破盘子的响声,然后一片沉寂。

儿子望着他父亲,说道:"一定是妈妈打破的。"

父亲:"你怎么知道?"

你知道儿子是怎么知道的吗?

103. 密码猜人名

这是一道密码破解题目!从下面的符号中找出答案!
^$$#*^!!!*^%@$$$&(#!!&
跟密码相对应的提示:
无须惊叹
我已身无分文
消失的第100个足迹
蓦然回首
发现答案就在脚下

提示：答案是由英文构成的一个人名。

104. 有趣的考试

一所学校开了一门逻辑课，期末的时候，教授想了一个有趣的考试来检测学生们的学习情况。他找了红、黄、蓝三个盒子，在其中一个盒子中放了一张红纸，然后在每个盒子上写了一句话。他把所有的学生叫过来，只要推理出哪个是红纸所在的盒子，就算他通过这门课的期末考试了。

三个盒子上的话如下。

红盒子：红纸在这只盒子里。

黄盒子：红纸不在这只盒子里。

蓝盒子：红纸不在红盒子里。

教授告诉学生，这三个陈述中最多只有一句是真话。学生该选哪只盒子？

105. 红纸在哪儿

第二个学期的时候，教授换了考试的内容，这次他在盒子上写了如下的三句话。

红盒子：红纸不在黄盒子里。

黄盒子：红纸不在这只盒子里。

蓝盒子：红纸在这只盒子里。

教授告诉学生，这三个陈述中至少有一句是真话、至少有一句是假话。红纸藏在哪只盒子里？

106. 效仿

教授的考试方法流传了出去，很多学校的教授觉得这种考试方法很有趣，纷纷效仿。有所学校的教授也找了三个盒子，把红纸放在其中一个盒子里，但是每个盒子上写了两句话。

红盒子：A. 红纸不在这里。

B. 红纸上画了一幅画。

黄盒子：A. 红纸不在红盒子里。

B. 红纸上一片空白。

蓝盒子：A. 红纸不在这里。

B. 红纸其实在黄盒子里。

教授告诉学生：每只盒子上都至少有一句话是真的。红纸藏在哪只盒子里呢？

107. 盒子与真话假话

第二个学期这个教授又选了另外三只盒子，每只盒子上还是写有两句话。

红盒子：A.红纸不在这只盒子里。
　　　　B.它在黄盒子里。
黄盒子：A.红纸不在红盒子里。
　　　　B.它在蓝盒子里。
蓝盒子：A.红纸不在这只盒子里。
　　　　B.它在红盒子里。

教授告诉学生：有一只盒子上的两句陈述都是真话，有一只盒子上的两句都是假话，第三只盒子上是一真一假。红纸藏在哪只盒子里？

108. 两个助教

这所学校的教授有男、女两个助教帮他写盒子上的句子，这个教授事先告诉学生：男助教总会写真话，女助教总会写假话。

这个教授也找了三只盒子，但是里面放的不是红纸了，而是一张白纸。三只盒子里只有一只盒子里有白纸，学生只要挑出没有放白纸的那只盒子就算通过。三只盒子上写的话如下。

红盒子：白纸在这只盒子里。
黄盒子：这只盒子是空的。
蓝盒子：这三只盒子上的话最多有一句是男助教写的。
教授什么也没说，学生该选哪只盒子呢？

109. 男学生和女学生

教授在第一年的考试中让自己的助教在盒子上写纸条，而且男助教总是写真话，女助教总是写假话。这个传统后来保留了下来，只是因为不能保证每年都正好会有男助教和女助教，这个教授有时也会挑男学生和女学生来写，男学生永远写真话，女学生永远写假话。

有道题是这样的，盒子上写有如下的陈述：
这只盒上的句子不是男助教写的。
那这句话是谁写的呢：是男助教？女助教？还是男学生？女学生？

110. 盒子上的题词

一次我看到这样一对盒子，我念了一只盒子上的题词，无法推理出其中是否至少有一只是男助教所写。我再看另一只盒子上的题词，没想到它居然跟第一只盒子上的句子是一样的。更神奇的是，这样我就能推理出这两只盒子必定都是男助教所写的了。你能想出两只盒子上的题词是什么吗？

111. 四个盒子

有两套盒子被混在一起了，四只盒子上的题词如下。
A盒子（红色）：黄盒子是女学生写的。
B盒子（红色）：或者黄盒子是女学生写的，或者两只盒子都是男助教写的。
C盒子（黄色）：红盒子是男学生写的。
D盒子（黄色）：红盒子是男学生写的，并且两只盒子中至少有一只是男助教或女学生写的。
你能推理出哪只盒子和哪只盒子是一对吗？四只盒子又各是什么人写的？

112. 画窃贼

一天下午，小明肚子痛提前回家了。家里只有他一个人，休息了一会感觉好些了。正在这时，他听到门外有响动。透过猫眼一看，是一个陌生男子，正在撬他家的门。小明很害怕，忙躲在了床下。

不一会，男子进了屋，偷走了一些财物后离开了。

这时，小明才敢爬出来，并报了警。

警察问小明是否记得窃贼长相。小明说从猫眼里看到了，并画了出来。

过了不久，警察就抓到了窃贼，可是怎么和小明画的不一样呢？这是为什么？

113. 疏忽

张三和李四是好朋友，一天夜晚，张三在李四家喝酒，由于太晚了，就打算住在李四家中。可是在洗澡的时候，李四突然心脏病发作，死在了浴缸里。张三不敢报警，怕警方怀疑，就在第二天早上刚天亮的时候偷偷地把李四运到自己住的单身公寓里。同样，依然放在浴缸里，放满温水。并把他的衣服鞋子之类的东西放在相应的地方，最后消除自己的痕迹悄悄离开了。

当天下午，李四的尸体被同事发现了，并报了警。法医鉴定后说："死因是心脏病突发，自然死亡。死亡时间是昨晚11点左右。"

警察环视四周，沉思片刻后说："这个浴室不是第一现场，应该是谁怕麻烦后运到这里来的。"

张三疏忽了什么使警察能够确定这不是第一现场呢？

114. 吹牛

张三和朋友吹牛说："有一次，我和朋友去非洲旅行，和朋友打赌，蒙着眼睛在一条只有一米宽，两边都是悬崖的小路上走100米。结果我一点都不慌张，一步步走完取得了胜利。"朋友笑笑说："少吹牛了，那有什么难的，连小孩子都能做到！"

你知道朋友为什么这么说吗？

115. 无名死尸

警察在某市的一个湖中发现一具无名死尸。由于尸体已经腐烂，已经无法辨认长相。骨头上有一些明显的黑色斑块。警察只好照了几张照片，并经过简单的尸检后送到火葬场火化了。

一位有经验的警察马上开始调查市内炼铅厂之类的重金属冶炼工厂，顺着这条线索，很快就破了这起无名死尸案。

这位有经验的警察是如何从骨斑判断出死者身份的呢？

116. 正当防卫

张三向警察报案，说自己在好友李四的办公室里，因为发生了一些口角，李四突然从抽屉里拿出一把手枪要射杀自己，出于正当防卫，自己无意中杀死了李四。

警察查看现场发现，办公室有打斗的痕迹，除此之外都很整齐，窗户和门都关着。拉开张三所说的放枪的抽屉，里面还有十几颗剩余的子弹。

警察想了想说："我看不像你说的那样，你是故意杀害李四的！"

警察为什么会这样说呢？

117. 福尔摩斯

张三乘飞机去另一座城市会见自己从未谋面的网友李四，下了飞机，他就拉着自己超大的行李箱往外走。在门口习惯性地左右张望了一番后想起来自己只知道李四的名字而不知道他长什么样子，于是准备拿出手机与对方联系。这时，旁边一个年轻人热情地拥抱了一下他。原来他正是李四。

张三有些奇怪，为什么自己认不出李四，李四却可以这么确定自己就是张三呢？

118. 谁是罪犯

在市中心最繁华的地方新开业了一家珠宝公司，突然闯进来一名男子，抢起锤子一敲，珠宝展柜的玻璃哗啦一声碎了。没等店员反应过来，男子趁乱抢走了大量珠宝首饰，逃之夭夭。

警方赶到现场发现这些展柜所用的玻璃都是防盗玻璃。这种玻璃别说用锤子，就是用枪都打不碎。这是怎么回事呢？劫匪到底是谁？

119. 凶器是什么

张三是个出名的无赖，吃喝嫖赌无恶不作，还经常打老婆出气。一天张三赌输了钱回家找老婆撒气。张三老婆正在厨房做饭，气急之下顺手拿起身边的一样东西向张三头上打去。没想到张三一句话没说，倒在地上死了。

张三老婆报了警，很快警察来到现场，发现张三头部被砖块之类的钝器所伤，没有流血，可能死于大脑受损。警察巡视了一圈，厨房里只有一些锅碗瓢盆之类的器具，还有砧板、菜刀、一个新买的鱼头、一块冻豆腐以及一些青菜土豆，就是没有发现凶器。当然，没有凶器不好定案，而张三老婆由于惊吓过度，一时又不说话。

你知道张三老婆是用什么打死张三的吗？

120. 露出马脚

怪盗基德打听到海边有个独栋别墅的富翁主人去度假了，要1个月后才回来。他打算去富翁的别墅"参观参观"。这天夜里下起了大雪，基德偷偷潜入别墅，撬开房门走进屋里。他没有开灯，怕引起巡警的注意，直接跑到富翁的床上美美地睡了一觉。第二天早上醒来，肚子有点饿，他打开冰箱发现里面有很多好吃的，就拿出了一只火鸡，点燃壁炉，一边取暖一边烤火鸡。可没过多久就听见门铃响，原来是两个巡警。

你知道他为什么引起了巡警的注意吗？

121. 诈骗

一天夜里,大侦探福尔摩斯办完事开车回家。在一个路口,遇到一名年轻女子挥手想搭车,福尔摩斯就让她上来了。车向前开了没多远,后面有辆车跟了上来,亮起刺眼的前灯。

女子回头看了一下,马上惊慌失措地对福尔摩斯说:"不好了,那是我丈夫,他是个亡命之徒,知道你载着我肯定以为咱俩有私情,会杀了我们的"。

"是吗?那我们怎么办?"福尔摩斯假装害怕地说道。

"他见钱眼开,你给他点儿钱就可以了。"

"我看得给你一副手铐!你们用这种方式骗了不少钱了吧!"

福尔摩斯是怎么识破他们的呢?

122. 谜团

有一位很厉害的律师,喜欢帮人打离婚官司。每次都会站在女方一边,尽可能多为她们争取赡养费。所以有很多打算离婚的女子找这位律师帮忙。

一次,这位律师自己也要离婚。律师一如既往地站在了女方一边,为妻子争得了巨额赡养费。

你知道这是为什么吗?

123. 第二枪

大楼的一间公寓里突然传出枪声,管理员赶来看时,房间由里面锁着,打不开。他正要用备用钥匙时,里面又传出枪声,子弹穿过门,差一点射中管理员。管理员胆战心惊地打开门,看到一男子右手握枪,伏在桌上,已经死亡。

男子额头中弹,现场有遗书,证实这是一起自杀,问题是额头中弹会立即死亡,自杀者怎么有可能再开第二枪呢?

究竟是谁开的第二枪?

124. 潮涨潮落

"五一"期间,皮皮一家去海边游玩。他第一次看到海,充满了好奇,特别是看到涨潮落潮时,简直看得入了迷。他很想知道,涨潮时每小时海水上涨了多少。于是,他想了一个办法,在大游轮的船舷边上放下一条绳子,绳子上系有10个红色的手帕,每两个相邻的手帕相隔20厘米,绳子的下端还特地系了一块铁棒。放下时，正好最下面的一个手帕接触到水面。

涨潮了，皮皮赶紧跑去看绳子上的手帕，并带上表计时。他能测出潮水每小时涨多少厘米吗？

125. 鉴别逃犯的血迹

美国加州奥克兰市。一天下午，在当地两名警察的协助下，探长西科尔和助手丹顿小姐于森林公路中段截获了一辆走私微型冲锋枪的卡车。经过一场激烈的搏斗，4名黑社会成员有3名当场被擒获，而此次走私军火的首犯巴尔肯被丹顿小姐的手枪击中左腿肚后逃入密林深处。

西科尔探长立即命令两位地方警察押送被擒罪犯前往市警署，自己带领助手深入密林追捕首犯巴尔肯。

进入密林后，两人沿着点点血迹仔细搜捕。突然，从不远处传来一声沉闷的猎枪射击声和一阵忽隐忽现的动物奔跑声。看来，这只动物已经受了伤。果然，当西科尔和丹顿小姐持枪追赶到一块较宽敞的三岔路口时，一行血迹竟变成了两行近似交叉的血迹左右分道而去。显然，逃犯和动物不在同一道上逃命。

怎么办？哪一行是逃犯的血迹呢？丹顿小姐看着，有些懊丧起来。但探长西科尔却用一个简单的方法，便鉴别出了逃犯血迹的去向，最终将其擒获。

请问，西科尔探长用何法鉴别出逃犯的血迹？

126. 助手的错误

清早起来，威廉姆斯公爵夫人用过早饭后照例到后花园里去散步，却突然惊叫起来，原来在院墙边的一棵大树下，躺着一具男子的尸体！

侦探玻罗闻讯带着助手迅速赶到现场。经检查后得知，死者致死的原因是头部受过撞击，既可能是他人持硬物所伤，也可能是自己从树上掉下来，头触硬物而亡。在大树底下，玻罗还发现了死者生前用的塑料拖鞋，树上沾着一些血迹并有一些人爬过的痕迹。在死者的脚底，有一些从脚趾到脚跟的直线形伤痕，似乎是被树皮一类的东西刮伤的。

助手推测说："死者大概是想爬树越过院墙，但被树皮刮伤脚部，疼痛难忍，失足坠地撞死。"玻罗则笑着摇了摇头。助手判断的错误在哪里呢？

127. 识破小偷的伎俩

一对新婚夫妇在某市郊外买了一间房子，一层共有三户人家。一天，这对夫妇正在看电视，突然听见有人敲门。妻子打开门一看，是一个陌生男子。男子一看到她便说："对不起，对不起，我走错门了，我还以为是我的房间呢。"然后转身走了。这对夫妇回到房间一考虑，便确定那个男子是个小偷。他们马上报告了小区的保安，保安很快就将男子抓获。后来经警方查证，该名男子果然是个惯偷。这对夫妇是如何知道陌生男子就是小偷的呢？

128. 老练的警长

7月14日中午，巴黎四方旅馆住进了4个单身旅客。他们是：从耶路撒冷来的斯坦纳先生，经营水果生意；从伦敦来的勃兰克先生，行踪有些诡秘；从科隆来的企业家比尔曼，他是来同跨国公司洽谈一笔生意的；从里斯本来的曼纽尔，身份不明。

7月16日上午，电影明星格兰特小姐发现金银珠宝不翼而飞。警方经过调查确信盗窃犯就在这4名旅客当中。于是，警方询问旅馆经理这三天4位旅客的活动情况。经理回忆道："斯坦纳每天总是要两张希伯莱语报纸，坐在大厅门口，用一个放大镜从头读到尾；勃兰克每天上午10点左右离开旅馆，下午5点左右回旅馆，一架照相机总不离身；比尔曼总是在床上吃早饭，一个鸡蛋和一些鱼子酱，起床后总是在服务台最忙的时候来拿他的信件；曼纽尔是个左撇子，会讲六种语言。"

警方根据经理提供的线索，决定传讯这4名单身旅客。不料，勃兰克和曼纽尔都离开了旅馆；比尔曼也不知去向，只有斯坦纳仍坐在大厅门口看报纸，把放大镜从左到右一行一行往下移。老练的警长看着看着，突然眼睛一亮，立即招呼几个警察走上前去，给斯坦纳戴上了手铐。经审讯，斯坦纳对自己的盗窃行为供认不讳。斯坦纳在什么地方露出了破绽？

第四部分
真假话大辩论

129. 真假分不清

小李家有三个孩子A、B、C，他们三人的名字分别叫真真、假假、真假（不对应），真真只说真话，假假只说假话，而真假有时说真话有时说假话。

有一个人遇到了他们，于是问A："请问，B叫什么名字？"A回答说："他叫真真。"

这个人又问B："你叫真真吗？"B回答说："不，我叫假假。"

这个人又问C："B到底叫什么？"C回答说："他叫真假。"

请问：你知道A、B、C中谁是真真，谁是假假，谁是真假吗？

130. 今天星期几

在非洲某地有两个奇怪的部落，一个部落的人在每周的一、三、五说谎，另一个部落的人在每周的二、四、六说谎，在其他日子他们都说实话。一天，一位探险家来到这里，见到两个人，向他们请教今天是星期几。两个人都没有明确告诉他，只是都说："前天是我说谎的日子。"如果这两个人分别来自两个部落，那么今天应该是星期几？

131. 哪天说实话

在一个小岛上有个特殊的部落，这个部落的人都非常喜欢撒谎。以至于他们几乎忘记了如何才能说实话。

A就是这个部落的一个村民。他同样很爱撒谎，一周7天中有6天都在说谎，只有一天会说实话。

下面是他在连续3天里说的话。

第一天：我星期一、星期二撒谎。

第二天：今天是星期四、星期六或是星期日。

第三天：我星期三、星期五撒谎。

请问：A在一周中的哪天会说实话呢？

132. 走出迷宫

一位探险家去寻宝，在一大片原始森林里迷了路。他在里面走了很久，一直没有找到出口，这可把他吓坏了。这时，他来到一个三岔路口旁，发现每个路口都写了一句话，第一个路口上写着："这条路通向出口。"第二个路口写着："这条路不通向出口。"第三个路口上写着:"另外两个路口上写的话,一句是真的,一句是假的。"如果第三个路口上的话是正确的,那么,探险家要选择哪一条路才能走出去?

133. 从实招来

有个法院开庭审理一起盗窃案件,某地的A、B、C三人被押上法庭。负责审理这个案件的法官是这样想的:肯提供真实情况的不可能是盗窃犯;与此相反,真正的盗窃犯为了掩盖罪行,是一定会编造口供的。因此,他得出了这样的结论:说真话的肯定不是盗窃犯,说假话的肯定就是盗窃犯。审判的结果也证明了法官的这个想法是正确的。

审问开始了。

法官先问A:"你是怎样进行盗窃的?从实招来!"A回答了法官的问题:"叽哩咕噜,叽哩咕噜……"A讲的是某地的方言,法官根本听不懂他讲的是什么意思。

法官又问B和C:"刚才A是怎样回答我的提问的?叽哩咕噜,叽哩咕噜,是什么意思?"

B说:"禀告法官老爷,A的意思是说,他不是盗窃犯。"

C说:"禀告法官老爷,A刚才已经招供了,他承认自己就是盗窃犯。"

B和C说的话法官是能听懂的。听了B和C的话之后,这位法官马上断定:B无罪,C是盗窃犯。

请问:这位聪明的法官为什么能根据B和C的回答,作出这样的判断?A是不是盗窃犯?

134. 三个问题

有甲、乙、丙三个精灵,其中一个只说真话,另外一个只说假话,还有一个随机地决定何时说真话,何时说假话。你可以向这三个精灵发问三条是非题,而你的任务是从他们的答案找出谁说真话,谁说假话,谁是随机答话。

你每次可选择任何一个精灵问话,问的问题可以取决于上一题的答案。这个难题困难的地方是这些精灵会以"Da"或"Ja"回答,但你并不知道它们的意思,只知道其中一个字代表"对",另外一个字代表"错"。

你应该问哪三个问题呢?

135. 该释放了谁

有一个侦探逮捕了5个嫌疑犯A、B、C、D、E。这5个人供出的作案地点有出入。进一步审讯了他们之后，他们分别提出了如下的申明。

A：5个人当中有1个人说谎。

B：5个人当中有2个人说谎。

C：5个人当中的3个人说谎。

D：5个人当中有4个人说谎。

E：5个人全说谎。

只能释放说真话的人，该释放哪几个人呢？

136. 分辨吸血鬼

在一个奇怪的岛上，住着两种居民：人和吸血鬼。有一年，这里发生了一场大瘟疫，有一半的人和吸血鬼都生了病而变得精神错乱了。这样一来，这里的居民就分成了四类：神志清醒的人、精神错乱的人、神志清醒的吸血鬼、精神错乱的吸血鬼。从外表上是无法将他们区分开的。他们的不同在于：凡是神志清醒的人总是说真话的，但是，一旦精神错乱了，他就只会说假话了。

吸血鬼同人恰好相反，凡是神志清醒的吸血鬼都是说假话的，但是，他们一旦精神错乱，反倒说起真话来了。这四类居民，讲话都很干脆，他们对任何问题的回答，只用两个词："是"或"不是"。

有一天，有位"逻辑博士"来到这个岛上。他遇见了一个居民P。"逻辑博士"很想知道P是属于四类居民中的哪一类。于是，他就向P提出一个问题。他根据P的回答，立即就推定P是人还是吸血鬼。后来，他又提出了一个问题，又推定出P是神志清醒的，还是精神错乱的。

"逻辑博士"先后提的是哪两个问题呢？

137. 开箱子

有一个探险家在一个山洞里发现了两个箱子和一封信，信上说："这两个箱子其中之一装有满箱的珠宝，另一个中装有毒气。如果你足够的聪明，按照箱子上的提示就能找到宝物。"

这时探险家看到两个箱子上都有一张纸条，第一个箱子上写着："另一个箱子上的纸条是真的，珠宝在这个箱子里。"第二个箱子上写着："另一个箱子上的话是假的，珠宝在另一个箱子里。"

那么,他应该打开哪个箱子才能获得珠宝呢?

138. 四名证人

一位很有名望的教授被杀了,凶手在逃。经过几天的侦查,警察抓到了A、B两名嫌疑人,另外还有四名证人。

第一位证人张先生说:"A是清白的。"

第二位证人李先生说:"B为人光明磊落,他不可能杀人。"

第三位证人赵师傅说:"前面两位证人的证词中,至少有一个是真的。"

最后一位证人王太太说:"我可以肯定赵师傅的证词是假的。至于他有什么意图,我就不知道了。"

最后警察经过调查,证实王太太说了实话。

请问:凶手究竟是谁?

139. 谁偷了金表

商厦发生了一起盗窃案,一只名贵的金表被盗了。警察根据群众提供的线索,提审了有偷窃嫌疑的四人。他们的口供如下:

甲说:"我看见金表是乙偷的!"

乙说:"不是我!金表是丙偷的。"

丙说:"乙在撒谎,他是要陷害我。"

丁说:"金表是谁偷去了我不知道,反正我没偷。"

经过调查证实,四个人中只有一个人的供词是真话,其余都是假话。

请问谁是小偷?

140. 谁是主犯

四名犯罪嫌疑人同时落网,但是他们只承认参与了犯罪行为,却都不承认自己是主犯。在警察审问的时候,四个人的回答如下。

甲说:丙是主犯,每次都是他负责的。

乙说:我不是主犯。

丙说:我也不是主犯。

丁说:甲说得对。

警方通过调查,终于查出了谁是主犯,而且他们之中只有1个人说了真话,其余3个人都说了假话。

请问：谁才是主犯呢？

141. 有谁偷吃了蛋糕

妈妈在餐桌上放了一块蛋糕，可是刚出去了一下，再回来的时候就发现蛋糕被人吃掉了。所以就问在场的三个孩子，是谁偷吃了蛋糕，得到的答案如下。

A：我吃了，好好吃哦！

B：我看见A吃了。

C：总之，我和B都没吃。

假设这里边只有一个孩子在说谎，那么蛋糕被几个人偷吃了，都有谁？

142. 真假难辨

师生聚会中，老师小刘突然问学生，上学的时候，谁向他说过谎？大家各只说了一句话。

张三：李四说谎。

李四：王五说谎。

王五：张三和李四都说谎。

问：谁说谎，谁没说谎？

143. 谁是杀人犯

有一位银行行长被谋杀了。

警方经过一番努力搜查，将大麻子、小矮子和二流子三个嫌犯带回问讯，他们的供词如下：

大麻子："小矮子没有杀人。"

小矮子："大麻子说的是真的！"

二流子："大麻子在说谎！"

结果是，三人中有人说谎，不过真正的犯人说的倒是实话。

请问，哪一个是杀人犯？

144. 五个儿子

一个老财主，一辈子积攒了不少钱财。他有五个儿子，在儿子成家立业之后，财主将自己所有的财产分给了五个儿子，自己仅留了少量生活所用。若干年后，突遇一个灾荒之年,可怜的父亲要面临断炊了,所以不得不求助于五个儿子。

但是,经过了这么多年,有的儿子赚了不少,也有的儿子将家财败光了。他不知道现在哪个儿子有钱,但他知道,他们兄弟之间彼此都知道底细。

下面是他们五兄弟说的话。其中有钱的说的都是假话,没钱的说的都是真话。

老大说:"老三说过,我的四个兄弟中,只有一个有钱。"
老二说:"老五说过,我的四个兄弟中,有两个有钱。"
老三说:"老四说过,我们兄弟五个都没钱。"
老四说:"老大和老二都有钱。"
老五说:"老三有钱,另外老大承认过他有钱。"
你能帮助这位老父亲判断出这几个儿子中谁有钱吗?

145. 警探的询问

达纳溺水死亡,为此,阿洛、比尔和卡尔被一位警探讯问。
(1)阿洛说:如果这是谋杀,那肯定是比尔干的。
(2)比尔说:如果这是谋杀,那可不是我干的。
(3)卡尔说:如果这不是谋杀,那就是自杀。
(4)警探如实地说:如果这些人中只有1个人说谎,那么达纳是自杀。
达纳是死于意外事故,还是自杀,甚至是谋杀?
提示:在分别假定陈述(1)、陈述(2)和陈述(3)为谎言的情况下,推断达纳的死亡原因;然后判定这些陈述中有几条能同时为谎言。

146. 真话和谎话

老师找5名学生谈话,他们分别说了下面这些话,你来判断他们中有几个人撒了谎。

小江说:"我上课从来不打瞌睡。"
小华说:"小江撒谎了。"
小婧说:"我考试时从来不舞弊。"
小洁说:"小婧在撒谎。"
小雷说:"小婧和小洁都在撒谎。"

147. 零用钱

悦悦每周会从妈妈那里拿到10元钱的零花钱,但是这周不到三天她就把自己的零花钱用完了，只好腆着脸跟妈妈要。妈妈说："那你去隔壁屋里待五分钟再回来。"五分钟后，悦悦看到妈妈面前扣着三只碗，第一只碗上写着："这个碗里没有钱。"第二个碗上写着："钱在第一个碗里。"第三个碗上写着："反正我这里没钱。"妈妈说："我把钱放到其中一个碗里了，你只有一次掀开碗的机会，如果你正好掀开的是有钱的碗，那这些钱就是你的零花钱。提示你一下，我写的三句话中只有一句话是真的。"

如果你是悦悦，会掀开哪只碗呢？

148. 谁得了大奖

公司年底联欢会上有个抽奖环节，经理把得大奖人的名字抽出来后，对离他最近的一桌上五个人说："大奖就出在你们五个人中。"

甲说：我猜是丙得了大奖。

乙：肯定不是我，我的运气一直不好。

丙：我觉得也不是我。

丁：肯定是戊。

戊：肯定是甲，他运气一直很好。

经理听了他们的话说："你们五个人只有一个人猜对了，其他四个人都猜错了。"

五个人听了之后，马上意识到是谁得了大奖了。

你知道了吗？

149. 电脑高手

纽约展览馆的保险库被盗，丢失了一件十分珍贵的藏品，吉姆、约翰和汤姆三人中肯定有一人是作案者，并且证据表明，作案者是一名电脑高手，他侵入了展览馆的保安系统。这三位可疑对象每人作了两条供词，内容如下。

吉姆：（1）我不懂电脑；
　　　（2）我没有偷东西。

约翰：（3）我是个电脑高手；
　　　（4）但是我没有偷东西。

汤姆：（5）我不是电脑高手；
　　　（6）是电脑高手作的案。

警察最后发现：（7）上述6条供词中只有两条是实话；
　　　　　　　（8）这三个可疑对象中只有一个不是电脑高手。

是谁作的案呢？

150. 各自的身份

这是一个流传在古希腊的传说。有一个美丽的公主在河边洗澡,当她洗完后发现放在岸边的衣服被人偷了。关于这件事,受害者、旁观者、目击者和救助者各有说法。她们的说法如果是关于被害者的就是假的,如果是关于其他人的就是真的。请你根据她们的说法判定她们各自的身份。

玛丽说:"瑞利不是旁观者。"
瑞利说:"劳尔不是目击者。"
露西说:"玛丽不是救助者。"
劳尔说:"瑞利不是目击者。"

151. 谁偷吃了糖果

妈妈准备待客用的糖果被偷吃了,妈妈很生气,就盘问4个孩子,下面是他们的回答。

A:是B吃的。
B:是D吃的。
C:我没有吃。
D:B在说谎。

现在已知这4个人中只有1个人说了实话,其他的3个人都在说谎,那么偷吃糖果的人是他们中的谁呢?

152. 推算日子

去年暑假,小明在外婆家住了几天,这期间的天气时晴时雨,具体来说:
(1)上午或下午下雨的情况有7次;
(2)凡是下午下雨的那天上午总是晴天;
(3)有5个下午是晴天;
(4)有6个上午是晴天。
想一想,小明在外婆家一共住了几天?

153. 丙会如何回答

某地发生了一次银行抢劫案,警察抓到了三位犯罪嫌疑人。这三名犯罪嫌疑人之间非常清楚每个人做了什么、没有做什么。而且这三名犯罪嫌疑人里确实有人做了案，当然也可能有人没有作案。

在第一次审讯中，三个人都做了一些交代。接着，警察又一次向他们确认是否其中有人说谎。

现在我们知道，一个人如果说谎，那么他将会一直说谎；而一个人如果说实话，他会一直说实话。

警察最后一次向他们求证时，他们做出了如下回答：

警察问甲："乙在说谎吗？"

甲回答说："不，乙没有说谎。"

警察问乙："丙在说谎吗？"

乙回答说："是的，丙在说谎。"

那么，如果警察问丙："甲在说谎吗？"

请问：丙会回答什么呢？

154. 亲戚关系

有A、B、C、D、E五个人，他们相互之间都是亲戚，其中四人每人讲了一个情况，现在已知，这四条情况都是真实的。

四人讲的话如下：

（1）B是我父亲的兄弟；

（2）E是我的岳母；

（3）C是我女婿的兄弟；

（4）A是我兄弟的妻子。

上面提到的每个人都是这五个人中的一个。

例如，（1）中"我父亲"和"我父亲的兄弟"都是A、B、C、D、E五人中的一个。

由此可以推出下面哪个判断是正确的？（　　）

A. B和D是兄弟关系

B. A是B的妻子

C. E是C的岳母

D. D是B的子女

155. 完美岛上的部落

完美岛上有两个部落，其中一个叫诚实部落（总讲真话），另一个叫说谎部落（从不讲真话）。一个诚实部落的人同一个说谎部落的人结了婚，这段婚姻非常美满，夫妻双方在多年的生活中受到了对方性格的影响。诚实部落的人已习惯于每连续讲三句真话就要讲一句假话，而说谎部落的人，则已习惯于每连续讲三句假话就要讲一句真话。他们生下了一个儿子，这个孩子当然具有两个部落的性格，即真话假话交替着讲。另外，这一对家长同他们的儿子每人都有个部落号，号码各不相同。他们的名字分别叫阿尔法、贝塔、伽马。3个人各说了4句话，但却不知道是谁说的。诚实部落的人讲的是1句假话，3句真话；说谎部落的人讲的是1句真话，3句假话；孩子讲的是真假话各两句，并且真假话交替。他们讲的话如下。

A：
（1）阿尔法的号码是三人中最大的；（2）我过去是诚实部落的；
（3）B是我的妻子；（4）我的部落号比B的大22。

B：
（1）A是我的儿子；（2）我的名字是阿尔法；
（3）C的部落号是54或78或81；（4）C过去是说谎部落的。

C：
（1）贝塔的部落号比伽马的大10；（2）A是我的父亲；
（3）A的部落号是66或68或103；（4）B过去是诚实部落的。

找出A、B、C三个人中谁是父亲，谁是母亲，谁是儿子，以及他们各自的名字以及他们的部落号。

156. 几个骗子

一个小岛上有一个奇怪的部落，部落里有两种人：一种是只说真话的老实人，另一种是只说假话的骗子。一个外地人来到该部落，想知道这个部落有几个骗子。中午吃饭的时候，全部落的人都围坐在一个大大的餐桌旁，外地人向每个人都问了一个同样的问题："你左边的那个人是不是骗子？"每个人都回答："是。"外地人又问酋长部落里一共有多少人，酋长说有25人。回家后，外地人突然想起忘记问酋长是老实人还是骗子，急忙打电话询问。可是酋长不在，是酋长老婆接的，她回答："部落里一共有36人，我们酋长是骗子。"

根据上面的情况，请你帮助这个外地人判断一下酋长是不是骗子，这个部落一共有多少人。

157. 仓库遭窃案

某仓库被窃。经过侦破，查明作案的人是甲、乙、丙、丁四个人中的一个。

审讯中，四个人的口供如下：

甲："仓库被窃的那一天，我在别的城市，因此我是不可能作案的。"

乙："丁就是罪犯。"

丙："乙是盗窃仓库的罪犯，因为我亲眼看见他那一天进过仓库。"

丁："乙是有意陷害我。"

问题一：现假定这四个人的口供中，只有一个人讲的是真话。那么（　　）

A.甲是盗窃仓库的罪犯

B.乙是盗窃仓库的罪犯

C.丙是盗窃仓库的罪犯

D.丁是盗窃仓库的罪犯

E.甲、乙、丙、丁都不是盗窃仓库的罪犯

问题二：现假定这四个人的口供中，只有一个人讲的是假话。那么（　　）

A.甲是盗窃仓库的罪犯

B.乙是盗窃仓库的罪犯

C.丙是盗窃仓库的罪犯

D.丁是盗窃仓库的罪犯

E.甲、乙、丙、丁都不是盗窃仓库的罪犯

158. 聪明的仆人

一个员外有一位聪明的仆人，这天仆人无心犯了一个无法弥补的大错。员外念及仆人的功劳不想处罚他，但又担心其他人不服。于是员外想出一个办法，让两个丫鬟每人拿一张纸条，一张纸条上写着"原谅"，另一张写着"重罚"。而这两个丫鬟一个说真话，一个说假话，而且她们都知道自己手中的纸条写着什么。仆人只能问其中一个丫鬟一个问题，来询问哪张是免于处罚的纸条。

你知道仆人怎样问的吗？

159. 四个人的口供

某珠宝店发生盗窃案，抓到了甲、乙、丙、丁四个犯罪嫌疑人。下面是四个人的口供。

甲说：是乙做的。

乙说：是甲做的。

丙说：反正不是我。

丁说：肯定是我们四个人中的某人做的。

事实证明，这四个人的口供中有且只有一句是真话，那么谁是作案者呢？

160. 说假话的小偷

警察在火车站的候车室发现了三个可疑的人。这三个人中有一个是小偷，讲的全是假话；一个是从犯，说起话来真真假假；还有一个是好人，句句话都是真的。在问及职业时，得到如下回答。

甲：我是教师，乙是司机，丙是广告设计师；
乙：我是医生，丙是学生，甲呀，你要问他，他肯定说他是教师；
丙：我是学生，甲是广告设计师，乙是司机。
请问，谁是说假话的小偷？

161. 中毒身亡

四个男人在一家饭店的包厢里用餐，他们围坐在一张正方形桌子旁边。其中的A先生突然中毒身亡，B、C、D三人的妻子也目击了这一幕。警察找来三位妻子进行讯问，她们每人作了如下的两条供词。

B的妻子：（1）B坐在C的旁边；（2）不是C就是D坐在B的右侧；
C的妻子：（3）C坐在D的旁边；（4）不是B就是D坐在A的右侧，他不可能毒死A；
D的妻子：（5）D坐在A的旁边；（6）如果我们当中只有一个人说谎，那她就是凶手的妻子。
警察经过调查得知：（7）三人当中只有一个人说了谎话。
究竟谁是凶手？

162. 谁打碎了花瓶

幼儿园有六个小朋友，一天，老师走进教室时，发现花瓶被打碎了。于是问六个小朋友是谁打碎的花瓶。

小一：是小六打碎的；
小二：小一说得对；
小三：小一、小二和我没有打碎花瓶；
小四：反正不是我；
小五：是小一打碎的花瓶，所以不可能是小二或小三；
小六：是我打碎的花瓶，小二是无辜的。

六个小朋友都很害怕，所以他们每个人说的话都是假话，那么是谁打碎了花瓶呢（不一定是一个人）？

163. 八名保镖

拿破仑身边有8个保镖。一次，有个杀手谋杀拿破仑未遂，在逃跑的时候，8个保镖都开枪了，杀手被其中一个人的子弹击中，但不知道是谁击中的，下面是他们的谈话：

A："要么是H击中的，要么是F击中的。"
B："如果这颗子弹正好击中杀手的头部，那么是我击中的。"
C："我可以断定是G击中的。"
D："即使这颗子弹正好击中杀手的头部，也不可能是B击中的。"
E："A猜错了。"
F："不会是我击中的，也不是H击中的。"
G："不是C击中的。"
H："A没有猜错。"

事实上，8个保镖中有3人猜对了。你知道谁击中了杀手吗？

164. 四个男孩

有四个小男孩，在一起互相吹捧。
甲：四个人中，乙最帅。
乙：四个人中，丙最帅。
丙：我不是最帅的。
丁：甲比我帅，丙比甲帅。
已知，其中只有一个人在说假话。
请问：四个人中谁最帅？从最帅到最不帅的顺序怎么排？

165. 说谎国与老实国

传说古代有一个"说谎国"和一个"老实国"。老实国的人总说真话，而说谎国的人只说假话。

有一天，两个说谎国的人混在老实国人中间，想偷偷进入老实国。

他们俩和一个老实国的人进城的时候，哨兵喝问他们三人："你们是哪个国家的人？"

甲回答说："我是老实国人。"

乙的声音很轻，哨兵没有听清楚，于是指着乙问丙："他说他是哪一国人，你又是哪一国人？"

丙回答道："他说他是老实国人，我也是老实国人。"

哨兵知道三个人中间只有一个是老实国的人，可不知道是谁。面对这样的回答，哨兵应该如何做出分析呢？

166. 君子小人村

有一个村子，村子里所有的村民要么只讲真话，要么只讲假话。我们把永远讲真话的人称作"君子"，把永远讲假话的人称作"小人"，而村子里的村民不是君子就是小人。

一次，有甲、乙、丙三个村民一块站在路口聊天。有个路人经过，他问甲："你是君子还是小人？"甲答了话，但相当含糊，路人听不清他说了什么，就问乙："甲说什么？"乙答道："甲说他是小人。"丙当即说："别信乙说的，他在撒谎。"

请问：乙、丙各是何种人？

如果乙回答："甲说我们中间有一个君子。"然后丙说："别信乙的，他在撒谎。"

请问：乙、丙各是何种人？

167. 谁是小人

还是在一个君子小人村，现在只有两个村民甲和乙，甲说："我们当中至少有一个人是小人。"请问甲、乙是何种人？

假定甲说："或者我是小人或者乙是君子。"请问甲、乙是何种人？

如果甲说："我是小人，乙是君子。"请问甲、乙是何种人？

168. 三个村民

还是在一个君子小人村，现在有三个村民甲、乙、丙。甲、乙作了如下的陈述。

甲：我们全是小人。

乙：我们当中恰好有一个是君子。

甲、乙、丙各是何种人？

假定甲、乙说了如下的话：

甲：我们全是小人。

乙：我们当中恰好有一个是小人。

能确定甲、乙、丙各是何种人吗？

169. 问的人是谁

还是在一个君子小人村，有一个路人经过，碰到两个村民在树下休息。他问其中一个人："你们当中有君子吧？"路人听了回答后，就知道真正的答案了。

请问这两个村民各是何种人？路人又是问的哪个人？

170. 回答相同吗

路人继续往前走，迎面走来两个村民甲和乙。路人先问甲：乙是不是君子？甲做了回答。路人再问乙：甲是不是君子？乙也做了回答。

请问：甲和乙的回答会相同吗？

171. 谁是凡夫

路人继续往前走，来到了另一个村子。这个村子里除了永远讲真话的君子和永远撒谎的小人外，还有时而撒谎时而讲真话的凡夫。

路人在这个村子里遇到了甲、乙、丙三个人，其中有一个君子、一个小人和一个凡夫。他们作了如下的陈述。

甲：我是凡夫。

乙：甲说的是实话。

丙：我不是凡夫。

甲、乙、丙各是何种人？

172. 等级关系

路人来到了另一个村子。这个村子里除了永远讲真话的君子和永远撒谎的小人外，还有时而撒谎时而讲真话的凡夫。

在这个村子里，小人等级最低，君子等级最高，凡夫的等级介于两者之间。路人在这个村子里遇到了甲、乙两个人，他们作了如下陈述。

甲：我比乙等级低。

乙：这不是实话。

你能确定甲或乙的等级吗？能确定这两个陈述是真是假吗？

173. 如何回答

路人在这个村子里遇到了甲、乙、丙三人，其中一个是君子，一个是小人，一个是凡夫。甲、乙作了如下陈述。

甲：乙比丙等级高。

乙：丙比甲等级高。

然后有人问丙："甲和乙哪一个等级高呢？"

请问：丙会怎么回答？

174. 是同一类人吗

X、Y二人因涉嫌参与作盗受审。A、B是证人，而且非君子即小人。证人们作了如下陈述。

A：如果X有罪，Y也有。

B：或者X无罪或者Y有罪。

A与B是同一类人吗？

175. 接受采访

A、B、C三个（来自君子小人村）村民正接受采访。A和B作了如下陈述。

A：B是君子。

B：如果A是君子，C也是。

能确定A、B、C是何种人吗？

第五部分
被忽略的细节

176. 衣柜里的尸体

有个穷苦出身的人，他凭着自己的智慧，在短时间内积聚了许多财富。但不幸的是，他被人谋杀了。几天后，尸体被附近一家别墅的房主在自己家的衣柜里发现了。

警察检查了一下衣柜，除了一些旧衣服和几个樟脑丸外，没有发现别的线索。于是向这位房主了解情况，房主说："我是做钢材生意的，我的生意伙伴中有许多外国人，所以我经常在国外。而我的爱人和孩子也都在国外定居了，这个房子大概有两年没住人了。昨晚我才回来，本打算把一些穿不上的衣服寄去给红十字会。没想到，居然在衣柜内发现了这具尸体。我想，凶手应该对这里的环境很熟悉，我觉得我的生命受到了威胁，希望你们能尽早查出凶手！"

警方录完他的供词后，又将衣柜检查了一遍，随即逮捕了房主。你知道原因吗？

177. 学者之死

著名的学者赵教授被人杀死在了家里，现场的一切说明了凶手与被害人很熟悉，但是因为某种原因对被害人暗藏恨意。凶手逃逸时犯了一个错误，没有注意到被害人当时还没有断气。被害人在最后时刻在电话机上留下了神秘的死亡信息：

电话上在案发时刻有两个号码记录，都是拨出的：第一次只留下了一个"8"便挂断了。第二次留下的号码是："121×111"。

警方经过调查，发现有以下四名嫌疑人：

张康，死者以前研究玄学时的伙伴，由于一本书的版权问题对死者怀恨在心；

王田，死者以前的学生，认为死者偏心于别的学生，对死者深怀不满；

李谦，死者以前的学生，认为死者盗用了自己的论文成果，曾对朋友声称要进行报复；

赵立，死者的邻居，由于死者将楼下院子擅自改变布置而与死者争吵，结怨越来越深。

以上4个人都没有充分的不在场证明。

请试着指出凶手。

178. 自杀的假象

某富翁去海边度假，他租了一间靠海公寓。公寓只有一扇窗和一扇门。几天后,当警察小心翼翼地打开被反锁的门后,发现富翁倒在床上,中弹身亡。警察开始向周围人了解情况。公寓外卖花的小贩说,富翁在每个星期四晚上都要去他那里买9朵红色的玫瑰,几个月来从未间断过,可是这两个星期来他都没去。已知富翁买的花都装在一个花瓶里,放在狭窄的窗台上,花都枯萎凋谢了,初步推断富翁已经死去至少8天了;房间里的地毯一直铺到离墙角一英寸的地方;在地板、窗台或者地毯上只有一点灰尘,并且只在床上发现了血迹。

根据这些情况,警长判断,有人配了一把富翁房间的钥匙,他开门进去,打死了正站在窗边的富翁。然后,凶手打扫了房间,清洗了所有的血迹,再把尸体挪到床上,制造了自杀的假象。警长为什么这么判断呢?

179. 审狗破案

有一对穷苦的姐妹相依为命生活,一天姐姐前来报案说妹妹被杀。

事情是这样的:当天傍晚,天刚黑下来,姐姐从地里干活归来,准备给在家的妹妹做饭。刚进院门,就迎面冲出一个光着上身的男子。姐姐连忙阻拦,两人厮打起来。姐姐抓了对方几下,最终因对方力气较大,让他逃走了。姐姐进屋一看,发现妹妹死在了屋中。

因为天色已晚,姐姐并没有看清男子长相。姐妹俩还养了一只大黄狗看家,可是案发当日黄狗并没有叫。

于是,县官贴出告示,称第二天要公开审问黄狗。

第二天,来了很多想看热闹的人,县衙被挤得水泄不通。县官先将老人、小孩、妇女赶出去,又命剩下的人脱掉上衣,逐一查看,发现一个人背部有两道红印子。

经过审讯,此人正是杀害妹妹的凶手,街坊张三。

你知道县官是如何做到的吗?

180. 车牌号码

一天清晨5点左右,一位过马路的女子被一辆疾驰而过的汽车撞倒在地。

司机见附近没有什么人,便没有救援逃逸了。被撞的女子仰面朝天地倒在地上,不久后被另一辆经过的司机送往医院。可她由于伤势过重,只说了车牌号是8961就死了。

警察很快找到了那辆牌号为8961的汽车,却发现车主的车前段时间出了故障,这几天一直在修理厂,根本无法外出。

这到底是怎么回事呢?

181. 汽车抢劫案

一天深夜，王刚下班开车回家。在一条偏僻的小路上，突然前轮两个车胎被扎破了。当王刚下车察看轮胎的时候，从旁边的丛林中跳出了四个蒙面大汉，他们把王刚身上的所有钞票和值钱的东西洗劫一空后，逃跑了。王刚只得步行向前走去。走了不久，前面有一个加油站。王刚对那里的加油员说自己刚被抢劫，希望能帮他报警，并再买两个新轮胎。加油员答应了他的请求并帮他打电话报警。

过了一会儿，警察来了。王刚向警察描述了被劫的经过，他的车子也换上了新轮胎。警察走到加油员面前说，你就是劫匪。

你知道警察为什么这么快就断定加油员就是劫匪吗？

182. 是自杀还是他杀

一天早晨，某公司总经理被发现死在了自己的公寓中。他全身泡在浴缸里，左手手腕上割出一道伤口，里深外浅，伤口外侧还有一条划痕。右手中拿着一个刀片。在浴缸不远处有一个字条，上面写着："我痛恨股市！"这似乎是指近期股市大跌导致公司亏空一事。但是，警察马上断定，这是谋杀伪装成自杀，因为出现了一个重大破绽，你知道是为什么吗？

183. 两份遗嘱

一位富翁死后，突然出现了两份遗嘱，两个受益人带着遗嘱去打官司。其中第一份遗嘱是用打字机打出来的，工整清楚，语言逻辑性强；第二份遗嘱是手写的，字迹很像是富翁的，里面提出否定第一份遗嘱，并且里面强调是躺在床上仰面写成的，所以上面的圆珠笔字迹有些凌乱。陪审团很多人都认为第二份遗嘱是真的可能性很大，这时有一个律师出来用事实证明第二份遗嘱是假的，你知道他是怎么看出来的吗？

184. 哪个是警察

一天晚上，小明走在放学回家的路上，看到前面有两个人背对着自己，并排向前走。仔细一看，发现他们中间的两只手被一只手铐铐在一起。原来是一名便衣警察抓住了一个小偷，怕他跑掉，就和他铐在一起回警察局。可是由于天色昏暗，警察也没有什么明显的标志，分不清哪个是警察哪个是小偷。你能帮小明判断一下到底哪个是警察吗？

185. 清晰的手印

一所公寓内发生了一起凶杀案，一名女子死在自己家的浴室内。警察来到现场取证，发现浴室的玻璃门上有一个非常清晰的手印。五个手指的指纹全部正面紧贴在一尘不染的玻璃上，连手掌的纹路都清晰可辨。一名警察小心地收集着上面的指纹，老练的警长看了一眼就说："这个手印用处不大，很可能是为了误导警察而伪造的。"

你知道警长为什么会这么肯定吗？

186. 半夜异响

一天夜里，一位失眠的老画家在家里听到了异常的声音。第二天起床后，他发现家里丢了一幅名贵的画，于是马上找来了侦探。侦探询问发生异响的具体时刻时，老画家回忆道："我也不知道是什么时候，先是听见钟表敲了一下，然后过了一阵又敲了一下，再过了一阵又听到钟敲了一下，就在这时候听到了一声异响。"已知老画家家里的钟表在整点的时候会报时，时间到几点钟就敲几下，并且每到半点时也敲一下。你能推出昨夜发生异响的时刻吗？

187. 说谎的嫌疑人

一家工厂放在保险箱里的10万元现金被盗，警察接到报警很快赶到了现场。保险箱所在的这间办公室在一楼，后面的窗子被打碎了，碎玻璃溅得满地都是，看来小偷是从这扇窗子跳进来作案的。

警察询问当晚值班的保安："玻璃被打碎了，难道你晚上没有听到声音吗？"

保安回答说："昨晚下了很多雨，还打了雷，估计小偷是在雷声的掩护下作案的。"

警察点了点头，表示赞同，又问："你有巡逻过现场吗？"

保安说："有的，我每天都是在半夜12点的时候把每个房间都巡查一番，并拉上所有的窗帘。昨天我也这样做了，并没有发现任何异样。我想小偷一定是在后半夜作的案。"

警察冲保安冷笑一声，道："你不要狡辩了，你就是那个小偷！"

你知道警察为何会做出这个判断吗？

188. 破绽

夏天的中午，天气很热，一位富商要在广场上进行慈善演说活动。这位富商颇受争议，据说有人还扬言会在现场对他不利。于是富商找来了私家侦探来帮助自己找出想危害自己的人。

广场上人来人往，十分热闹。侦探观察了一下周围的环境，指着一位正在旁边花坛里浇花的园丁对警察说："他就是嫌疑犯。"

你知道侦探是怎么分辨出来的吗？

189. 小偷的破绽

深夜，小偷撬开了一户人家的大门，发现屋子的主人可能去长途旅行了，短时间不可能回来，便放心大胆地开始行窃。他先大摇大摆地开了灯，细心地翻遍了所有的抽屉、文件柜、保险箱。临走前还不忘把自己摸过的所有地方都细心地用布擦了一遍。最后关上房门离开了。

他心想直到屋主回来之前都不会有人知道家里被盗，可是没想到刚走出没几步就被警察抓到了。

你知道这是为什么吗？

190. 嫌疑人的破绽

某地警方接到线人的可靠消息，在一个迪厅里有人在进行毒品交易，警方立即出动抓捕犯罪嫌疑人，但是却没有抓到贩毒集团的头头。后来有佚名人举报说，贩毒集团的头头藏匿在一栋豪华别墅里。警方派出便衣，监视这栋别墅，发现房子里面的情况如下：一位老绅士，他除了早晚在房子外打太极拳，整天都待在屋里；照顾老人饮食的厨师，他每天骑着自行车定时定点地采购，先去菜市场，再去调料店，最后去水果店，经常大包小包；还有一个管家，有时也会出来买些东西，但看不出有贩毒的迹象。警员们通宵地分析，终于功夫不负有心人，警员们从表象上的线索发现了犯罪嫌疑人的破绽，一举破案。你能猜出谁是贩毒者吗？

191. 凶手的破绽

一个富翁死在自己家中的卧室里，警察来到现场调查。发现死者背后中枪致死，是罪犯在近距离杀死的。死者的家布置得非常豪华，整间卧室都铺着名贵的羊毛地毯，墙上挂着几幅名家的画作。死者穿着睡衣倒在床的旁边，手中还握着一部手机，像是死前正在跟谁通话。

报案的是死者的妻子，她说："当时我正在逛街，并用手机给老公打电话，突然听到话筒里传来一声枪响，紧接着就是丈夫的呻吟声和凶手逃走时慌乱的脚步声。我意识到出事了，就报了警并赶了回来，发现他已经死了。"

警察听完她的供述，冷笑一声说："我看你还是老实交代你为什么要杀死你的丈夫吧！"

你知道警察从哪里发现了凶手的破绽吗？

192. 猎人的朋友

猎人住在森林里的时间长了，常常不知道当天是星期几。他在森林里有很多动物朋友，他有时会向它们询问日期。

狐狸每逢星期一、二、三说谎，其他的日子讲真话；而灰熊则和狐狸不同，每逢星期四、五、六说谎，别的日子讲真话。

有一天，猎人遇见狐狸和灰熊在树下休息。它们作了如下的陈述。

狐狸：昨天是我的撒谎日。

灰熊：昨天也是我的撒谎日。

从这两个陈述，猎人能推出当天是星期几吗？

有一天，猎人跟狐狸单独相遇了。狐狸说了下面的两句话：

（甲）我昨天撒谎了。

（乙）我大后天还要撒谎。

当天是星期几呢？

193. 狐狸说谎

已知：狐狸每逢星期一、二、三说谎，其他的日子讲真话。那么，请问：每一周的哪几天狐狸有可能作如下两个陈述：

（甲）我昨天撒谎。

（乙）我明天还要撒谎。

每一周的哪几天狐狸有可能作如下的单个陈述："我昨天撒谎并且我明天还要撒谎。"要当心，答案跟前一问不一样。

194. 巫婆和妖精

森林里还住着一位巫婆和一个妖精。说来也巧，他俩一个像狐狸，星期一、

二、三撒谎，别的日子讲真话；另一个像灰熊，星期四、五、六撒谎，别的日子讲真话。谁像狐狸，谁像灰熊，猎人可不知道。更糟糕的是，巫婆平时总会把自己变成妖精的模样，让人无法分辨。

（1）一天，猎人遇见巫婆和妖精在一块。他们作了如下的陈述。

甲：我是巫婆。

乙：我是妖精。

究竟谁是巫婆、谁是妖精？这一天又是星期几？

（2）同一周的另外一天，巫婆和妖精又作了如下的陈述。

甲：我是巫婆。

乙：如果这是实话，我就是妖精啦！

谁是谁？

195. 得到什么回答

巫婆和妖精他俩一个星期一、二、三撒谎，别的日子讲真话；另一个星期四、五、六撒谎，别的日子讲真话。而巫婆平时总会把自己变成妖精的模样，让人无法分辨。

有一天，猎人遇见巫婆和妖精。他问其中一个："你星期日撒谎吗？"回答："是。"他又向另外那个提出同样的问题，会得到什么回答？

如果巫婆和妖精作了如下陈述：

甲：

A. 我星期六撒谎。

B. 我星期日撒谎。

乙：我明天要撒谎。

当天是星期几？

196. 说话的是谁

巫婆和妖精他俩一个星期一、二、三撒谎，别的日子讲真话；另一个星期四、五、六撒谎，别的日子讲真话。而巫婆平时总会把自己变成妖精的模样，让人无法分辨。

有一天，猎人只碰到巫婆和妖精中的一个，他作了如下的陈述："我今天撒谎并且我是妖精。"说话的到底是谁？

如果他作了如下的陈述："我今天撒谎或者我是妖精。"有可能确定他是谁吗？

第五部分 被忽略的细节

197. 一根魔法杖

巫婆和妖精他俩一个星期一、二、三撒谎，别的日子讲真话；另一个星期四、五、六撒谎，别的日子讲真话。而巫婆平时总会把自己变成妖精的模样，让人无法分辨。

一天猎人在森林里捡到了一根魔法杖，他想这根魔法杖肯定是巫婆或者妖精的，就出发去找他们。

猎人在小溪边找到了他俩，上去问这根魔法杖是谁的。甲答道："魔法杖是妖精的。"猎人想了一会儿，又问乙："你是谁？"乙答："我是妖精。"猎人只知道当天不是星期日，他该把魔法杖还给谁？

如果猎人在小溪边只找到了巫婆和妖精中的一位。猎人问道："这根魔法杖是谁的？"他回答说："魔法杖真正的主人今天讲真话。"魔法杖归说话人的机会是多少？

198. 森林里的传言

巫婆和妖精他俩一个星期一、二、三撒谎，别的日子讲真话；另一个星期四、五、六撒谎，别的日子讲真话。而巫婆平时总会把自己变成妖精的模样，让人无法分辨。

最近森林里到处传言，说有个永远讲假话的魔法师搬了进来，并且说这个魔法师也喜欢把自己变成妖精的样子。猎人很想知道这件事是不是真的。

一天，猎人在森林里碰到了妖精，但他不知道是真的妖精还是巫婆或者传言中的魔法师变的。猎人把最近森林里的传言说了一下，然后问他："你究竟是谁啊？"他答道："我是巫婆或妖精，并且今天是我的撒谎日。"

（1）请问：传言是真的吗？

（2）假如猎人碰到的是两个妖精，他问道："你们究竟是谁呢？"他听到如下回答：

甲：我是魔法师。

乙：是，他是的！

传言是不是真的？

（3）假如猎人遇见的是两个妖精，那天又不是星期日。他问："魔法师真的来森林里了吗？"他得到如下的回答：

甲：魔法师真的来了。

乙：我真的来了。

你怎么看这一说法？

199. 巧妙报警

一天晚上，李利女士一个人在家，突然闯进一名陌生男子，正是前几天电视上通缉的抢劫犯。李利很害怕，劫匪说："我只是想在你家中休息一下，喝口水。如果你不宣扬，我是不会伤害你的。"李利只得点了点头。

突然有人敲门，劫匪用枪指着李利，说："不要让他进来，就说你已经睡下了。"

李利打开门，一看是例行检查的片警小王，就笑着说："原来是小王啊，有事吗？"

小王说："只是例行检查而已。你这没事吧？"

李利说道："没事！我都已经睡下了。我哥向你问好呢！"

"哦，谢谢。晚安！"片警小王离开了。

"哈哈，干得不错！"劫匪看来的人走了，放下心来。一个人到冰箱中拿出一瓶可乐，躺在沙发上大口地喝了起来。

突然，从阳台的门里冲出来几名警察，没等劫匪反应过来就抓住了他。

你知道警察是怎么知道这里有劫匪的呢？

200. 钥匙上的指纹

张三被发现死在自己的卧室里，卧室的门窗都从里面锁住，门的内侧钥匙孔中插着一把钥匙。警察调查发现，钥匙的手把上表面和背面各有一个清晰完整的螺旋形指纹。对比后发现是张三的。也就是说，门是死者自己从里面锁上的。这样就形成了一个密室，由此可以断定张三很可能是自杀。

你能看出来以上结论有什么问题呢？

201. 并非自杀

某商业巨子发现妻子对自己不忠，要与其离婚。妻子情急之下，用大量安眠药杀死丈夫，并把现场改扮成自杀的样子。妻子首先找出丈夫前几天的体检单，上面显示有胃癌早期的症状，把它放在丈夫办公桌的抽屉中。接着她又用丈夫的私人笔记本电脑打了一份遗书，称自己被查出患有癌症，轻生厌世，自杀身亡。最后把丈夫的尸体搬到办公桌前的椅子上，并在旁边摆上药瓶和水杯。为了毁灭证据，她还不忘用干净的布把留有自己指纹的笔记本电脑上的每一个按键都擦得干干净净。本以为毫无破绽，可很快就被警察发现了问题。

你知道她的破绽在哪儿吗？

第五部分 被忽略的细节

202. 吹牛的将军

有一个经历过第一次世界大战的将军,逢人便吹嘘自己在战场上多么英勇,立下多少赫赫战功。

每当有人去他家中,他就会自豪地给他们说起自己在浴血奋战年代的光辉历史,还拿出一枚英女王亲自颁发的金质勋章,上面刻着:

铁血英雄:颁给在第一次世界大战中战功煊赫的Gateway将军

——伊丽莎白 1917

他解释说,那是他在欧洲战场上的一次著名战役后获得的。他带领一个师,在14天内击溃了敌人三个师的猛烈进攻。死伤虽然惨重,但有效地阻止了敌人的汇合,为我军增援部队的赶到争取了时间。这一战决定了协约国的最后胜利。

一次一位朋友一眼就看出了这个故事并不符实,你知道哪里出了问题吗?

203. 揭穿谎言

狂风大作,一艘客轮在海上航行。珠宝商王先生从甲板回到房间,发现一颗价值10万元人民币的钻石不翼而飞了,于是报了警。警察开始对船舱逐一搜查。隔壁船舱里是一个自称大学教授的人,他的桌子上放着一沓稿纸。当警察询问他的时候,他自称一晚上都在写作。警察发现稿纸上的字写得整齐秀丽,便当众揭穿了他的谎言。经过搜查,果然找到了昂贵的钻石。这位自称大学教授的人就是窃贼。

请问:警察是根据什么确定大学教授说谎的呢?

204. 凶手的破绽

古时候,苏州有个商人名叫贾斯,他经常外出做生意。这一天晚上,他雇好了船夫,约定第二天在城外寒山寺上船出行。

第二天,天还未亮,贾斯便带着很多银子离家去了寒山寺。当日光已照在东窗上时,贾斯的妻子听到有人急急敲门喊道:"贾大嫂,贾大嫂,快开门!"贾妻开门后,来的正是船夫,他开口便问:"大嫂,天不早了,贾老板怎么还不上船啊?"

贾妻顿感慌张,随船夫来到寒山寺,只见小船停在河边,贾斯却失踪了。贾妻到县衙门去报案,县令听了她的诉说后,便断定杀害贾斯的人是船夫。

你知道这是为什么吗?

205. 被揭穿的谎言

这是一个气温超过34℃的炎热夏天，一列火车刚刚到站。女侦探麦琪站在月台，听到背后有人叫她："麦琪小姐，你要去旅行吗？"叫她的人是和她正在侦查的一件案子有关的梅丽莎。"不，我是来接人的。"麦琪回答。"真巧，我也是来接人的。"梅丽莎说。说着，她从手提包里掏出一块巧克力，掰了一半递给麦琪："还没吃午饭吧？来，吃点巧克力。"麦琪接过来放到嘴里。巧克力硬邦邦的，很好吃。这时，麦琪突然想到什么，厉声对梅丽莎说："你为什么要撒谎，你分明是刚刚从火车上出来，为什么要骗我说你也是来接人的？"梅丽莎被她这么一问，脸色也变红了。但她仍想赖，反问说："你怎么知道我刚下火车？你看见的？""不，我没看见，但我知道你在撒谎。"麦琪自信地说。

为什么麦琪断定梅丽莎在撒谎？

206. 忽略的细节

刑侦专业的学生们去听一位在刑侦领域潜心研究了几十年的专家的报告。专家为了测试这群学生的专业素养如何，是否可以做到明察秋毫，特意给他们讲了一个故事。学生们对这个挑战十分兴奋，专心致志地听着每一个细节，因为任何地方都有可能隐藏着陷阱。

故事是这样的：猎人到森林里打猎，他带着三只猎狗，十分的凶悍。走着走着，他们遇见了一只土拨鼠。猎人放开猎狗，让它们去追土拨鼠。土拨鼠为了逃生，拼命地向前跑，而猎狗则在后面咆哮着追赶着。后来到了一片林子，土拨鼠嗖地一下钻进了一个树洞。树洞太小，体型庞大的猎狗只好等在外面。但是猎狗却突然发现从树洞另一边出来一只兔子，于是猎狗们便放弃了土拨鼠，改而去追兔子。兔子逃生的本事也不差，一蹦一跳地跑开了。后来兔子发现实在无法摆脱紧追不舍的猎狗，便爬上了一棵大树。猎狗们上不去，只能在树下狂吠。但是兔子没站稳，一下子从树上掉了下来。无巧不成书的是，它正好砸在猎狗们的头上，三只猎狗被砸晕了，于是兔子便成功地逃脱了。

讲完故事，专家问："同学们，这个故事有哪些情节是不合理的？"

同学们开始议论纷纷，有的说："猎人根本不会因为一只土拨鼠就把猎狗放出去，这样太不值得了，在逻辑上根本就讲不通。"

还有的说："兔子不可能会爬树，这是扯淡。"

有的说："就算它会爬树，从树上掉下来，才多大的身子，怎么可能把三只猎狗砸晕呢？砸晕一只都算是那狗倒霉到极点了。"学生们哄堂大笑。

"没错，"专家首先肯定了同学的答案，然后又问道："这些都是这个故事不符合情理的部分,那么你们还有没有什么新发现。"

学生们面面相觑,仔细想着,但是却没有发现还有什么不妥当的地方。

聪明的读者,你知道还有什么地方不妥当吗?

207. 聪明的侦探

夏季的一天,女盗梅姑乔装改扮,混进珠宝拍卖会场,盗出2颗大钻石。一回到家,她马上将钻石放在水里做成冰块放在了冰箱里。因为钻石是无色透明的,所以藏到冰块里,万一有警察来搜查也不易被发现。

第二天,矶川侦探来了。"还是把你偷来的钻石交出来吧。珠宝拍卖现场的闭路电视已将化装后的你偷盗时的情景拍了下来,虽然警察没看出是你,但你瞒不过我的眼睛。"矶川侦探说。

"如果你怀疑是我干的,就在我的家搜好了,直到你满意为止。"梅姑若无其事地说,"今天真热呀,来杯冰镇可乐怎么样?"

梅姑说着从冰箱里拿出冰块,每个杯子放了4块,再倒上可乐,递给矶川侦探一杯。将藏有钻石的冰块放到了自己的杯子里,即使冰块化了,在可乐下面也看不出来,梅姑暗自得意着。

矶川侦探看了一眼梅姑的杯子。"对不起,能和你换一下杯子吗?我想尝尝放了钻石的可乐是什么味道。"

冰块还没溶化,矶川侦探是怎么看穿梅姑的可乐杯子里藏有钻石呢?

208. 重合的指针

一个人遇到了车祸死了,警察向目击证人询问当时的情况。当问及车祸发生的时间时,目击者说:具体的时间我不记得了,当时只是瞄了一下手表,发现表的时针和分针重合在一起。

问题来了,我们都知道手表在12点整的时候,时针和分针是重合在一起的。你知道除此之外两枚指针在12小时之内要重合几次吗?它们分别在什么时候互相重合呢?

209. 加法与乘法

明明去一家商店买东西,他挑选了四件小商品,其中有一件只要1元钱,他在心里算了一下,总共6.75元。准备付钱时,明明发现店主用计算器算价时按的不是加法键,而是乘法键!他正准备提醒店主时,奇怪地发现,计算器算出的数字也是6.75元。店主没按错数字。那么，你知道这四件小商品的单价各是多少元吗？

210. 曹操的难题

官渡之战，曹操和袁绍对峙数月，曹操的粮草渐渐不支。依照曹军20万军队，他还可以支撑7天。第二天张辽带着大批人马来援助曹操，两队人马合在一起，曹操一算，现在的粮草还能支撑5天。

那你知道张辽带来了多少人吗？

211. 迪拜塔

迪拜塔是现在世界上最高的建筑，一共有160层。迪拜市长想要组织一次迪拜塔爬塔比赛，第一个从楼梯爬到楼顶的人可以在其中的豪华酒店免费住三晚。最终参赛者有三个人：约翰在10分钟内能从1层爬到20层；查理在5分钟内能从一层爬到10层；史密斯在20分钟内能从1层爬到40层。问：他们能否达成平手？如果不是，谁先爬完迪拜塔？

212. 司令的命令

司令带兵出征，给粮草官留下命令：如果刘军长来借粮，由于他是自己人，可把粮草2/3给他，自己留1/3；如果张军长来借粮，因为他是盟友，给他1/3粮草，自己留2/3。结果刘军长和张军长同时来借粮，粮草官怎么分配才不违背司令的命令呢？

213. 强劲的对手

黑猫警长有一个强劲的对手"飞毛腿"，这只老鼠奔跑的速度十分惊人，比黑猫警长还要快，几次都被它逃脱了。

一次偶然的机会，警长发现"飞毛腿"在湖里划船游玩，这可是一个很好的机会。这个圆形小湖半径为R，"飞毛腿"划船的速度只有黑猫警长在岸上速度的四分之一。警长沿着岸边奔跑，想抓住要划船上岸的"飞毛腿"。

请问，这次"飞毛腿"还能不能侥幸逃脱呢？

第六部分
深度逻辑推理

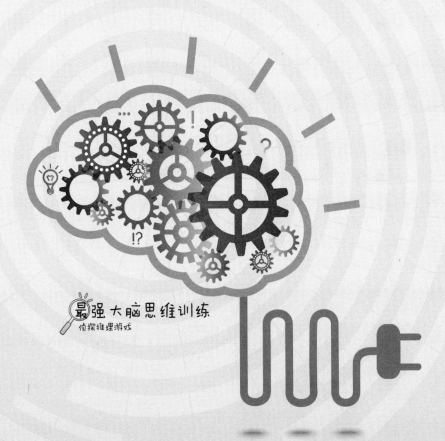

214. 谁是凶手

阿伦的妹妹是贝蒂和克拉拉;他女友叫弗洛拉。弗洛拉的哥哥是杜安和埃德温。他们的职业分别如下。

阿伦:医生

杜安:医生

贝蒂:医生

埃德温:律师

克拉拉:律师

弗洛拉:律师

这6人中的一人杀了其余5人中的一人。

(1) 如果凶手与受害者有亲缘关系,则凶手是男性;

(2) 如果凶手与受害者没有亲缘关系,则凶手是个医生;

(3) 如果凶手与受害者职业相同,则受害者是男性;

(4) 如果凶手与受害者职业不同,则受害者是女性;

(5) 如果凶手与受害者性别相同,则凶手是个律师;

(6) 如果凶手与受害者性别不同,则受害者是个医生。

谁是凶手?

提示:根据陈述中的假设与结论,判定哪3个陈述组合在一起不会产生矛盾。

215. 未知的数字

一个教逻辑学的教授,有三个学生,都非常聪明!

一天教授给他们出了一道题,来测试他们的聪明程度。教授首先在每个人脑门上贴了一张纸条,并告诉他们,每个人的纸条上都写了一个正整数,且某两个数的和等于第三个数!(每个人可以看见另外两个人头上贴的两个数字,但却看不见自己头上贴的数字。)

然后,教授开始问第一个学生:你能猜出自己头上贴的数字是什么吗?

第一个学生回答:不能;

教授接着问第二个学生,他回答:不能;

接着是第三个,回答还是不能;

教授回头再问第一个,回答:不能;

问第二个,回答:不能;

问第三个,回答:我猜出来了,是144!

教授很满意地笑了。

请问您能猜出另外两个人头上贴的数是什么吗?
并请说出理由!

216. 餐馆谋杀案

某餐馆发生一起谋杀案,经调查断定:

第一,谋杀用的或许是叉,或许是刀子,二者必为其一。
第二,谋杀时间或许在午夜12点,或许在凌晨4点。
第三,谋杀者或许是甲,或许是乙,二者必为其一。
如果以上断定是真的,那么以下哪项也一定是正确的(　　)

(1) 死者不是甲用叉在午夜12点谋杀的,因此,死者是乙用刀子在凌晨4点谋杀的。

(2) 死者是甲用叉在凌晨4点谋杀的,因此,死者不是乙用叉在凌晨4点谋杀的。

(3) 谋杀的时间是午夜12点,但不是甲用叉子谋杀的,因此,一定是乙用刀子谋杀的。

A. 仅(1)
B. 仅(2)
C. 仅(3)
D. (1)(2)(3)
E. (2)(3)

217. 被偷的答案

一天,在迪姆威特教授讲授的一节物理课上,他的物理测验的答案被人偷走了。有机会窃取这份答案的,只有阿莫斯、伯特和科布这三名学生。

(1) 那天,这个教室里总共上了五节物理课。
(2) 阿莫斯只上了其中的两节课。
(3) 伯特只上了其中的三节课。
(4) 科布只上了其中的四节课。
(5) 迪姆威特教授只讲授了其中的三节课。
(6) 这三名学生都只上了两节迪姆威特教授讲授的课。
(7) 这三名被怀疑的学生出现在这五节课的每节课上的组合各不相同。
(8) 在迪姆威特教授讲授的一节课上,这三名学生中有两名来上了,另一名没有来上。事实证明来上这节课的那两名学生没有偷取答案。

这三名学生中谁偷了答案？

218. 四种语言

联合国正在召开一次代表会议，在会议厅里，4位代表围着一张圆桌坐定，侃侃而谈。

他们之间的交流一共用到了中文、英文、法文、日文4种不同的语言。

现在已经知道的是：

（1）甲、乙、丙各会两种语言；

（2）丁只会一种语言；

（3）有一种语言4人中有3人都会；

（4）甲会日语；

（5）丁不会日语；

（6）乙不会英语；

（7）甲与丙不能直接交谈；

（8）丙与丁不能直接交谈；

（9）乙与丙可以直接交谈；

（10）没有人既会日语，又会法语。

请问：甲、乙、丙、丁各会什么语言？

219. 不用找零

两位女士和两位男士走进一家自助餐厅，每人从机器上取下一张如下图所示的标价单。

50，95
45，90
40，85
35，80
30，75
25，70
20，65
15，60
10，55

（1）4个人要的是同样的食品，因此他们的标价单被圈出了同样的款额（以美分为单位）。

（2）每人都只带有4枚硬币。

（3）两位女士所带的硬币价值相等，但彼此间没有一枚硬币面值相同；两位男士所带的硬币价值相等，但彼此间也没有一枚硬币面值相同。

（4）每个人都能按照各自标价单上圈出的款额付款，不用找零。

在每张标价单中圈出的是哪一个数目？

注："硬币"可以是1美分、5美分、10美分、25美分、50美分或1美元（合100美分）。

提示：设法找出所有这样的两组硬币（硬币组对），每组四枚，价值相等，但彼此间没有一枚硬币面值相同。然后从这些组对中判定能付清账目而不用找零的款额。

220. 期末加赛题

期末考试，四名学生并列第一。为了排出名次，老师决定加考一题。

老师在一张纸上写了四个数字，对甲、乙、丙、丁四位同学说："你们四位是班上最聪明，最会推理、演算的学生。今天，我出一道题考考你们。我手中的纸条上写了四个数字，这四个数字是1、2、3、4、5、6、7、8中的任意四个。你们先猜猜分别是哪四个数字。"

甲说：2、3、4、5。

乙说：1、3、4、8。

丙说：1、2、7、8。

丁说：1、4、6、7。

听了四人猜的结果后，老师说："甲和丙两位同学猜对了2个数字，乙和丁同学只猜对了1个数字。"

过了一会，甲举起手来，并说出了纸条上写的四个数字，且完全正确。老师高兴地宣布，甲得了第一名。

请问，你知道纸条上写了哪几个数吗？

甲是如何推理的？

221. 纸片游戏

甲、乙、丙、丁、戊五个人在玩一个游戏，他们的额头分别贴了一张纸片，纸片分黑色和白色两种。

每个人都知道自己头上纸片的颜色，但是看不到。每个人都可以看到别人头上纸片的颜色。

这时，几个人开始说话，他们是这么表达的：

甲说："我看到三片白色的纸片和一片黑色的纸片。"

乙说："我看到了四片黑色的纸片。"

丙说："我看到了三片黑色的纸片和一片白色的纸片。"

戊说："我看到了四片白色的纸片。"

现在已知：

头上贴着白色纸片的人说的是真话，头上贴着黑色纸片的人说的是假话。

由此，你能推断出丁头上贴的纸片是什么颜色的吗？

222. 令人瞩目的特点

女儿国国王有三个女儿，这三个女儿都分别有一些令人瞩目的特点。这些特点包括：聪明、漂亮、多才多艺和勤劳能干四种。每个人都具有其中的若干种特点。

现在已经知道：

（1）恰有两位非常聪明，恰有两位十分漂亮，恰有两位勤劳能干，恰有两位多才多艺；

（2）每个女儿至多只有3个令人瞩目的特点；

（3）对于大女儿来说，下面的说法是正确的：如果她非常聪明，那么她也多才多艺；

（4）对于二女儿和小女儿来说，下面的说法是正确的：如果她十分漂亮，那么她也勤劳能干；

（5）对于大女儿和小女儿来说，下面的说法是正确的：如果她多才多艺，那么她也勤劳能干。

请问：哪一位女儿并非多才多艺？

提示：先判定哪几位女性勤劳能干。

223. 额头上的数字

Q先生、S先生和P先生在一起做游戏。

Q先生在两张小纸片上各写一个数。写数的时候不让S和P两个人看到。这两个数都是正整数，而且它们的差为1。

他把一张纸片贴在S先生额头上，另一张贴在P先生额头上。于是，两个人都只能看见对方额头上贴的数字，而不知道自己额头上贴的数字。

然后，Q先生开始不断地轮流问S先生和P先生："你们谁能猜到自己头上的数？"

S先生说:"我猜不到。"

P先生说:"我也猜不到。"

S先生又说:"我还是猜不到。"

P先生又说:"我也猜不到。"

S先生仍然猜不到;

P先生也猜不到。

S先生和P先生都已经三次猜不到了。

可是,到了第四次,S先生喊起来:"我知道了!"

P先生也喊道:"我也知道了!"

请问:S先生和P先生头上各是什么数?

224. 丈夫的忠诚

阿米莉亚、布伦达、谢里尔和丹尼斯这四位女士去参加一次聚会。

(1)晚上8点,阿米莉亚和她的丈夫已经到达,这时参加聚会的人数不到100人,正好分成五人一组进行交谈;

(2)到晚上9点,由于8点后只来了布伦达和她的丈夫,人们已改为四人一组在进行交谈;

(3)到晚上10点,由于9点后只来了谢里尔和她的丈夫,人们已改为三人一组在进行交谈;

(4)到晚上11点,由于10点后只来了丹尼斯和她的丈夫,人们已改为二人一组在进行交谈;

(5)上述四位女士中的一位,对自己丈夫的忠诚有所怀疑,本来打算先让她丈夫单独一人前来,而她自己则过一个小时再到。但是她后来放弃了这个打算;

(6)如果那位对丈夫的忠诚有所怀疑的女士按本来的打算行事,那么当她丈夫已到而自己还未到时,参加聚会的人们就无法分成人数相等的各个小组进行交谈。

这四位女士中哪一位对自己丈夫的忠诚有所怀疑?

225. 谁说的是对的

A、B、C、D、E、F、G七个人在争论今天是星期几。

A:今天是星期三;

B:不对,后天是星期三;

C:你们都错了,明天是星期三;

D：胡说！今天既不是星期一，也不是星期二，更不是星期三；

E：不对！你弄颠倒了，明天是星期四；

F：我确信昨天是星期四；

G：不管怎样，昨天不是星期六。

他们之中只有一个人讲对，是哪一个？今天到底是星期几？

226. 宿舍同学

某大学中，甲、乙、丙三人住同一间宿舍，他们的女朋友A、B、C也都是这所学校的学生。据知情人介绍说："A的男朋友是乙的好朋友，并在三个男生中最年轻；丙的年龄比C的男朋友大。"依据这些信息，你能推出谁和谁是男女朋友吗？

227. 谁需要找零

阿莫斯、伯特、克莱姆、德克四人刚刚在一家餐馆吃完午餐，正在付账。

（1）这四人每人身上所带的硬币总和各为1美元，都是银币，而且枚数相等；

（2）对于25美分的硬币来说，阿莫斯有3枚，伯特有两枚，克莱姆有1枚，德克一枚也没有；

（3）四人要付的款额相同。其中3人能如数付清，不必找零，但另一个人却需要找零。

谁需要找零？

注："银币"是指5美分、10美分、25美分或50美分的硬币。提示：先判定每个人所带硬币的枚数；然后判定什么款额不能使4个人都不用找零。

228. 默默无闻的捐助者

某公司有人爱做善事，经常捐款捐物，每次遇到有人需要帮助他都会第一时间伸出援手。而且他每次做完好事都默默无闻，只会留下公司名，而从不留人名。

一次该公司收到一封感谢信，要求务必找出此人，以当面答谢。公司在查找的过程中，听到了以下6句话：

（1）这钱或者是赵风寄的，或者是孙海寄的；

（2）这钱如果不是王山寄的，就是陈林寄的；

（3）这钱是李强寄的；

（4）这钱不是陈林寄的；

(5)这钱肯定不是李强寄的；
(6)这钱不是赵风寄的，也不是孙海寄的。
事后证明，这6句话中只有2句是猜错了的，其余的人都猜对了。
请根据以上条件，确定谁是那个匿名的捐款人。

229. 三位授课老师

在一所高中里有甲、乙、丙三位老师，他们在同一个年级里，并且相互之间都是好朋友。

甲、乙、丙三位老师分别讲授数学、物理、化学、生物、语文和历史六门课程，但不知道哪个老师分别教什么课程。现在只知道：其中每位老师分别教两门课。

除此之外，我们还知道以下信息：
(1)化学老师和数学老师住在一起；
(2)甲老师是三位老师中最年轻的；
(3)数学老师和丙老师是一对优秀的象棋国手；
(4)物理老师比生物老师年长，比乙老师又年轻。
(5)三人中最年长的老师住家比其他两位老师远。
请问，哪位老师教哪两门课？

230. 不同国籍的人

在勺园的留学生宿舍里住着6个不同国籍的人，他们是好朋友，来留学前，他们都曾经工作过。

他们的名字分别为A、B、C、D、E和F；

他们的国籍分别是美国、德国、英国、法国、俄罗斯和意大利（名字顺序与国籍顺序不一定一致）。

现在已知：
(1)A和美国人都曾经是医生；
(2)E和俄罗斯人都曾经是教师；
(3)C和德国人都曾经是技师；
(4)B和F曾经当过兵，而德国人从没当过兵；
(5)法国人比A年龄大，意大利人比C年龄大；
(6)B同美国人下周要到英国去旅行，C同法国人下周要到瑞士去度假。
根据这些信息，请判断A、B、C、D、E、F六个人分别是哪国人？

231. 英语六级考试

某大学规定,所有报考研究生的同学都必须通过英语六级考试。所以,英语六级考试的成绩就成了很多学生非常关心的内容。

一次,一个班的所有同学都报考了六级考试。成绩快下来的时候,有人针对英语六级通过情况做了如下猜测:

(1)班长通过了;

(2)该班所有人都通过了;

(3)有些人通过了;

(4)有些人没有通过。

后来经过核实,发现上述断定中只有两个是正确的。

那么,在下列选项中,哪种说法是正确的?(　　)

A.该班有人通过了,但也有人没有通过

B.班长通过了

C.所有人都通过了

D.所有人都没有通过

232. 谁养鱼

有五间房屋排成一列;所有房屋的外表颜色都不一样;所有的屋主都来自不同的国家;所有的屋主都养不同的宠物,喝不同的饮料,抽不同牌子的香烟。已知:

(1)英国人住在红色房屋里;

(2)瑞典人养了一只狗;

(3)丹麦人喝茶;

(4)绿色的房子在白色的房子的左边;

(5)绿色房屋的屋主喝咖啡;

(6)吸PallMall香烟的屋主养鸟;

(7)黄色屋主吸DunHill香烟;

(8)位于最中间的屋主喝牛奶;

(9)挪威人住在第一间房屋里;

(10)吸混合香烟的人住在养猫人家的隔壁;

(11)养马的屋主在吸DunHill香烟的人家的隔壁;

(12)吸BlueMaster香烟的屋主喝啤酒;

(13)德国人吸Prince香烟;

(14)挪威人住在蓝色房子隔壁;

（15）只喝开水的人住在吸混合香烟的人的隔壁。
问：谁养鱼？

233. 入住时间

甲、乙、丙和丁四名罪犯分别在上个月四个不同的时间入住到避暑山庄，又在不同的时间分别退了房。在警察来做调查的时候，一名服务员把时间搞混了。

现在只知道：

四个人的入住时间分别是：1日、2日、3日、4日。

离开时间分别是：5日、6日、7日、8日。

但是不知道每个人的入住时间和离开时间。

还知道：

（1）滞留时间（比如从7日入住，8日离开，滞留时间为2天）最短的是甲，最长的是丁。

乙和丙滞留的时间相同。

（2）丁不是8日离开的。

（3）丁入住的那天，丙已经住在那里了。

根据以上条件，你能帮助这名粗心的服务员推出他们四人准确的入住时间和离开时间吗？

234. 四家孩子

一天，一位数学教授去同事家做客。他们坐在窗前聊天，从庭院中传来一大群孩子的嬉笑声。

客人就问：您有几个孩子？

主人：那些孩子不全是我的，那是四家人家的孩子。我的孩子最多，弟弟的其次，妹妹的再次，叔叔的孩子最少。他们吵闹成一团，因为他们不能按每队九人凑成两队。可也真巧，如果把我们这四家孩子的数目相乘，其积数正好是我们房子的门牌号，这个号码您是知道的。

客人：让我来试试把每一家孩子的数目算出来。

过了一会，客人说：要解这个问题，已知数据还不够。请告诉我，你叔叔的孩子是一个呢，还是不止一个？

于是主人回答了这个问题。

客人听后，很快就准确地计算出了每家孩子的数目。

请问：你在不知道主人家门牌号码和他叔叔家是否只有一个孩子的情况下，

能否算出这道题呢？

235. 名字与职业

一家有5个孩子，老大、老二、老三、老四、老五。

若干年后，他们都长大成人了，也都找到了适合自己的工作：分别当上了老板、理发师、医生、教师和公司职员（名字和职业不是相互对应的）。

一个邻居只知道这五兄弟从事这五个行业，却不知道具体每个人做什么。于是他向五兄弟的父母打听。他们的父母是个爱开玩笑的人，于是透漏了一些消息给邻居，让他自己去猜。

现在邻居知道：

（1）老板不是老三，也不是老四；

（2）教师不是老四，也不是老大；

（3）老三和老五住在同一栋公寓，对面是公司职员的家；

（4）老二、老三和理发师经常一起出去旅游；

（5）老大和老三有空时，就和医生、老板一起打牌；

（6）而且，每隔十天，老四和老五一定要到理发店修个脸；

（7）但是，公司职员则一向自己刮胡子，从来不到理发店去。

问题：你能帮助这名邻居把五兄弟的名字和职业对应起来吗？

236. 死了几条狗

有一个村子里，共有50户人家，每家都养了一条狗，一共有50条狗。

有一天，村里来了一个警察，警察通知，这50条狗当中有病狗，具体有几条狗生病了，警察没有明确说明。

现在只知道，有病的狗的行为和正常狗不一样。而每个人都只能看出别人家的狗是否有病，而无法看出自己家狗是否有病。他们只能用逻辑思维推理出自己家狗是否有病。

如果一个人判断出自己家的狗病了以后，就必须当天一枪打死自己家的狗。

其实在警察到来之前，村民已经观察到有病狗，但都判断不出自己家的狗是否有病，因此一直相安无事。在警察到来之后，宣布了一条通知"村里有病狗"之后，才发生了变化。

第一天没有枪声，第二天也没有枪声，在第三天的清晨，响起了几声枪响。

现在请问：一共死了几条狗？

237. 简单的信息

一个寝室有甲、乙、丙、丁四个人,毕业以后四个人分别找到了工作,其中一个是教师,一个是售货员,一个是工人,一个是老板(并不对应)。他们的班长想知道四个人的职业分别是什么,但是四个人都只提供了一些简单的信息,你能帮助班长确定四个人的职业吗?

现在已知:

(1)甲和乙是邻居,每天一起骑车去上班;

(2)甲比丙年龄大;

(3)甲和丁业余一同练武术;

(4)教师每天步行上班;

(5)售货员的邻居不是老板;

(6)老板和工人毕业后就没有见过;

(7)老板比售货员和工人年龄都大。

请你根据上面的信息判断每个人的职业。

238. 特征的组合

亚当、布拉德和科尔是3个不同寻常的人,每个人都恰有3个不同寻常的特征。

(1)两个人非常聪明,两个人非常漂亮,两个人非常强壮,两个人非常诙谐,一个人非常仁爱。

(2)对于亚当来说,下面的说法是正确的:

A.如果他非常诙谐,那么他也非常漂亮

B.如果他非常漂亮,那么他不是非常聪明

(3)对于布拉德来说,下面的说法是正确的:

A.如果他非常诙谐,那么他也非常聪明

B.如果他非常聪明,那么他也非常漂亮

(4)对于科尔来说,下面的说法是正确的:

A.如果他非常漂亮,那么他也非常强壮

B.如果他非常强壮,那么他不是非常诙谐

谁非常仁爱?

提示:判定每个人的特征的可能组合。然后分别假定亚当、布拉德或科尔具有仁爱的特征。只有在一种情况下,不会出现矛盾。

239. 谁得了第一

阿伦、阿恩和阿林三个同学中，有一人获得了第一名。

阿伦如实地说：

（1）如果我没有得到第一名，我的数学成绩就没有满分；

（2）如果我得了第一名，我的语文成绩就是满分。

阿恩如实地说：

（3）如果我没有得到第一名，我的语文成绩就不是满分；

（4）如果我得了第一名，我的数学成绩就是满分。

阿林如实地说：

（5）如果我没有得到第一名，我的数学成绩就没有满分；

（6）如果我得了第一名，我的数学成绩就是满分。

同时

（7）那位获得第一名的同学是唯一某一门课程考满分的人；

（8）那位获得第一名的同学也是唯一某一门课程没有考满分的人。

这三人中谁获得了第一名？

240. 哪一天一起营业

某个地区有一家超市、一家银行、一家百货，在一周内有一天三家是都在营业的。

已知：

（1）这三家单位一周都只工作四天；

（2）星期天都休息；

（3）哪家都不会连续三天都在营业；

（4）有人连续做了六天的观察，发现：

第一天，百货关门；

第二天，超市关门；

第三天，银行关门；

第四天，超市关门；

第五天，百货关门；

第六天，银行关门。

请问：星期几三家单位是都在营业的？

241. 真正的预言家

瑞西阿斯是古希腊最著名的预言家之一,他有四个徒弟A、B、C、D。

但是,这四个徒弟中只有1个人后来真正成为了预言家。其余3个人,一个当了武士,一个当了医生,另一个当了建筑师。

在他们都在跟随瑞西阿斯学习预言的时候,一天,他们四个在一起练习讲预言。

他们每个人分别预言了一件事。

A预言:B无论如何也成不了武士。

B预言:C将会成为预言家。

C预言:D不会成为建筑师。

D预言:我会娶到公主。

可是,事实上他们4个人当中,只有1个人的预言是正确的,而也正是这个人后来当上了真正的预言家。

请问,后来这4个徒弟各当了什么?

谁成了真正的预言家?

242. 勇敢的猎人

一个勇敢的猎人在森林中打猎时,分别从三只凶猛的野兽口中救出三个孩子。现在只知道:

(1)被救出的孩子分别是毛毛、农夫的儿子和从狮子口中救出来的孩子;

(2)牛牛不是樵夫的儿子,壮壮也不是渔夫的儿子;

(3)从老虎口中救出来的不是樵夫的儿子;

(4)从狗熊口中救出来的不是牛牛;

(5)从老虎口中救出来的不是壮壮。

根据上面的条件,请你说说这三个孩子分别来自哪儿?

又分别是从哪种野兽口中救出来的?

243. 结婚订婚与单身

在一次舞会上,尚未订婚的A先生看到一位女士B单独一人站在酒柜旁边。他很想知道这位女士是独身、订婚还是结婚。

现在知道以下信息:

(1)参加舞会的总共有19人;

(2)有7人是单独一人来的,其余的都是一男一女成对来的;

(3)那些成对来的,要么已经结婚了,要么已相互订婚;

（4）凡单独前来的女士都是单身；

（5）凡单独前来的男士都不处于订婚阶段；

（6）参加舞会的男士中，处于订婚阶段的人数等于已经结婚的人数；

（7）单独前来的已婚男士的人数，等于单独来的独身男士的人数；

（8）在参加舞会的已经结婚、处于订婚阶段和独身这三种类型的女士中，B女士属于人数最多的那种类型。

请问，你知道B女士属于哪一种类型吗？

244. 忘记的纪念日

汤姆和杰妮是一对情侣，他们是在一家健身俱乐部首次相遇并相互认识的。

一天，杰妮问汤姆他们相识的纪念日是哪一天，可汤姆并没有记住确切的日期。这还了得！杰妮要求汤姆必须给出准确答案，否则后果不堪设想！

汤姆费尽九牛二虎之力，终于想到了一些有用的信息，或许可以计算出那天具体是什么时候！

他知道的信息如下：

（1）汤姆是在一月份的第一个星期一那天开始去健身俱乐部的。此后，汤姆每隔四天（即第五天）去一次；

（2）杰妮是在一月份的第一个星期二那天开始去健身俱乐部的。此后，杰妮每隔三天（即第四天）去一次；

（3）在一月份的31天中，只有一天汤姆和杰妮都去了健身俱乐部，正是那一天他们首次相遇。

根据以上这些条件，你能帮助汤姆算出他们的相识纪念日是一月份的哪一天吗？

245. 毕业10年

甲、乙、丙、丁四个人上大学的时候在同一个宿舍住，而且是关系很好的朋友。

时间过得很快，一晃毕业已经10年了。他们又约好回母校相聚。老朋友相见分外热情和热闹。四个人聊了起来，也知道了一些相互之间的情况：

（1）只有三个人有自己的车；

（2）只有两个人有自己喜欢的工作；

（3）只有一个人有了自己的别墅；

（4）每个人至少具备一样条件；

（5）甲和乙对自己的工作条件感觉一样；

（6）乙和丙的车是同一牌子的；

(7) 丙和丁中只有一个人有车。

如果有一个人三种条件都具备，那么，你知道他是谁吗？

246. 并列第一

某电视台举办"逻辑能力大赛"，到了决赛阶段，有三名参赛者的分数并列第一。冠军只能有一个，主持人决定加赛一题来打破这个均势。

主持人对三位选手说："你们三位闭上眼睛，然后，我在你们每个人头上戴一顶帽子。帽子的颜色可能是红帽子也可能是蓝帽子。在我叫你们把眼睛睁开以前，都不许把眼睛睁开。"

于是主持人在他们的头上各戴了一顶红帽子，然后说："现在请你们把眼睛都睁开吧，假如你看到你们三人中有人戴的是红帽子就举手。"

3个人睁开眼睛后几乎同时举起了手。

主持人接着说："现在谁第一个推断出自己所戴帽子的颜色，谁就是冠军！"

过了一分钟左右，其中一位参赛者喊道："我知道我戴的帽子的颜色，它是红色的！"

主持人说："恭喜你，答对了！你就是这次大赛的冠军！"

请问：你知道他是怎样推论出来自己所戴帽子的颜色吗？

247. 雨中的聚会

甲、乙、丙、丁、戊五个人之间是好朋友，他们经常在一起聚会。一天，他们5个人又一次共同参加一个聚会。

聚会时，天下起了大雨，5个人各自带了一把伞来。但是在聚会结束时，由于走得很匆忙，每个人都拿错了雨伞。在大家都到了家以后，他们才发现，自己拿的并不是自己的伞。

现在已知：

(1) 甲拿走的伞不是乙的，也不是丁的；
(2) 乙拿走的伞不是丙的，也不是丁的；
(3) 丙拿走的伞不是乙的，也不是戊的；
(4) 丁拿走的伞不是丙的，也不是戊的；
(5) 戊拿走的伞不是甲的，也不是丁的。

另外，还发现没有两个人相互拿错了雨伞。也就是说，如果甲拿的是乙的雨伞，那么乙拿的一定不是甲的雨伞。

请问：这5个人拿走的雨伞分别是谁的？

248. 火车上的座位

在一列国际列车的某节车厢内,有四名不同国籍的旅客,他们身穿不同颜色的大衣,坐在同一张桌子的两对面,其中两人靠着窗户,两人靠着过道。

现在根据情报,我们已知,他们中身穿蓝色大衣的旅客是国际间谍,并且知道:
(1) 英国旅客坐在B先生的左侧;
(2) A先生穿褐色大衣;
(3) 穿黑色大衣者坐在德国旅客的右侧;
(4) D先生的对面坐着美国旅客;
(5) 俄国旅客身穿灰色大衣;
(6) 英国旅客靠着窗子,把头转向左边,望着窗外。

那么,请找出谁是穿蓝色大衣的间谍。

249. 五名狙击手

刑事局干事历经千辛万苦,总算取得有关A、B、C、D、E五名狙击手的部分情报,再通过仔细分析,旋即找出了B狙击手的绰号。其资料如下:
(1) 大牛的体型比E狙击手壮硕;
(2) D狙击手是白猴、黑狗的前辈;
(3) B狙击手总是和白猴一起犯案;
(4) 小马哥和大牛是A狙击手的徒弟;
(5) 白猴的枪法远比A狙击手、E狙击手神准;
(6) 虎爷和小马哥都不曾动过E狙击手身边的女人。

请问,B狙击手的绰号是什么?

250. 谁杀害了医生

一名医生在家里被人杀害,抓到了四名嫌疑犯。警方根据目击者的证词得知,在医生死亡那天,只有这四个病人单独去过一次医生的家。在传讯前,出于各种不同的原因,这四个病人商定,每人向警方作的供词都是谎言。

下面是每个病人所作的两条供词。
A病人:(1) 我们四个人谁也没有杀害医生。
　　　　(2) 我离开医生家的时候,他还活着。
B病人:(3) 我是第二个去医生家的。
　　　　(4) 我到达他家的时候,他已经死了。
C病人:(5) 我是第三个去医生家的。

(6) 我离开他家的时候，他还活着。

D病人：(7) 凶手不是在我去医生家之后去的。

(8) 我到达医生家的时候，他已经死了。

这四个病人中谁杀害了医生？

251. 珠宝店盗窃案

美国一家珠宝店发生盗窃案，警察抓到三名嫌疑犯。对三名嫌疑犯来说，下列事实成立：

(1) A、B、C三人中至少一人有罪；
(2) A有罪时，B、C与之同案；
(3) C有罪时，A、B与之同案；
(4) B有罪时，没有同案者；
(5) A、C中至少一人无罪。

问谁是罪犯？

252. 经营的种类

一条街道上有1、2、3、4、5、6六家店，每边各有3家。其中1号店在中间，且和其他的店的位置有着这样的关系：

(1) 1号店的旁边是书店；
(2) 书店的对面是花店；
(3) 花店的隔壁是面包店；
(4) 4号店的对面是6号店；
(5) 6号店的隔壁是酒吧；
(6) 6号店与文具店在道路的同一边。

那么，想一想1号店是什么店呢？

253. 网球比赛

艾伦、巴特、克莱、迪克和厄尔每人都参加了两次网球联赛。

(1) 每次联赛只进行了4场比赛：艾伦对巴特，艾伦对厄尔，克莱对迪克，克莱对厄尔；
(2) 只有一场比赛在两次联赛中胜负情况保持不变；
(3) 艾伦是第一次联赛的冠军；
(4) 在每一次联赛中，输一场即被淘汰，只有冠军一场都没输。

谁是第二次联赛的冠军？

注：每场比赛都不会有平局的情况。

提示：从一个人必定胜的比赛场数，判定在第一次联赛中每一场的胜负情况；然后判定哪一位选手在两场联赛中输给了同一个人。

254. 三种颜色的球

几个男孩在一起玩玻璃球。每个人要先从盒子里拿12个玻璃球。盒子中绿色的玻璃球比蓝色的少，而蓝色的玻璃球又比红色的少。因此，每个人红的要拿得最多，绿的要拿得最少，并且每种颜色的玻璃球都要拿。小明先拿了12个玻璃球，其他的男孩子也都照着做。盒子中只有三种颜色的玻璃球，且数量也刚好够大家拿。

几个男孩子最后把球看了一下，发现拿法全都不一样，而且只有小强有4个蓝色球。

小明对小刚说："我的红球比你的多。"

小刚突然说："咦，我发现我们3个人的绿色球一样多啊！"

"嗯，是啊！"小华附和说，"咦，我怎么掉了一个球！"说着把脚边的一个绿球捡了起来。

几个男孩手里总共有26颗红色的玻璃球。请问这里有多少个男孩？各种颜色的球各有多少个？

255. 巧猜自然数

某大学进行逻辑课期中考试，老师挑选了两名逻辑思维能力都很强的学生P和S参加测试。

测试方法很简单：

首先，老师从1到80之间（大于1小于80）选了两个自然数；

然后，他将这两个数的乘积告诉同学P，两个数的和告诉给了同学S；

最后，老师问这两位同学能否用逻辑推理推出这两个自然数分别是多少。

老师先问S：你知道这两个数是多少吗？

S说：我知道P肯定不知道这两个数。

老师又问P。

P说：那么我知道了。

这时，S也说：那么我也知道了！

其他同学：我们也知道啦！

……

通过以上这些对话,你能推断出老师选择的两个自然数分别是什么吗?

256. 生日在哪一天

小明和小强都是张老师的学生,张老师的生日是 M 月 N 日,小明和小强两个人都不知道。

一天,张老师告诉他们俩,自己的生日是下列10组日期中的一个。

3月4日,3月5日,3月8日

6月4日,6月7日

9月1日,9月5日

12月1日,12月2日,12月8日

然后他把代表生日月份的 M 值告诉了小明,把代表生日日期的 N 值告诉了小强。然后,张老师问他们是否可以推理出他的生日是哪一天?

小明说:我不知道,但是我肯定小强也不知道。

小强说:本来我是不知道,但是现在我知道了。

小明说:哦,那我也知道了。

请根据以上对话推断出张老师的生日是哪一天。

257. 单词中的字母

S先生:让我来猜你心中所想的字母,好吗?

P先生:怎么猜?

S先生:你先想好1个拼音字母,藏在心里。

P先生:嗯,想好了。

S先生:现在我要问你几个问题。

P先生:好,请问吧。

S先生:你所想的字母在carthorse这个词中有吗?

P先生:有的。

S先生:在senatorial这个词中有吗?

P先生:没有。

S先生:在indeterminables这个词中有吗?

P先生:有的。

S先生:在realisaton这个词中有吗?

P先生:有的。

S先生:在orchestra这个词中有吗?

P先生：没有。

S先生：在disestablishmentarianism中有吗？

P先生：有的。

S先生：我知道，你的回答有些是谎话，不过没关系，但你得告诉我，你上面的6个回答，有几个是真实的？

P先生：3个。

S先生：行了，我已经知道你心中的字母……

请问P先生心中所想的字母是什么？S先生是如何猜出来的？

258. 美国硬币

美国货币中的硬币有1美分、5美分、10美分、25美分、50美分和1美元这几种面值。一家小店刚开始营业，三兄弟来到店里吃饭。当这三兄弟站起来付账的时候，出现了以下的情况：

（1）连同店家在内，这4个人每人都至少有1枚硬币，但都不是面值为1美分或1美元的硬币；

（2）这4人中没有一人有足够的零钱可以兑开任何1枚硬币；

（3）老大要付的账单款额最大，老二要付的账单款额其次，老三要付的账单款额最小；

（4）三兄弟无论怎样用手中所持的硬币付账，店主都无法找清零钱；

（5）但是如果三兄弟相互之间等值调换一下手中的硬币，则每个人都可以付清自己的账单而无须找零；

（6）当这三兄弟进行了两次等值调换以后，他们发现手中的硬币与各人自己原先所持的硬币没有一枚面值相同。

随着事情的进一步发展，又出现如下的情况：

（7）在付清了账单以后，三兄弟其中一人又买了一些水果。本来他手中剩下的硬币足够付款的，可是店主却无法用自己所持的硬币找清零钱；

（8）于是，他只好另外拿出1美元的纸币付了水果钱，这时店主不得不把他的全部的硬币都找给了他。现在，请你计算一下，这三兄弟中谁用1美元的纸币付了水果钱？

259. 得意弟子

张教授在某大学教逻辑课程，甲、乙、丙三个学生都是他的得意弟子。这三个人都足够聪明，且推理能力很强。

一天，张教授想测试一下他们，于是发给他们三人每人1个数字（自然数，没有0），并告诉他们这3个数字的和是14。三个学生都只能看到自己的数字，都不能看到别人发到了什么数字，只能通过推理进行判断。

此时，张教授让他们三个人开始判断这三个数字。

甲马上说道："我知道乙和丙的数字是不相等的！"

乙接着说道："不用你说，我早就知道我们三个的数字都不相等了！"

丙听完甲乙两人的话马上说："哈哈，那我知道我们三个人每人的数字分别是多少了！"

请问：这三个数分别是多少？

260. 谁买了果酒

有四个不同专业的同学住在一个宿舍中。这天他们一起逛街，各自买了一瓶酒。现在知道：甲是学文秘的；学管理的买了一瓶白酒；学建筑的床铺在乙的右边；乙的床铺在甲的右边；丙买了瓶葡萄酒；丁的床铺在学医学的左面；买葡萄酒的床铺在买啤酒的右面。那么，你知道是谁买了果酒吗？

261. 能否看到信

英国剑桥大学数学讲师卡洛尔曾出了下面这道题目来测验他的学生的逻辑思维能力。

题目是这样的：

（1）教室里标有日期的信都是用粉色纸写的；

（2）丽萨写的信都是以"亲爱的"开头的；

（3）除了约翰外没有人用黑墨水写信；

（4）皮特没有收藏他可以看到的信；

（5）只有一页信纸的信中，都标明了日期；

（6）未作标识的信都是用黑墨水写的；

（7）用粉色纸写的信都收藏起来了；

（8）一页以上的信纸的信中，没有一封是做标记的；

（9）约翰没有写一封以"亲爱的"开头的信。

根据以上信息，判断皮特是否可以看到丽萨写的信。

262. 不同的嗜好

张先生、李太太和陈小姐三人是好朋友，他们还住在一幢公寓的同一层上。

这一层公寓有三个房间，其中一个房间居中，另外两个房间分别在两旁。

下面是他们三个人的一些特点，请根据这些特点做出判断：

（1）他们每人都只养了一只宠物：不是狗就是猫；

每人都只喝一种饮料：不是茶就是咖啡；

每人都有一种体育爱好：不是网球就是篮球；

（2）张先生住在打网球者的隔壁；

（3）李太太住在养狗者的隔壁；

（4）陈小姐住在喝茶者的隔壁；

（5）没有一个打篮球者喝茶；

（6）至少有一个养猫者打篮球；

（7）至少有一个喝咖啡者住在一个养狗者的隔壁；

（8）任何两人的相同嗜好不超过一种。

根据以上条件判断：谁的房间居中？

提示：判定哪些嗜好组合可以符合这三人的情况，然后判定哪一个组合与住在中间的人相符合。

263. 这张牌是什么

P先生、Q先生都具有足够的推理能力。这天，他们正在接受推理考试。

"逻辑教授"设计了一个很有趣的测试题。

首先，他在桌子上放了如下16张扑克牌：

红桃A、Q、4

黑桃J、8、3、2、7、4

草花K、Q、5、4、6

方块A、5

接着，教授从这16张牌中挑出一张牌来，并把这张牌的点数告诉P先生，把这张牌的花色告诉Q先生。

然后，教授问P先生和Q先生："你们能从已知的点数或花色中推知这是张什么牌吗？"

P先生："我不知道这张牌。"

Q先生："我知道你不知道这张牌。"

P先生："现在我知道这张牌了。"

Q先生："我也知道了。"

请问：这张牌是什么？P和Q是怎么推理出来的？

第七部分
动脑筋巧应对

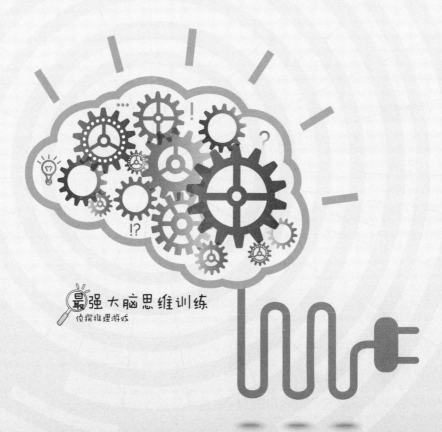

264. 偷吃鸡蛋

早上，妈妈煮了三个鸡蛋给三个孩子吃。可是在她去厨房盛粥的空当，放在桌子上的鸡蛋被三个孩子中的一个偷偷吃掉了。妈妈问是谁偷吃的，三个孩子都不承认。妈妈很生气，非要找出是谁干的。于是，妈妈拿来一杯水和一个空盘子。很简单就试出了到底是谁偷吃的鸡蛋。

你知道妈妈是怎么做到的吗？

265. 大座钟报时

乖乖家买了一个大座钟，乖乖很喜欢座钟报时时所播的优美音乐，所以每当座钟报时的时候他都会走到钟前观看。

一天，乖乖爸突发奇想，问乖乖："儿子，爸爸来考考你，每次大座钟报时的时候，相邻两次的钟声间隔时间为5秒钟。那如果大座钟连续敲12下，要花多长时间呢？"

儿子挠挠头，不一会儿就说出了答案，爸爸听后开心地把乖乖抱起来转圈。你知道乖乖说的答案是什么吗？

266. 偷运金属管

一个间谍盗取了某国的科技秘密，准备将一种新型金属材料偷运回国。已知被偷的这种金属材料是一根细长的金属管，直径虽然只有2厘米，但是长度却达到了1.7米（无法折断或者弯曲）。按照铁路系统的规定，旅客只可以携带长、宽、高都不超过1米的物品上火车。所以警察断定间谍不会选择铁路逃跑。但是这个间谍却真的通过铁路把金属管运走了，你知道他是怎么做到的吗？

267. 警察抓小偷

在这个游戏里，警察（灰色的点）在抓小偷（黑色的点）。警察先移动，然后交替着移动，从一个圆圈到相邻的圆圈。如果警察移动时可以把灰点放到黑点上，那么他就抓住了小偷。警察能否在十步之内抓住小偷？

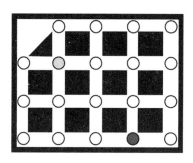

268. 快速煎饼时间

某地发生了一场凶杀案,一个卖油饼的小贩作为嫌疑犯被抓了起来。审讯时警察问他在案犯的那段时间在做什么?小贩说自己正在煎油饼,而且旁边正好摆着3个刚刚煎好的油饼。小贩用的锅不大,每次最多只能放进2张饼。把饼的一面煎熟需要10分钟,所以3张饼就要煎两次,一共花40分钟时间。这样就根本没有时间去杀人。警察刚要排除这个人的嫌疑,突然发现什么地方有些不对。也许可以用30分钟把三张饼煎好,那他就有充分的时间去作案了。关键是他到底是如何做到的呢?

269. 越狱

一位国际间谍被判终身监禁关在一所监狱中,监狱为其安排了一间带有卫生间的单人牢房。牢房里的条件不错,有床,有书桌,还有淋浴和抽水马桶。可是两年后的一天,狱警发现他越狱逃跑了,并在床下发现了一条长达20多米的地道。据估算,挖这条地道需要挖出的土将近10吨。可是狱警在牢房里一点土都没有发现。当然间谍没有经过别人从外面帮忙。你知道那些土哪里去了吗?

270. 比萨斜塔

小明去参观著名的比萨斜塔,回来之后给同学们展示他站在斜塔旁边的照片。可是同学们怎么看也看不出照片中的塔哪里是斜的,就算有地面和小明在旁边做对照,仍然看不出塔是倾斜的。你知道这是怎么回事吗?

271. 倒硫酸

大家知道硫酸有强烈的腐蚀性,所以在倒的时候需要格外小心。一次,小明需要5升硫酸。但是实验室里只有一个装有8升硫酸的瓶子。这个瓶子上有5升和10升两个刻度,请问他该如何准确倒出5升硫酸呢?

272. 谁是总统

按规定,如果总统死了,副总统就是总统;那么,如果副总统死了,谁是总统呢?

273. 一艘小船

渔民一家有三口人,爸爸、妈妈和儿子,三人都有可能出海,家里只有一艘船。平时为了防止船丢失,会用一根铁链锁在岸边的一个柱子上。现在家里的三口人每个人有一把U型锁,且每把锁都只有一把钥匙。请问三个人该如何锁船才能确保三个人都可以单独打开和锁上这艘船呢?

274. 孙膑与庞涓吃饼

一天,鬼谷子想考验一下自己的两个弟子孙膑与庞涓的智力,他拿出5个饼放在桌上,让他们两人取着吃。规则是:每人一次最多拿2个饼,并且拿的饼全部吃完后才能再拿。鬼谷子刚一说完,庞涓迫不及待地就拿了2个饼,如果你是孙膑,要想取得胜利,你该如何吃饼呢?

275. 聪明的聋哑人

有个卖西瓜的老人在一间危房里避雨休息,一位聋哑人看见房子要塌了,就去告诉老人,可老人不懂他的手势,这位聋哑人突然想到了一个好办法,使老人跟着他跑出了危房,请你猜一猜,他用的是什么方法?

276. 藏起来的宝石

在下面的表格中,隐藏了若干颗宝石,其数量如同表格边的数字所揭示。此外,在某些方格中标记了箭头的符号,这些地方没有宝石。而箭头所指的方向藏有宝石,当然在这个方向藏着的宝石可能不止一颗。看你能找到多少颗宝石吧。

第七部分 动脑筋巧应对

	1	1	1	3	1	2	1	3
1	→		↓					
3		→						
1				→				
1	↑		↗	→				
1		↗				↓		
2			↘					←
3	→				↗			
1		↗			→	↗		

277. 优势

有一个人喜欢玩猜纸片，规则是这样的，他拿出三张完全相同的纸片，在每张纸片的正反两面分别画上√、√；×、×；√、×。然后他把这三张纸片交给一个参与者，参与者偷偷选出一张，放在桌上。他只要看一眼朝上那面，就可以猜出朝下的是什么标记。如果猜对了，就请对方给他100元；猜错了，他给对方100元。

纸片上√和×各占总数的一半，也没有其他任何记号，应该对双方都是公平的。

你觉得他有优势吗？

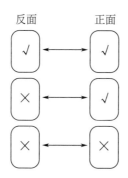

278. 被困的海盗

一艘海盗船被天上砸下来的一块石头给击中了，5个倒霉的家伙只好逃难到一个孤岛，发现岛上空荡荡的，只有一棵椰子树和一只猴子。

大家把椰子全部采摘下来放在一起，但是天已经很晚了，所以大家就决定先去睡觉。

晚上某个家伙起床悄悄地将椰子分成5份，结果发现多一个椰子，就顺手给了那只猴子，然后悄悄地藏了一份，把剩下的椰子混在一起放回原处后，悄悄地回去睡觉了。

过了一会儿，另一个家伙也起床悄悄地将剩下的椰子分成5份，结果发现多一个椰子，顺手就又给了幸运的猴子，然后悄悄地藏了一份，把剩下的椰子混在一起放回原处后，悄悄地回去睡觉了。

又过了一会儿……

又过了一会儿……

总之5个家伙都起床过，都做了一样的事情。

早上大家都起床后，各自心怀鬼胎地分椰子了，这个猴子还真不是一般的幸运，因为这次把椰子分成5份后居然还是多一个椰子，只好又给它了。

问题来了，这堆椰子最少有多少个？

279. 最终谁会赢

两个囚犯掷骰子度过余生。他们每人都有一个磨损得够呛的骰子，每个骰子都只有三面上的点数看得出来。第一个骰子只有2、4、5三面，第二个骰子只有1、3、6三面。如果谁掷得的点数大，谁就获胜，那么，要是游戏一直进行下去，最后谁会赢呢？

280. 不可能的分数

部队举行打靶比赛。靶纸上的1、3、5、7、9表示该靶区的得分数。甲、乙、丙、丁四位士兵各射击了6次，每次都中了靶。

比赛完之后他们这样说：

甲说：我只得了8分。乙说：我共得了56分。

丙说：我共得了28分。丁说：我共得了27分。

请想一想，他们所讲的分数可能吗？可能的话，请说出他们每次打靶的得分数；不可能的话，猜一猜哪个士兵说了谎？

281. 谁是肇事者

一辆汽车发生交通事故被警察拦了下来，车上下来三个人，警察没有看清谁是司机。甲说:"我不是司机。"乙说:"甲开的车。"丙说:"反正我没开车。"一个过路的人看到了这一幕,他知道是谁开的车,就说了句:"你们仨只有一个人说了真话。"那么谁是肇事司机呢?

A.甲　　　　　　　　B.乙
C.丙　　　　　　　　D.不知道

282. 水果卖亏了

张大婶在市场卖水果。她每天卖苹果、梨各30个,其中每3个苹果卖1元钱,每2个梨卖1元钱,这样一天可以卖25元钱。有一天,一位路人告诉她把苹果和梨混在一起每5个卖2元,可以卖得快一些。第二天,张大婶就尝试着这样做,最后水果卖完了,却只卖了24元。张大婶很纳闷,水果没少怎么钱少了1元,这1元钱去哪里了呢?

283. 热气球过载

英国有一家报纸曾经举办过一次高额奖金的有奖征答活动。题目是这样的。

在一个充气不足的热气球上,载着三位关系人类兴亡的科学家,热气球过载,即将坠毁,必须丢出一个人以减轻重量。把谁扔出去?

三个人中,一个是环境专家,他的研究可使无数生命避免因环境污染而身亡;一个是原子专家,他的研究成果能够防止全球性的核子战争,使地球免遭毁灭;最后一个是粮食专家,能够让数以亿计的人脱离饥饿。

奖金丰厚,应答的信件堆成了山,答案各不相同。

最终的获胜者却是一个小孩,你知道他的答案是什么吗?

284. 相互提问

一个大人和一个小孩做一个游戏。

大人这样对小孩说:"我们来玩一个互相提问的游戏,我问你一个问题,你若答不出,你给我一元;而你问我一个问题,我答不出,我就给你一百元,如何?"

小孩眨眨眼睛,说:"行啊!"

"那你说说我的体重是多少?"大人先问道。

小孩想了一下,掏出一元钱给了大人。

轮到小孩提问了,你知道孩子问什么问题才能赢大人吗?

285. 狡诈的县官

从前有一个县官要买金锭,店家遵命送来两只金锭。县官问:"这两只金锭要多少钱?"

店家答:"太爷要买,小人只按半价出售。"

县官收下一只,还给店家一只。

过了许多日子,他不还账,店家便说:"请太爷赏给小人金锭价款。"

县官装作不解的样子说:"不是早已给了你吗?"

店家说:"小人从没有拿到啊!"

你知道这个贪财的县官是如何说的吗?

286. 阿凡提的故事

有一个穷人找到阿凡提说:"咱们穷人真是难啊!昨天我在巴依财主开的一家饭馆门口站了一站,巴依说我闻了他饭馆里的饭菜的香味,叫我付钱,我当然不给。他就到法官喀孜跟前告了我。喀孜决定今天判决。你能帮我说几句公道话吗?"

"行,行!"阿凡提一口答应下来,就陪着穷人去见喀孜。

巴依早就到了,正和喀孜谈得高兴。喀孜一看见穷人,不由分说就骂道:"真不要脸!你闻了巴依饭菜的香气,怎么敢不付钱!快把饭钱算给巴依!"

"慢着,喀孜!"阿凡提走上前来,行了个礼,说道,"这人是我的兄长,他没有钱,饭钱由我付给巴依好了。"

你知道阿凡提是怎么帮穷人出气的吗?

287. 丈夫的特异功能

新婚的妻子趁着丈夫去洗澡的时候把新买的零食藏在电视后面。可没有想到丈夫洗完澡后一下子就找出了妻子的零食。妻子很不甘心,走进浴室,嘟囔着说:"你怎么可能看到啊,咱家浴室的门是毛玻璃的。就算离得很近去看,也看不清楚我在外面干什么。况且我已经看到你把浴室门关紧了!"

丈夫说:"哈哈,你还想骗我,我可是有特异功能的!休想再偷偷地吃这些垃圾食品了!"

丈夫真的有特异功能吗?他是怎么知道妻子藏零食的地方的呢?

第七部分 动脑筋巧应对

288. 判决

一对夫妇结婚后生了一个孩子,没几年,夫妻关系越来越不好,最后不得不离婚。但他们都不想要孩子,而都想争夺房产。二人互不相让,最后只好对簿公堂。

法官知道就算把房子和孩子的抚养权交给同一个人,也无法保证孩子能够得到好的待遇。他想了很久终于想出一个好办法,你知道是什么吗?

289. 什么关系

一天警察小张在街上看到局长带着个孩子,于是和局长打招呼:"王局长,这孩子是你儿子吗?"王局长回答说:"是的。"

小张又问小孩:"孩子,他是你父亲吗?"

孩子回答:"不是。"

两个人都没有说谎,你知道这是怎么回事吗?

290. 他在干什么

一天放学后,小明写完作业打算去找同学小刚玩。到了小刚家门口,遇见了小刚的爸爸。小明说要找小刚玩,小刚的爸爸说:"不行啊,他正忙着呢!"

小明问:"作业早就应该写完了,他在忙什么呢?"

小刚的爸爸拿出一张小刚写的纸条交给小明,说:"这是小刚写的,你看明白了就知道他在干什么了。"只见纸条上写着:"他一句,我一句,他说千百句,我也说千百句。我说的,就是他说的。"

你知道小刚在干什么吗?

291. 上当的国王

很久以前,英国有个国王,因钦定英译的《圣经》而闻名。在他在位期间,曾有一个犯人,因盗窃罪被判死刑。

罪犯便向国王提出一个要求,希望能够在行刑之前能有机会读完国王钦定的《圣经》。国王答应了这个要求。可是没想到这也相当于取消了罪犯的死刑判决。

你知道这是怎么回事吗?

292. 聚餐

周末，小明一家人聚餐，一共5个人，他们想炸东西吃，但每个人想要的酥嫩程度不同。奶奶牙口不好，要吃炸10分钟的炸薯条；爷爷喜欢吃鱼，要吃炸5分钟的小黄鱼；爸爸也想吃小黄鱼，但他喜欢嫩一点的，只需炸1分钟；妈妈喜欢脆脆的口感，想吃炸15分钟的炸薯条；而小明想吃炸10分钟的炸春卷。

如果这家人只有一个炸锅，那么做这顿饭至少需要多长时间。

293. 最轻的体重

小丽现在有80公斤重，身为女孩的她经常遭到别的女生嘲笑。但她却说："别看我现在有80公斤重，可是我最轻的时候，还不到3公斤。"大家想一想，小丽的这句话有可能吗？

294. 怎么摆放最省力

有个人蹬三轮车去送货，发现有三种方法摆放货物：都堆到靠近自己的这边、都堆到远离自己的一边、把货物均匀地平摊到三轮车上。哪种方法最省力呢？

295. 两根金属棒

有两根外表一样的金属棒，其中一根是磁铁，一根是铁棒，你能否不用任何工具，将它们分辨出来。

296. 装睡

小明每次装睡的时候都会被哥哥发现，小明觉得很奇怪，就问哥哥原因。哥哥说："那是因为我有特异功能！"真的是这样吗？

297. 比赛

一天，柯南和怪盗基德在商场一层的大门口不期而遇。

"好巧啊，你在这里干什么？"基德问柯南。

"是啊，好巧。我要去地下三层车库里的车里去取我的笔记本。你呢？"

"我也是啊，不过我的笔记本在三楼超市的储物柜里。要不我们来比赛吧，不许乘电梯,看谁先拿到东西,回到这里。"

"你休想骗我,我还不知道你的把戏。"柯南说。

说着柯南拆穿了基德。你知道基德的把戏是什么吗?

298. 无法滚动的球

国王有一个长方形的箱子,里面紧紧塞着20个金球。每个球都被其他球卡住,所以无论箱子如何动,这些球都不会在箱子里滚动。

国王每天晚上都要晃动一下箱子,听里面是否有滚动的声音,来确定金球有没有丢失。

一天一个聪明的仆人想偷走一些金球,他可以拿走哪几个球,还能保证剩下的球不会在箱子里滚动(当然不能全部拿走,那样箱子重量变化太大更容易被发现)?

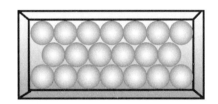

299. 谁更有利

教授和两个学生一起吃午饭,教授说:"我们来一起玩个游戏吧。你们俩把各自的钱包放在桌子上,我来数里面的钱。钱少的人可以赢掉另一个人钱包中所有的钱。"

这个游戏对谁更有利呢?

300. 逃离食人族

一位探险者去非洲探险,被当地的食人族抓了起来。食人部落有个传统,就是崇尚聪明的人。于是他们准备了三张纸条,两张上面写着"死",一张上面写着"生"。然后他们偷偷地将三张纸条扣在三个碗下面,并在碗上分别写了一句话作为提示:第一个碗上写着:"选择此碗必死",第二个碗上写着:"选择第一个碗可以活命",第三个碗上写着:"选这个碗也会死"。并且告诉探险者,这三句提示中,只有一句话是真的。

如果你是这个探险者,你会选择哪个碗呢?

301. 偷换概念

有3个人去住旅馆，住3间房，每一间房10元钱，于是他们一共付给老板30元，第二天，老板觉得3间房只需要25元就够了，于是叫伙计退回5元给3位客人，谁知伙计贪心，只退回每人1元，自己偷偷拿了2元，这样一来便等于那3位客人每人各花了9元，于是3个人一共花了27元，再加上伙计独吞了2元，总共是29元。可是当初他们3个人一共付出30元，那么还有1元哪儿去了呢？

302. 奇怪的数列

下面有一组数列，请找出它的规律来。
第一列：1
第二列：1，1
第三列：2，1
第四列：1，2，1，1
第五列：1，1，1，2，2，1
第六列：3，1，2，2，1，1
第七列：1，3，1，1，2，2，2，1
……
……
根据这个规律，写出第八列和第九列分别是哪些数字，另外请说明第几列会最先出现4这个数字？

303. 吃饭

小红和小丽姐妹俩为了吃完饭能马上去看电视，每次吃饭的时候就拼命地快吃完，这让她们俩的胃都不太好。妈妈非常担心，在多次劝告没有用的情况下，就对她们俩说："现在你们俩做一个比赛，谁碗里的饭最后吃完，我就给她个奖励，带她出去买一身新衣服。"妈妈以为这样能慢慢培养她们细嚼慢咽的习惯，没想到俩人吃得更快了。你知道这是为什么吗？

304. 丢失的螺丝

一位司机开着车去见朋友，半路上忽然有一个轮胎爆了。他把轮胎上的4个螺丝拆下来，然后从后备箱里把备用轮胎拿出来时，不小心把这4个螺丝都踢进了下水道。

请问：司机该怎么做才能使轿车安全地开到附近的修车厂呢？

305. 骑不到的地方

儿子和爸爸坐在屋中聊天。儿子突然对爸爸说："我可以骑到一个你永远骑不到的地方！"爸爸觉得这不可能，你认为可能吗？

306. 如何活命

你是一名海警，在海上追捕逃犯的时候，船触礁沉没了。一个人流落在一座孤岛上，救援人员十天后才能到达（今天是第0天）。你有A和B两种药片，每种10粒。每天你必须各吃一片才能活到第二天。但是你不小心把两种药片混在一起无法分辨了。你会怎么办？

307. 禁止通行

两个村子之间只有一座小桥可以通过，但是由于两个村子之间有世仇，所以村长禁止两个村子的村民互相来往。于是，他们在桥的中间设了一个关卡，由一名村民负责看守。

通过整座小桥至少需要10分钟，而看守大部分时间在屋子里，只是每隔7分钟会出来看一次，如果发现有人想通过小桥到对岸去，就把他叫回来，禁止他通过。

可是有一天，一名村民要去另一个村子办事，他需要怎样做才能顺利通过这座小桥呢？

308. 两个空心球

一个小偷偷了一个大金球，然后他将这个金球与一个同样大小的空心铅球放在了一起，然后在表面涂上了相同颜色的油漆。伪装好之后，警察追了过来，看到了两个球，无法区分。你能在不破坏表面油漆的条件下，用简易方法指出哪个是金的，哪个是铅的吗？

309. 饭店的门牌

某日，某饭店里来了三对客人：两个男人，两个女人，还有一对夫妇。他

（她）们开了3个房间，门口分别挂上了带有标记"男男"、"女女"、"男女"的牌子，以免互相进错房间。但是爱开玩笑的饭店服务员，却把牌子巧妙地调换了位置，弄得房间里的人和牌子全对不上号。

在这种混乱的情况下，据说只要敲一个房间的门，听到里边的一声回答，就能全部搞清楚3个房间里的人员情况。你说，要敲的该是挂有什么牌子的房间？

第八部分
语言文字智慧

310. 酋长的谜语

一个年轻人被食人族抓了起来，食人族的酋长很崇敬聪明人，于是他对年轻人说："我给你猜个谜语，如果你能猜出来，我就放了你。"年轻人答应了。

酋长的谜语是：行也坐，站也坐，卧也坐，猜一物。

年轻人听了笑笑说："我也有一个谜语，请你猜一猜。"

年轻人的谜语是：行也卧，站也卧，坐也卧，也猜一物。

并补充说："我的谜底可以吃掉你的谜底。"

酋长恍然大悟，放了年轻人。

你知道这两个谜语的谜底分别是什么吗？

311. 有罪的证明

某市公安局抓住了一个惯窃犯，在他的住所搜出大量现金及照相机等赃物。讯问时，此惯犯很不老实，一口咬定现金是拣来的，照相机是几年前从旧货店买的。公安局决定以审讯照相机的来历为突破口，并由证人（照相机被窃者）出庭作证。下面是审讯时的一段记录：

审判长：（问证人）"照相机有什么特征吗？"

证人："有，这个照相机与众不同，它有一个暗钮，不熟悉的人是找不到这个暗钮的，也就打不开照相机。"

审判长："被告，你把这架照相机打开。"

被告："审判长，假若我打不开，那就证明照相机不是我的，假若我能把它打开，那就证明照相机是我的！是吗？"

你知道这句话哪里有问题吗？

312. 假话

有一个小孩很不诚实，经常说假话。有一天妈妈批评了他，他说："我每句话里都有假话；如果不让我说假话的话，我根本说不成话。比如我说的这段话里，就有4个假话。"

你知道他的话里，假话都在什么地方吗？

313. 加标点

古时候，有个好心的私塾先生，他招收学生时，如果对方是富家子弟他就收取报酬，如果对方是穷人家的孩子，他就免收学费。为此他特意在招生告示中的收取报酬方法中写下如下一行字："无米面也可无鸡鸭也可无鱼肉也可无银钱也可。"整句没有一个标点，遇到穷人来，用一种读法；富家子弟来，就用另一种读法。你知道他分别是怎样读的吗？

314. 阿凡提点标点

财主巴依家里过年时贴出一副炫耀财富的对联，上联是"养猪大似象耗子已死完"，下联是"酿酒缸缸好做醋坛坛酸"。一次阿凡提经过，想捉弄一下财主，就偷偷地在对联上点了两个逗号，意思就完全变了。巴依发现了之后，被气得昏了过去。

你知道阿凡提是怎样点的标点吗？

315. 猜谜语

小明放暑假的时候去乡下的爷爷家玩。这天天气很热，小明就去田里给干活的爷爷送水。爷爷很高兴，一边喝水一边对小孙子说："我给你猜个谜语吧——不是溪流不是泉，不是雨露落草间，冬天少来夏天多，日晒不干风吹干。"

聪明的小明一下就猜出了答案，但是他并没有说出来，而是对爷爷说："我也给你出个谜语——不是雨露不是泉，不是溪流也有源，在家少来下地多，它和勤劳紧相连。"

爷爷一听，原来两个谜语的谜底是同一个字，连连夸小明聪明。

你能猜出二人的谜语吗？

316. 巧改电文

据说有一次，蒋介石手下的一位大特务逮捕了近百位爱国民主人士，拍电报向蒋介石询问如何处置。蒋介石顺手写了八个字"情有可原，罪无可恕"交给手下回复电文。

手下是一位爱国人士，想保护这些爱国民主人士，反复看了蒋介石的回电后，终于找到了一个巧妙的方法。

你能想到他是怎么做的吗？

317. 反驳

甲乙两个人都喜欢诡辩。有一天，二人争论起"爸爸和儿子哪一个聪明"的问题。

甲说：儿子比爸爸聪明，因为人所共知，创立相对论的是爱因斯坦，而不是爱因斯坦的爸爸。

听了甲这句话，乙该如何反驳呢？

318. 回敬

孔融小时候非常聪明，有很多人都当面夸他。一次，一位眼红的官员却打击他说："很多小时聪明的人，长大了以后就不怎么样了。"小孔融马上回敬了一句话，就让对方满面羞愧。

你知道孔融说了什么吗？

319. 聪明的杨修

一次，曹操收到一盒酥饼，就在盒子上竖着写了"一合酥"三个大字，放在了门口的案台上。大家都不明白是什么意思，主簿杨修看见了，就把酥饼分给大家一起吃了。曹操满意地笑了。

你知道曹操写的三个字是什么意思吗？

320. 影射

一天，大书法家王羲之路过一家米铺，被热情的店主拦住，央求他给题个字来壮大门面。王羲之知道此人的店铺经常以次充好、缺斤短两，坑骗顾客，就当即挥毫写下了一个"恳"字。店主如获至宝，将字挂在店中炫耀。一天，一个秀才路过见了这幅字，微笑着对财主说："这是人家在讽刺你。"经指点，店主才恍然大悟，一气之下将字幅撕了。

你知道这幅字影射了店主什么吗？

321. 父在母先亡

一个有迷信思想的人，请算命先生算一下自己父母的享寿情况。算命先生照例先问了一遍来人及其父母的出生年月日，然后装模作样地屈指掐算了一会儿，于是回答说：

"父在母先亡。"

这个人听了以后沉思片刻，付钱而去。

为什么求卜者对算命先生的话不怀疑,付钱而去呢?

322. 辩解

有个县官上任伊始,便在堂上高悬一副对联:
得一文,天诛地灭;
徇一情,男盗女娼。
但是,实际上他却贪赃枉法。有人指责他言行不一,忘记了誓联。
你知道他是怎么辩解的吗?

323. 牌子上的规定

在某路边不远的一个僻静处立了一块牌子,上面写着:
行路人等不得在此大小便。
其本意是:"行路人等,不得在此大小便。"
一天,一个人实在等不及了,就在这里小了便。很快被人抓住,要罚款。这个人灵机一动,指着这句没有标点符号的话,解释了一番,说自己遵守了牌子上的规定,不应该被罚款。
你知道他是怎么解释的吗?

324. 日近长安远

只有几岁的晋明帝,有一天在他爸爸身边玩耍,正巧碰上从长安来的使臣。
爸爸问他:"你说太阳和长安哪个离你近?"
儿子答:"长安近。因为没有听说过有人从太阳那边来,不就是证明吗?"
爸爸听了很高兴,想把自己的儿子当众夸耀一番。
第二天当着许多大臣的面又问他:"你说太阳和长安哪个离你近?"
"太阳离我近。"这个孩子忽然改变了答案。
感到惊奇,便问他说:"你为什么和昨天说的不一样呢?"
你知道他是怎么回答的吗?

325. 子非鱼,安知鱼之乐

《庄子》外篇《秋水》中记载着庄子与惠施在濠梁之上观鱼时的一段对话。
庄子说:"鲦鱼出游从容,是鱼之乐。"

惠施问："子非鱼，安知鱼之乐？"
你知道庄子是怎么回答的吗？

326. 进化论

英国伟大的生物学家达尔文于1859年出版了他的名著《物种起源》一书，这对于宗教世界观是一个极大的威胁。

1860年6月28日到30日，英国教会在牛津召开了反对达尔文学说的会议。在这次会议上，一位自负很有"辩才"的主教威尔勃福斯发表了攻击进化论的长篇演说，他的演说暴露了他对达尔文学说的完全无知。然而凭着"辩才"，他的话很动听，不时引起贵妇人们的阵阵哄笑。

后来威尔勃福斯完全离开了议题，对参加这次会议的英国著名生物学家赫胥黎施展恶意的嘲弄。他说：赫胥黎教授就坐在我的旁边，他是想等我一坐下来就把我撕成碎片的，因为照他的信仰，他本是猴子变的嘛！不过，我倒要问问，你这个猴子子孙的资格是从哪里得来的？与猴子发生关系的是你的祖父这一方，还是你的祖母那一方？

你知道聪明的赫胥黎是怎么应答的吗？

327. 我问你猜（1）

根据下面的几条线索，你能猜出我说的是什么吗？
（1）五个字；
（2）地名；
（3）三毛；
（4）900万平方千米。

328. 我问你猜（2）

根据下面的几条线索，你能猜出我说的是什么吗？
（1）神话小说；
（2）陈仲琳；
（3）姜子牙。

329. 我问你猜（3）

根据下面的几条线索，你能猜出我说的是什么吗？

（1）人名；
（2）剑桥；
（3）轻轻的我走了。

330. 左读右读

有一对情侣很有趣，喜欢猜谜。一天两个人一起去超市买东西。男孩说："我想买一样东西，两个字，从左往右读，喝得心里甜，从右往左读，会飞不是鸟。"女孩说："我想买一样东西，也是两个字，从左往右读，营养很丰富，从右往左读，很壮不干活。"

你能猜出这对情侣都要买什么东西吗？

331. 诗句重排

唐代一位叫赵嘏的诗人写了一首诗，名叫《登楼》。内容如下：
独上江楼思悄然，月光如水水如天；
同来玩月人何在？风景依旧似去年。

诗人写完此诗后给老师看，老师看后指出，这首诗的结尾太过平凡了。没有写出怀念友人的那种苍凉感。于是老师给他改了一下，顿时那种苍凉的心境就全部表现出来了。而且老师又没有做大幅度的修改，只是改变了两句诗句的位置。

你知道老师是怎么改的吗？

332. 苏小妹试夫

传说苏东坡的妹妹苏小妹也是才华横溢，认识秦观后，发现他是个才子，便决意嫁给他。据说这首诗就是苏小妹试探秦观才华用的一首回文诗。你知道从哪里开始读，又在哪里断句吗？

333. 巧读诗句

下面是一个由13个汉字组成的环，你可以按一定的顺序和断句，将其切断成为一首诗词。你看看一共有多少种读法呢？他们都怎么读？

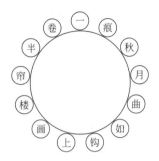

334. 讽刺官员

五代时期，有一位大官背信弃主，投靠新朝，深得民怨。一次，在他70岁寿诞之日，有人偷偷在他府门口贴了一副对联。上联是：一二三四五六七，下联是：孝悌忠信礼义廉。

你知道这副对联到底是什么意思吗？

335. 数字密码

这些数字是公安机关用来秘密联络的密码文字，请根据所给数字的规律，找出问号处所代表的数字。

55673685
92171564
2689????

336. 密码便条

有一次，为捉拿一个贩毒集团的主犯，警长潜入一条来往要道中。不料，当他抓住了一些证据时，主犯却被人暗杀了。犯人临死只留下一张便条，上面写有几行密码数字"7105577353455095117"。您能看出写的内容吗？

第八部分　语言文字智慧

337. 破解短信

公安机关截获某犯罪团伙的一条短信，短信内容如下："青争人圭木娄王久号虎耳又牛勿。"你能破解这条短信吗？

338. 青铜镜

考古学家在西北某地发掘到了一面罕见的青铜镜。青铜镜背面除了一些装饰花纹外，居中铸着一只猴子和一头牛，奇怪的是这猴子和牛只有身子却没有头。考古学家们经过反复研究，认为这个图案很可能正隐藏着青铜镜的制造年代。王教授对猜谜颇有研究，他分析说这两个图案表示着两个字，这两个字结合在一起，正符合中国古代天干地支纪年法，也确实暗示着制造的年代。那么，你知道这个青铜镜的制造年代吗？

339. 老寿星的年龄

有一年，清朝的乾隆皇帝曾邀请一位老寿星赴宴。乾隆以这位寿星的岁数为题，写了对联的上联，想考考大臣们，博学多才的大臣纪晓岚很快对出了下联。乾隆的上联是：花甲重开，又加三七岁月；纪晓岚的下联是：古稀双庆，更多一度春秋。这副对联不仅对称工整，而且上下联各自包含了一道答案相同的应用题，而这个答案就是老寿星的年龄。

你知道这位老寿星的年龄是多少吗？

340. 最聪明的人

兄弟三人在互相吹捧自己，老大对别人说："我是中国最聪明的人。"老二说："我是世界上最聪明的人。"如果你是老三，你应该怎么说才能胜过二人呢？

341. 讹人的下场

有一次，平原县县令外出，看到一群人围着两个人议论纷纷，便命停轿下去查问。

一个中年胖子立刻跪倒在地对县令说："我装着十五两银子的钱袋被这个年轻人拾到了。可是，他说钱袋里只有十两银子。"

那个年轻人急忙跪下说："老爷，我早晨给我妈妈买药，拾到一个装着十两银子的钱袋。因为着急就先回家送药，母亲催我回来等失主。这位先生来了硬说里面是十五两银子!"

众人都说胖子讹人,替年轻人喊冤。县令见状便问胖子:"你丢的银子真的是十五两吗?"

"确确实实是十五两银子。"胖子肯定地回答道。

县令当即对胖子说了句话,众人都拍手称快。

请问:县令说了句什么话?

342. 保管盒子

有三个小偷,偷了一颗价值连城的钻石,他们在如何保管赃物上达成协议:"在钻石未兑成现款之前,由三人一起保管,须三人同时同意方可取出钻石。"

一天,他们来到浴室洗澡,便把装钻石的盒子交给老板,并吩咐:要在三人同时在场时,方可交回盒子。

在洗澡时,丙提出向老板借把梳子,并问甲、乙是否需要,二人都说:"需要。"于是丙到老板那里,向老板索取盒子,老板拒绝了。丙向老板解释,是另外二人要他来取的,并大声对甲、乙喊:"是你们要我来取的吧?"甲、乙还以为是梳子一事,就随口应道:"是的。"老板听后无话可说,便把盒子交给丙。丙带着盒子逃走了。

甲、乙二人等了好久不见丙回来,感到事情不妙,忙来到老板处取盒子,发现已被丙骗走了,于是揪住老板要求赔偿。老板说是征得你们二人同意的,二人坚持说丙问的是梳子,并且三人也没同时在场。甲、乙非要老板交回盒子,正僵持不下,老板灵机一动,说了一句话,二人听了,只得垂头丧气地走了。

你知道老板究竟说了句什么话吗?

343. 电话的暗语

陈婧在香格里拉大酒店被歹徒挟持,歹徒逼迫她当着他们的面给家里报平安。她只好照办,在电话里,她说:"亲爱的老公,您好吗?我是陈婧,昨晚不舒服,不能陪您去酒吧,现在好多了,多亏香格里拉大酒店的经理上月送的特效药。亲爱的,不要和我这样的'坏人'生气,我们会永远在一起的,请您原谅我的失约,我的病很快就会好了。今晚赶来您家时再向您当面道歉,可别生我的气呀!好吧,再见!"

可是5分钟后,警察突然出现在他们面前,歹徒不得不举手投降。你知道陈婧是怎么报案的吗?

第九部分
超强的第六感

344. 细心的保安

博物馆正在展出一位大师的画作,恰巧赶上周末,天气也很晴朗,很多人都前来参观。一个女贼手里拿着一把遮阳伞混了进去,并趁人不注意躲在了展厅角落里的洗手间中。等到闭馆后,展厅里空无一人时,女贼轻手轻脚地出来,从伞柄中取出了一幅赝品画作,并把真品卷好藏在了伞柄中。恰巧此时外面下起了大雨,风雨声掩盖了盗贼盗窃的声音,她的这一行动没有引起任何人的注意。女贼照例再次藏在了洗手间中。

第二天早上,雨还在下,前来参观的人却没有少多少。女贼趁人不注意溜出洗手间,拿着自己的雨伞准备神不知鬼不觉地离开博物馆,却被门口的保安拦住了,带到了保安室。经过一番搜查,保安找到了被偷的画作。

你知道这名细心的保安是如何发现女贼破绽的吗?

345. 骗保险金

一天,一个邮票爱好者报警说,自己的一张价值连城的邮票被盗了。警察马上赶到了报案人的家中,只见房屋的大门和放邮票的玻璃展柜门都有撬开的痕迹。失主告诉警察,自己外出回来,就发现屋子的门被撬开,自己最珍贵的一枚邮票不见了。说着指了指邮票展柜中一个空位说,那枚价值连城的邮票原来就放在那里。

"你的其他邮票也蛮珍贵的嘛!"警察说道。

"那是,一般的邮票我才懒得收藏呢!我丢的那枚更值钱,我投了100万元的保险呢!"

"你要和我们走一趟了,我怀疑你是为了骗取保险金。"警察说。

你知道这名警察的判断依据是什么吗?

346. 百密一疏

某富翁得知有警察要来调查自己的非法资产,就将自己大部分的财产装在一个密闭的铝合金大箱子里,用自己的私人飞机运到大海上,投入了一个秘密的地方。打算在事情结束之后再想办法打捞出来。

本来以为一切毫无破绽,过程中又没有任何人看到,为什么警察还是找到了他藏匿赃款的地方呢?

347. 开玩笑

星期天,阿飞骑着自行车去公园玩。公园里有很多孩子,有的在放风筝,有的在玩滑板,有的在捉迷藏……突然阿飞觉得肚子不舒服,就用钢圈锁锁住车子的前轮停在一边,自己进了厕所。

可是过了5分钟他出来以后,却发现自己的自行车不见了。旁边玩耍的孩子笑嘻嘻地看着他。他知道一定是这些孩子中某个人的恶作剧。

你知道是哪个孩子做的吗?他是如何做到的?

348. 中毒还是谋杀

一位经常在野外实地考察的地质学教授带着一位研究生助手去大草原上进行考察,两天后,学生报案说教授发生意外死了。警察来到案发现场查看,发现附近比较空旷,只有一株比较高大的树。教授死在搭在大树下的帐篷里。身边有一个小的酒精炉,像是在煮蘑菇。初步断定教授是食用了毒蘑菇死亡的。

但是警察却断定这名学生有嫌疑,你知道他的依据是什么吗?

349. 隧道自杀案

一个人因为意外,眼睛失明了。他经受不住打击,几次想自杀都没有成功。一次他听说一位外地的名医可以治好他的眼睛,于是他坐火车去看病。

手术很成功,看完之后病全好了。回来的路上,火车经过一条隧道。可是这个人却跳车自杀了。

你知道是为什么吗?

350. 没有水草

有一男子跟他女友去河边散步,突然他的女友掉进河里了。女友不会游泳,那个男子就急忙跳到水里去找,可是没找到他的女友,他伤心地离开了那里。

过了几年后,他故地重游,看到有个老人家在那里打鱼,可是每网都只是鱼,没有一棵水草。他就问那老头,为什么网里没有一点水草。那老头说:这河里从来就没有长过水草,干净得很。

听到这里,那男子突然跳到水里,自杀了。

你知道这是为什么吗?

351. 半根火柴

在一片大沙漠中,一个人孤零零的头朝下死在了那里。他的尸体旁边散落着几个行李箱子,明显可以看出这些箱子不可能是他一个人的。这个人手里还紧紧地抓着半支火柴。

请推理这个人是怎么死的?

352. 夜半敲门

一个人住在山上的小屋里,半夜听见有人敲门,他打开门却没有人,于是去睡了。等了一会又有敲门声,去开门,又是没人……像这样好几次。

第二天,有人在山脚下发现一具死尸,警察来把山上的那人带走了。

请问这是为什么?

353. 自杀

一位一生注重名誉如命的绅士,在一次股市崩陷时,不但输了所有的钱,还欠下了巨债。他想自杀,但想到自杀后将会名誉扫地,就想到制造他杀的假象,以便保住名节。

结果他真的成功了,因为他用来自杀的手枪在十几米外的羊栏内被发现。照理说他头部中弹应该是立即毙命,怎么能够把手枪扔出十几米远呢?你知道他是怎么做到的吗?

354. 第一现场

寒冬的夜晚,有位出诊的内科医生被狂奔的四轮马车碾死。带着七分酒意的马夫,唯恐邻近的警察发现,于是就把医生的尸体和药箱搬到了马车上,然后快马加鞭地赶回家,把尸体和药箱藏在小屋里,放在火炉边上待了一夜。第二天凌晨,肇事者把尸体和药箱用马车装载,丢到荒郊的池塘里,并精心造成失足落水的假象。

尸体被发现后,警察到现场验尸,当他检视完浮肿、变形的尸体及药箱后,直截了当地断定说:"这里不是第一现场,这具尸体被移动过,也就是说这起案件是他杀,而不是意外。"

警察根本没有解剖尸体,那么他到底是怎么看出肇事者干的勾当呢?

第九部分 超强的第六感

355. 不在场的证明

在一个初秋的夜晚，一名独居的男子被人用瓦斯毒死在他房子里。半夜时，管理员因为闻到瓦斯外泄的味道所以才将他的房门打开，于是就发现了尸体。

厨房中的瓦斯开关上接了一条长长的塑胶管，瓦斯正大量地从管中外泄出来。而且不知是什么原因，在厨房的地板上有一大片的水渍。

解剖尸体后，发现死因是一氧化碳中毒，而且还曾经服用过少量的安眠药。死亡的时间大约是晚上9点钟。在这个狭小的房间里，若是关上门、窗，再将瓦斯全部打开的话，在20分钟内就必定会死亡。也就是说，凶手可能在8点40分左右就开了瓦斯然后逃走。

但是，两天后警方逮捕了嫌疑犯后，却发现嫌疑犯当天晚上7点时，正因车祸而被警方关在拘留所中，整整关了一个晚上。而若是这名嫌疑犯在7点之前就开了瓦斯，然后逃走，则被害者的死亡时间应该是7点20分才对。不过，被害者的确是死于9点钟左右。

那么，这名嫌疑犯究竟是用什么方法，使瓦斯延后了1小时40分钟才释放出来呢？

356. 意外还是谋杀

一个侦探在一座直上直落的山崖上做跳伞运动，那座大山上有一条盘山公路，山腰处有一个村镇。侦探不经意间看到了惊险的一幕：

一辆跑车从山腰的村镇中冲了出来，直直地冲向了悬崖。要不是撞到了路边的围栏，连人带车一定会摔个粉碎。只见车子怒吼着猛烈地撞在公路另一边的围栏上，发出"轰"的一声巨响，坚固的围栏立时被撞出一个缺口，碎片纷纷散落下山崖，车子才停了下来。一个人从车里面像是纸扎的一样呈抛物线被弹射了出来，重重地跌落在山崖路旁上。

一切发生得太快了！侦探直看得目瞪口呆，但他意识到有严重的事故发生了，便立刻用无线电话报了警。之后，他迅速跑向那动也不动的受害者看能否给以帮助。但经过详细的检查后，他发现那受害者浑身是血，已经死掉了。于是，他在警方赶到前，大约地检查了那部撞得不像样的车子。车子的挡风玻璃被震碎，散落了一地。驾驶座上以及方向盘上都血迹斑斑，驾驶座下有几块石头散落着，前座放着几张音乐CD和几只空的酒瓶，后座则零散地放着一些杂志。

二十分钟后，警长带着手下赶到现场。侦探和警长是老朋友了，他们曾一起合作过很多次。警方立刻展开了调查工作，发现死者A是一家名为软软的软件公司的四个创办人之一。而这家公司就位于山腰的那个村镇里。

虽然A的死看起来像是意外，但侦探和警长经过明察暗访，很快就锁定了三个疑凶，他们都是软软的创办人，并且查到了一个极为可能的动机，那就是一间敌对公司曾极力想收购软软，但由于A是四个创办人中唯一极力反对此收购的人，因此涉及五亿美元的交易一直没能完成。侦探和警长决定不动声色地对三个疑凶B，C，D分别进行录取口供。

"A当时的心情非常差，发着脾气，"会计师B说道，"整个早上他都在喝酒，他一拿起车的钥匙就走出了门口。我在后面对着他喊叫不要喝酒开车，我没听到他的回答，我以为他听了我的劝告。但是几分钟后，我却听到车子引擎的响声。如果我当时不是忙着赶做一份表单，我一定会追他回来的。我完全不知道他会弄到连自己的命都给丢掉了。"

C的供词证实了B的描述，"当时我在车库里，也就是我现在的办公室。我听到前门被重重地关上。当我从车库里的窗口望出去时，我见到A正向他的车摇摇晃晃地走去。我没在意，便继续工作着，直到我听到车子引擎的响声。我望出去，看见A正开着他的跑车离去。我当时有点担心，但也没想太多，直到警方带来了噩耗后，我才后悔当时我就应该阻止他离去。"

D是C的妻子，"我当时在楼上的办公室听着电话。我不记得前门曾被大力地关上，但我的确听到一些声音，A好像跟谁在争吵着，我不知道他们是在里面还是在外面吵。我想我记得像是听到车轮摩擦地的响声，但是我不太肯定。"

听完了所有的口供后，侦探和警长立刻集中精力调查其中一个创办人，很快，那人便认了所有的罪。那么，B，C，D谁才是凶手？

357. 密室盗宝

一个富翁收藏了一颗价值连城的钻石，有一天，著名的大盗给他寄了封信："今晚12点左右我要把你的钻石偷走。"富翁看到这封信很是害怕，就立刻报了警，警方决定在富翁家进行监视。富翁把钻石放到盒子里，然后把钻石和盒子一起放到自己家的一个密室里，这个密室除了一个石门外，没有其他路能进去。警察就在石门外守着。等到钟声敲过12点，刚刚5分钟，就有个信差送来一封信："我已经拿到想要的钻石了。"警察赶忙打开密室，发现盒子还在，钻石已经不翼而飞了。这到底是怎么回事呢？

358. 正确的假定

科拉死了，是中毒死的。为此，安娜和贝思受到了警察的传讯。

安娜：如果这是谋杀，那肯定是贝思干的。

贝思：如果这不是自杀，那就是谋杀。

警察作了如下的假定：

（1）如果安娜和贝思都没有撒谎，那么这就是一次意外事故；

（2）如果安娜和贝思两人中有一人撒谎，那么这就不是一次意外事故。

最后的事实表明，这些假定是正确的。

科拉的死究竟是意外事故，还是自杀，甚至是谋杀？

提示：根据安娜的供词是真是假，判定科拉之死的性质；然后判定警察的哪个假定能够适用。

359. 检验毒酒

一个国王有1000瓶红酒，并打算在他的六十大寿时打开来喝。不幸的是，其中一瓶红酒被人下了毒，凡是沾到者大约20个小时后开始有异样并马上死亡（只沾到一滴也会死）。由于国王的大寿就在明天（假设离宴会开始只有24小时的时间），就算有千分之一的可能国王也不想冒险，他要在宴会之前把有毒的酒找出来。所以，国王就吩咐侍卫用小白鼠来检验酒。请问最少需要多少只小白鼠才能检验出毒酒呢？

360. 选择箱子

一天，一个从外层空间来的超级生物欧米加在地球着陆。

欧米加搞出一个设备来研究人类的大脑。欧米加用两个大箱子检验了很多人。箱子A是透明的，总是装着1000美元；箱子B不透明，它要么装着100万美元，要么空着。

欧米加告诉每一个受试者："你有两种选择，一种是你拿走两个箱子，可以获得其中的东西。可是，当我预计你这样做时，我就让箱子B空着。你就只能得到1000美元。另一种选择是只拿箱子B。如果我预计你这样做时，我就放进箱子B中100万美元。你能得到全部款项。"

说完，欧米加就离开了，留下了两个箱子供人选择。

一个男人决定只拿箱子B。他的理由是——

我已看见欧米加尝试了几百次，每次他都预计对了。凡是拿两个箱子的人，只能得到1000美元。所以我只拿箱子B，就会变成百万富翁。

一个女孩决定要拿两个箱子，她的理由是——

欧米加已经做完了他的预言，并已离开，箱子不会再变了。如果B是空的，那它还是空的；如果它是有钱的，它还是有钱。所以我要拿两个箱子，就可以得到里面所有的钱。

你认为谁的决定更好？两种看法不可能都对，哪一种错了，它为何错了？

361. 密室杀人案

"他可真惨呀，"工藤望着那尸体，"看来子弹穿过身体……"

"你来之前，没有人动过尸体。"一旁的警长答到。

"怪就在这里了——门是锁上的，窗开着，下面没有人能爬得上来，且距离窗户1.5米的地方有一旗杆，一般人绝不可能跳过来；尸体是11：30被服务员发现的，经过法医验证，死亡时间是11：00左右。虽说子弹穿过胸部，不过在身后的爆竹却没有爆炸，四周无其他可疑物品，最值得注意的是没有发现子弹。"

"真是奇怪了，难道是自杀？"警长迷惑不解。

这时，警员已经询问完了有关人员。

"我叫A。就住在死者隔壁房间的。11：00左右嘛，我在房间里……对了，一个服务员可以作证。死者房间里从10：00就黑着灯，也许是睡觉了吧。他房间钥匙？天知道，当然他自己有了；服务员应该也有，别人肯定不会再有了吧。"

"我是B，是这间旅馆的服务员。我是……11：02到的A先生房间，为他烧开水。"

"我是C，从日本来的旅游者，11：00左右……我在房间看电视……但没有人能证明。"

"我叫D，是死者的商业伙伴，10：30我和死者就去楼下吃夜宵了，11：20左右才回来，饭店服务员可作证。"

"对，我是饭店服务员，10：20那位死者先生先来的，过了5分钟D先生才来。11：00死者回去了，而D先生11：10左右才回去，之后警察就来了……"

警员们勘察完现场后，向警长报告说："在现场后院，发现了一条绳子，化验说明与现场的门把手物质相同。旗杆是很滑的，高度到窗户正中央，在走廊发现可疑脚印，无法确认是男的还是女的。在窗户底边缘上发现一颗向下很紧钉住的钉子。门钥匙在死者裤兜里找到，垃圾箱里发现钓鱼线和针，钥匙扣上有透明胶带。"

听完这些，工藤冲向现场，果然在正对着门的墙上发现子弹痕迹！于是他指着D说："你还是认罪了吧，要不要我们把你的手枪、子弹都搜出来？"

D只好认罪了。

那么，请问工藤是如何断定的呢？

第九部分 超强的第六感

362. 找出重球

一个钢球厂生产钢球,其中一批货物中出现了一点差错,使得8个球中有一个略微重一些。找出这个重球的唯一方法是将两个球放在天平上对比。请问最少要称多少次才能找出这个较重的球?

363. 不合格的钢球

一家工厂生产钢球,合格的产品要求所有钢球完全一样重。但是有一天生产了12个钢球,工程师发现机器出了点毛病,使这12个钢球中的一个与正常的钢球质量有了偏差,可能偏轻也可能偏重。

现在需要将这个不合格的产品挑出来,但是手上只有一个天平,没有任何砝码和刻度,只能确认两个托盘里的物品是否平衡,而量不出重量。

请问你可不可以只用这个天平,只称3次就找到那个不合格的钢球。

364. 我被骗了吗?

在我小学的时候有件事情困惑了我很久,并让我从此迷上了逻辑。那天是4月1号愚人节,一大早我哥哥就过来和我说:"弟弟,今天是愚人节,我要好好骗你一回,做好准备吧,哈哈。"

我从小就很争强好胜,所以那一整天我都提防着他,不想被他成功骗到。但是直到那天晚上要睡觉了,哥哥都没有再和我说过一句话,更别说骗我了。妈妈看我还不睡,问我怎么了。

我把早上的事情说了一下,妈妈就把哥哥叫来说:"你就别让弟弟等着不睡觉了,赶快骗一下他吧。"

哥哥回过头问我:你一整天都在等着我骗你吗?
我:是啊。
他:可我没骗吧?
我:是啊。
他:这不得了,我已经把你给骗到了。
那天晚上我在自己的床上翻来覆去想了很久,我到底有没有被骗呢?

365. 被小孩子问倒了

上大学时,我去一位教授家拜访。教授有两个孙子,一个六岁,一个八岁。

我经常给那两个孩子讲故事。

一次，我吓唬他们说："我会一句魔法咒语，能把你们俩全变成小猫哦。"

没想到他俩一点也不怕，反而很感兴趣地说："好啊，把我们变成小猫吧。"

我只好支吾道："可是……变成小猫后就没法变回来了。"

小的那个孩子还是不依："没关系的，反正我要你把我们变成小猫。"

大的那个孩子说道："那你把这句咒语教给我们吧。"

我答道："如果我要告诉你们咒语是什么，我就把它念出声了，你们就变成小猫了。而且不光是你们两个会变成小猫，所有听到的人都会变成小猫，连我自己也不例外。"

小的那个孩子说："那可以写在纸上嘛！"

我答道："不行，不行，就算只是把咒语写出来，看到的人也会变成小猫的。"

他们似乎信以为真，想了一会儿觉得没意思了就去玩别的了。

如果你是这个孩子，你会怎么反驳我呢？

366. 我有撒谎吗？

大学快要毕业的时候，我在外面四处投简历求职。有家公司的销售部门给了我一个面试机会。面试的时候他们向我提了很多问题，其中有一个是："你反感偶尔撒一点谎吗？"

天地良心，我当时明明是反感的，尤其是反感那些为了销售成绩而把产品瞎吹一气的推销员。可是转念一想，如果我照实回答"反感"的话，这份工作肯定就吹了。所以我撒了个谎，说了声："不。"

面试完后，在骑车回学校的路上，我回想面试时的表现，忽然这么问了自己一句：我对当时回答面试官的那句谎话反感吗？我的回答是"不反感"。咦，既然我对那句谎话并不反感，说明我不是对一切谎话都反感，因此面试那会儿我答的"不"并不是谎话，反而是真话啦！

事到如今，我还是不大清楚当时算不算撒了谎。你说我到底有没有撒谎呢？

367. 到底谁算是凶手？

有一支探险队正在穿越撒哈拉大沙漠，他们遭受了沙暴，所有的补给都丢失了，只能靠随身带着的水袋活命。一天晚上，探险队里的A决意杀死队员C，于是他趁C睡觉的时候在C的水袋里投了毒。同时探险队里的B也决意杀死C，他就偷偷在C的水袋上钻了一个小孔，让袋里的水慢慢漏掉，想渴死C。当然，B

并不知道C的水袋已经被A下毒了。水袋里的水当晚就漏完了，C也在几天后因为没水喝而渴死。现在问：到底谁该为C的死负责？

368. 探险家的位置

这也是一道很流行的题，而且很多人也知道答案。但实际上他们的答案并不完全。

有位探险家在一个地方插了一杆旗，然后他从这杆旗出发往南走100米，再往东走100米，这时他发现那杆旗在他的正北方。请问这位探险家把旗插在了地球的哪个位置？

369. 台长的密室

柯南去电视台看一部侦探片的录制过程，这次节目的主持人是L先生和D小姐。D小姐是这里快要辞职的一个主持人（原因不明）；L先生的业余爱好是打枪，而且技术很高，在公司还是一流的主持人，自己却很谦虚。

节目的开始又是那老一套的对话，持续了一个多小时，这个侦探片的内容让柯南无聊得简直要睡着了。这时，突然冲进来一位勤杂人员，他报告来的消息却让柯南从梦中猛醒过来。

"十分钟前，台长先生在6楼……被……被枪杀了！我……我就跑来了……"说着便晕过去了。柯南本能性的从现在的9楼（顶层）直冲向案发的6层去。

电视台的楼很大，而且只有一个楼梯，从九楼录制节目的房间跑到案发现场用了柯南六七分钟的时间。

站在被那个勤杂人员撞开的门前，柯南检查了一下室内和门锁——锁是从里面反锁上的，屋里面只有一扇大的长方形窗户，以中心为轴可上下旋转，台长的尸体背靠着窗下的墙，蹲坐在地上。而窗户上印出一个花朵形的血迹，显然是被枪杀的时候溅上的。这间房子，当然成了无可挑剔的密室。

根据调查，台长这段时间因为公司人员晋升的问题跟L发生了矛盾，因此身为神枪手的L自然有了嫌疑，但是，有目共睹，L一直在9层直播节目，根本没有足够的时间作案。仅有的线索是有人看到他曾在中场休息的时候出门去2～3分钟。但这点时间根本不够跑到台长所在的6楼去。

当警察问他那2～3分钟在干什么时，L回答说他在和台长通电话。检查了双方的手机，确实有一个通话时间大约1分钟的电话记录。

请问台长是被谁杀害的？密室又是如何形成的呢？

370. 三个家庭

有三个家庭，每个家庭共有3名成员，参加一场游戏。这9个人中，有3个成年妇女R、S、T，2个成年男人U、V和4个孩子W、X、Y、Z。

已知：

(1) 同性别的成年人不是出自同一个家庭；

(2) W与R不在同一个家庭；

(3) X与S或U一家，或者同时与S，U一家。

问题1：如果R是某家的唯一的大人，那么她家里的其他两个成员一定是（　）

A. W和X　　　　B. W和Y　　　　C. X和Y

D. X和Z　　　　E. Y和Z

问题2：如果R和U是其中一个家庭的两个成员，那么谁将分别在第二个家庭和第三个家庭的成员？（　）

A. S，T，W；V，Y，Z

B. S，W，Z；T，V，X

C. S，X，Y；T，W，Z

D. T，V，W；S，Y，Z

E. W，X，Y；S，V，Z

问题3：下列哪两个人与W在同一家庭？（　）

A. R和Y　　B. S和U　　C. S和V　　D. U和V　　E. X和Z

问题4：下列哪一个判断一定是对的？（　）

A. 有一个成年妇女跟两个孩子在同一家庭

B. 有一个成年男人跟W同一家庭

C. R和一个成年男人同一家庭

D. T一家只有一个孩子

E. 有一个家庭没有孩子

问题5：如果T、Y和Z是同一家庭，那么下列哪些人是另一家庭的成员？（　）

A. R，S，V　　　　B. R，U，W　　　　C. S，U，W

D. S，V，W　　　　E. U，V，X

371. 社团成员

A、B、C、D、E、F和G七名同学在大学里住在同一个宿舍，他们分别加入了学校的两个社团，围棋社和曲艺社，此外，我们还知道以下几点信息：

(1) 每个人必须在围棋社或曲艺社工作

（2）没有人能够既服务于围棋社又服务于曲艺社

（3）A不能与B或E在同一个社团工作

（4）C不能与D在同一个社团工作

问题1：如果C在围棋社，下列哪一条必定是正确的？（ ）

A. A在围棋社　　　　　B. B在曲艺社　　　　　C. D在曲艺社

D. F在围棋社　　　　　E. G在曲艺社

问题2：如果围棋社只有两个人，下列人员当中谁有可能是其中之一？（ ）

A. B　　B. C　　C. E　　D. F　　E. G

问题3：如果G与F或D不在同一个社团，下列哪一条是错的？（ ）

A. A与D在一起　　　　B. B与C在一起　　　　C. C与F在一起

D. D与F在一起　　　　E. E与G在一起

问题4：原先的条件再加上下列哪一条限制，可以使社团的成员分配只有一种可能？（ ）

A. A和G必须在围棋社，而C必须在曲艺社

B. E必须在围棋社，而F和G必须在曲艺社

C. B和G必须在围棋社

D. C和另外4个人必须在围棋社

E. D和其他3个人必须在曲艺社

372. 销售果汁

一家饮料公司销售果汁，为了促销，他们将三瓶果汁装成一箱打包出售。已知：果汁共有葡萄、橘子、草莓、桃子、苹果5种口味，并且必须按照以下条件装箱：

（1）每箱必须包含两种或3种不同的口味；

（2）含有橘子果汁的箱里必定至少装有一瓶葡萄果汁；

（3）含有葡萄果汁的箱里必定至少装有一瓶橘子果汁；

（4）桃子果汁与苹果果汁不能装在同一箱内；

（5）含有草莓果汁的箱里必定至少有一瓶苹果果汁，但是，含有苹果果汁的箱里并不一定有草莓果汁。

问题1：下列哪一箱果汁是符合题设条件的呢？（ ）

A. 一瓶桃子果汁、一瓶草莓果汁和一瓶橘子果汁

B. 一瓶橘子果汁、一瓶草莓果汁和一瓶葡萄果汁

C. 两瓶草莓果汁和一瓶苹果果汁

D. 三瓶桃子果汁

E.三瓶橘子果汁

问题2：除了一种情况外，下列各个装箱均符合题设条件。这种情况是（　）

A.葡萄果汁和桃子果汁　　　　B.桃子果汁和苹果果汁

C.橘子果汁和桃子果汁　　　　D.草莓果汁和苹果果汁

问题3：下面哪一箱加上一瓶草莓果汁后便可符合题设条件？（　）

A.一瓶桃子果汁和一瓶橘子果汁

B.一瓶葡萄果汁和一瓶橘子果汁

C.两瓶苹果果汁

D.两瓶橘子果汁

E.两瓶葡萄果汁

问题4：一瓶橘子果汁、一瓶桃子果汁，再加上一瓶什么果汁，便可装成一箱？（　）

A.葡萄果汁　　　　B.橘子果汁　　　　C.草莓果汁

D.桃子果汁　　　　E.苹果果汁

问题5：一瓶橘子果汁再加上下列哪两瓶果汁即可装成一箱？（　）

A.一瓶橘子果汁与一瓶草莓果汁

B.一瓶葡萄果汁与一瓶草莓果汁

C.两瓶橘子果汁

D.两瓶葡萄果汁

E.两瓶草莓果汁

问题6：一箱符合条件的果汁，不能含有下列哪两瓶果汁？（　）

A.一瓶草莓果汁和一瓶桃子果汁

B.一瓶葡萄果汁和一瓶橘子果汁

C.两瓶橘子果汁

D.两瓶葡萄果汁

E.两瓶草莓果汁

问题7：一箱符合条件的果汁，不能含有下列两瓶什么果汁？（　）

A.橘子果汁　　　　B.葡萄果汁　　　　C.苹果果汁

D.草莓果汁　　　　E.桃子果汁

373. 成绩高低

期末考试的成绩已经出来了，在8名同学之中，他们的语文和数学成绩有以下关系：

（1）A比B数学成绩差；

（2）C比D语文成绩好；

（3）E比F语文成绩差；

（4）F比G数学成绩好；

（5）H比D数学成绩好。

问题1：如果G比H数学成绩好，那么可以推出（　）

A. F比D数学成绩差　　　　B. F比D数学成绩好

C. F比E数学成绩差　　　　D. F比E数学成绩好

E. C比F数学成绩好

问题2：如果D和F语文成绩一样好，那么下列哪一组判断是错误的？（　）

A. C130分，D125分　　　　B. F130分，H120分

C. E130分，C125分　　　　D. B130分，A130分

E. G130分，A130分

问题3：下列哪一种条件可以保证A与F数学成绩同样好？（　）

A. D和B数学成绩一样好

B. G和H数学成绩一样好，D和B数学成绩一样好

C. G、H、B和D数学成绩一样好

D. 以上没有一条是对的

问题4：下列哪一条推论是对的？（　）

A. D至少不比其中三人数学成绩差或语文成绩差

B. F至少比其中一人数学成绩好和语文成绩好

C. 如果再加入一个人X，他比H数学成绩好，比A数学成绩差，那么B比D数学成绩好

D. 如果附加人员Y比G数学成绩好，那么他也比F数学成绩好

E. 以上均为错

374. 选修课程

某大学的同一个宿舍中有I、J、K、L、M、N和O共7个人，他们选修了三种课程。这三种课程分别是：经济学、心理学和博弈论。为了便于分组讨论，学校要求：经济学课程一个宿舍中必须有3至4人一起选修；心理学必须有4人或6人一起选修；博弈论课程必须2人以上才能选修。

选修这三门课程还有以下条件限制：

（1）每人必须参加3种课程中的两种；

（2）I必须选修经济学课程；

（3）K必须选修博弈论课程；

（4）N必须选心理学；

（5）M必须选修I选修的两种课程；

（6）O必须选修L选修的两种课程。

问题1：如果K和N选修的两种课程相同，下列哪一个判断是错误的？（　　）

A. I选修经济学课程　　　　　　B. N选修经济学课程

C. K选修博弈论课程　　　　　　D. N选修博弈论课程

E. K选修心理学课程

问题2：如果I和N选修博弈论课程，且有4个人选修经济学课程，除了I和M外，还有谁选修经济学课程？（　　）

A. J和K　　　　　B. J和N　　　　　C. K和N

D. K和O　　　　　E. L和N

问题3：如果N是唯一既选修经济学又选修心理学的人，那么，下列哪个判断肯定是对的？（　　）

A. L选修经济学课程　　　　　　B. M选修心理学课程

C. K选修心理学课程　　　　　　D. N选修博弈论课程

E. I选修博弈论课程

375. 成绩排名

一个班级前七名同学的学习成绩相差不大，很难排出名次。但是，在一次期末考试中，这7个人P、Q、R、S、T、U和V的分数各不相同，老师给出了如下信息：

（1）V的分数比P高；

（2）P的分数比Q高；

（3）或者R是第一名，T最后一名；或者S是第一名，U或Q是最后一名。

问题1：在这次考试中，如果V是第五名，下列哪一条一定是对的？（　　）

A. S第一名　　　　B. R第二名　　　　C. T第三名

D. Q第四名　　　　E. U最后一名

问题2：在这次考试中，如果R是第一名，V最差是第几名？（　　）

A. 第二名　　　　　B. 第三名　　　　　C. 第四名

D. 第五名　　　　　E. 第六名

问题3：在这次考试中，如果S是第二名，下列哪一条有可能是对的？（　　）

A. P在R之前　　　　B. V在S之前　　　　C. P在V之前

D. T在Q之前　　　　E. U在V之前

问题4：在这次考试中，如果S是第六名，Q是第五名，下列哪一条有可能是对的？（　　）

A.V是第一名或第四名

B.R是第二名或第三名

C.P是第二名或第五名

D.U是第三名或第四名

E.T是第四名或第五名

问题5：在这次考试中，如果R是第二名，Q是第五名，下列哪一条必定是对的？（　）

A.S是第三名　　B.P是第三名　　C.V是第四名

D.T是第六名　　E.U是第六名

376. 星光大道

在歌唱比赛星光大道上采取的是淘汰制，一次比赛中，有H、J、K、L、M、N和O七位评委，针对1号、2号、3号三名选手进行表决。按比赛规定，至少有4位评委通过，一名选手才能晋级。每个评委都必须对这三名选手作出表决，不能弃权。

已知：

（1）H淘汰了这三名选手；

（2）其他每位评委至少通过一名选手，也至少淘汰一名选手；

（3）J淘汰1号选手；

（4）O淘汰2号和3号选手；

（5）L和K持同样态度；

（6）N和O持同样态度。

问题1：下列哪位评委一定通过了1号选手？（　）

A.J　　B.K　　C.L　　D.M　　E.O

问题2：通过了2号选手的最多人数是（　）人？

A.2　　B.3　　C.4　　D.5　　E.6

问题3：下面的断定中，哪一个是错的？（　）

A.J和K通过了同一选手

B.J和O通过了同一选手

C.J一票通过，两票淘汰

D.K两票通过，一票淘汰

E.N一票通过，两票淘汰

问题4：如果3个选手中某一个选手晋级，下列哪一位评委肯定通过呢？（　）

A.J　　B.K　　C.M　　D.N　　E.O

问题5：如果M的意见跟O一样，那么，我们可以确定（　　）

A. 1号选手将晋级　　　　　　　　B. 1号选手将被淘汰

C. 2号选手将晋级　　　　　　　　D. 2号选手将被淘汰

E. 3号选手将晋级

问题6：如果K通过2号和3号选手，那么，我们可以确定（　　）

A. 1号选手将晋级　　　　　　　　B. 1号选手将被淘汰

C. 2号选手将晋级　　　　　　　　D. 2号选手将被淘汰

E. 3号选手将晋级

377. 杂技演员

5个成人杂技演员M、N、O、P、Q和5个儿童杂技演员V、W、X、Y、Z，按以下规则在进行四层叠罗汉表演。

（1）第一层，即最底层有4个人，第二层有3个人，第三层有2个人，第四层，即最高的一层只有1个人；

（2）除了第一层的演员站在地上，其他人都站在下一层相邻两人肩上；

（3）任何一个杂技演员摔倒时，站在他肩上的其他两个杂技演员同时摔倒；

（4）儿童杂技演员既不能站在底层，也不能站在双肩都被其他杂技演员踩的位置上。

问题1：如果X站在V的肩上，且M和W肩并肩地站在同一层，那么下面哪种排列可能是第二层的排列？（　　）

A. V，M，W　　　　　B. V，W，M　　　　　C. X，M，W

D. Y，N，Z　　　　　E. Y，O，V

问题2：如果Q和W站在N的肩上，这时M跌倒了，M跌倒后会造成其他人的跌倒，那么不跌倒的还剩下哪些人？（　　）

A. N，O，P，Q，V和W

B. N，O，P，V，X和Y

C. N，P，V，W，X和Y

D. O，P，Q，V，X和Y

E. O，P，Q，X和Y

问题3：如果V和W站在不同的层次上，且X和Z站在同一层，那么Y可以站在哪层？（　　）

A. 第二层　　　　　　B. 第三层　　　　　　C. 第四层

D. 第二层、第三层　　E. 第三层、第四层问题4：如果V和W站在O的肩上，且M，N和P站在同一层，同时M是N和P之间唯一的一个演员，那么下列哪一判断肯定正确？（　　）

A. 如果M跌倒，那么所有的5个儿童演员也一定跌倒

B. 如果N跌倒，那么肯定有4个儿童演员也同时跌倒

C. 如果O跌倒，那么肯定有2个儿童演员也同时跌倒

D. 如果P跌倒，那么肯定有3个儿童演员也同时跌倒

E. 如果Q跌倒，那么肯定有3个儿童演员也同时跌倒

问题5：如果W站在V的肩上，V站在M的肩上，那么下列哪一推断不可能正确？（　　）

A. N和V肩并肩地站在同一层上

B. W和X肩并肩地站在同一层上

C. X和Y肩并肩地站在同一层上

D. M站在N和P那一层，而且是唯一站在他们之间的杂技演员

E. M站在Y和Z那一层，而且是唯一站在他们之间的杂技演员

问题6：如果W站在N和P的肩膀上，X站在M和V的肩膀上，那么下列哪一推断肯定正确？（　　）

A. M站在V和W那一层，并且是唯一站在他们之间的杂技演员

B. N站在P和Q那一层，并且是唯一站在他们之间的杂技演员

C. O站在P和Q那一层，并且是唯一站在他们之间的杂技演员

D. Q站在N和O那一层，并且是唯一站在他们之间的杂技演员

E. P站在N和O那一层，并且是唯一站在他们之间的杂技演员

问题7：如果N和Y站在M的肩上，Z站在P和O的肩上，那么下列哪一对演员肯定肩并肩地站在同一层上？（　　）

A. M和O　　　　　　B. M和P　　　　　　C. N和Z

D. P和Q　　　　　　E. W和X

378. 打扫卫生

一间宿舍里有六名学生A、B、C、D、E和F。他们约定，在一个星期中，六个人轮流打扫卫生，这样除了星期日大家一起休息外，其余每天都由一个人打扫卫生。打扫卫生的顺序按以下条件排列：

（1）B在星期二或者在星期六打扫卫生；

（2）如果A在星期一打扫卫生，那么C就在星期四打扫卫生；若A不在星期一打扫卫生，F也不在星期五打扫卫生；

（3）如果E不在星期三打扫卫生，那么A在星期三打扫卫生；

（4）如果A在星期四打扫卫生，那么D在星期五打扫卫生；

（5）如果B在星期二打扫卫生，那么E在星期五打扫卫生；

（6）如果F在星期六打扫卫生，那么D在星期四打扫卫生。

问题1：下列哪一个打扫卫生的顺序符合从星期一到星期六的打扫卫生条件？（ ）

A. D、B、A、E、C、F　　　　B. B、A、F、C、E、D

C. F、E、B、C、D、A　　　　D. C、B、A、D、E、F

E. A、B、D、C、E、F

问题2：如果D在星期六打扫卫生，那么C在哪一天打扫卫生？（ ）

A. 星期一　　　　B. 星期二　　　　C. 星期三

D. 星期四　　　　E. 星期五

问题3：如果A在星期一打扫卫生，那么下列哪个人在星期二打扫卫生？（ ）

A. B　　B. C　　C. D　　D. E　　E. F

问题4：如果B在星期二打扫卫生，那么F可能在哪一天打扫卫生？（ ）

A. 星期一　　　　　　　　　B. 星期四

C. 星期一或星期四　　　　　D. 星期四或星期六

E. 星期一或星期四或星期六

379. 操场上的彩旗

在操场上有6根旗杆，排列在同一条直线上，从左至右分别编号1～6。现在有5面旗子——一个黄的、一个绿的、一个红的、一个白的、一个蓝的，需挂在这些旗杆上。一根旗杆上只能挂一面旗子，这样不管怎样安排，都会留下一个空余的旗杆。

而且，旗子必须按以下条件挂在旗杆上：

（1）绿旗子必须离红旗子近离蓝旗子远；

（2）黄旗子必须挂在紧挨在蓝旗子左边的旗杆上；

（3）白旗子不能与蓝旗子毗邻；

（4）红旗子不能挂在1号旗杆上。

问题1：下列各组从左至右的旗子安排除了一组之外，均符合以上条件，请指出不符合条件的那一组（ ）

A. 绿旗子、红旗子、白旗子、空旗杆、黄旗子、蓝旗子

B. 绿旗子、红旗子、空旗杆、黄旗子、蓝旗子、白旗子

C. 绿旗子、白旗子、红旗子、黄旗子、蓝旗子、空旗杆

D.白旗子、空旗杆、黄旗子、蓝旗子、红旗子、绿旗子

E.空旗杆、绿旗子、白旗子、红旗子、黄旗子、蓝旗子

问题2：如果绿旗子必须挂在紧邻黄旗子左边的旗杆上，那么下列哪种从左至右的安排是符合条件的？（　　）

A.红旗子、绿旗子、黄旗子、蓝旗子、空旗杆、白旗子

B.白旗子、红旗子、空旗杆、绿旗子、黄旗子、蓝旗子

C.空旗杆、红旗子、绿旗子、黄旗子、蓝旗子、白旗子

D.空旗杆、白旗子、红旗子、绿旗子、黄旗子、蓝旗子

E.空旗杆、红旗子、白旗子、绿旗子、黄旗子、蓝旗子

问题3：如果改变已知条件，使红旗子挂在1号旗杆上。如果只有一种可能，这种可能是：（　　）

A.绿旗子、白旗子、黄旗子、蓝旗子

B.绿旗子、黄旗子、蓝旗子、白旗子

C.绿旗子、蓝旗子、黄旗子、白旗子

D.白旗子、黄旗子、蓝旗子、绿旗子

E.白旗子、绿旗子、黄旗子、蓝旗子

380. 乘出租车

罗伯特家与吉姆家是好朋友，两家经常一起聚餐。一次他们准备去一家离住处比较远的地方聚餐，于是一同乘出租车。这两家的家庭成员共9人，他们是——

罗伯特（父）、玛丽（母），以及他们的3个儿子：托米、丹、威廉；吉姆（父）、埃伦（母），以及他们的两个女儿：珍妮、苏珊。

此外，我们还已知：

（1）他们打了3辆出租车，每辆出租车上可以坐3个人；

（2）每辆出租车上至少要有1个父母辈的人；

（3）每辆出租车上不能全是同1个家庭的成员。

问题1：如果两个母亲（玛丽与埃伦）在同一辆出租车上，而罗伯特的3个儿子分别坐在不同的出租车上，下面的哪一个断定一定是正确的呢？（　　）

A.每辆出租车上都有男也有女

B.有一辆出租车上只有女的

C.有一辆出租车上只有男的

D.珍妮和苏珊两姐妹坐在同一辆出租车上

E.罗伯特与吉姆这两个父亲坐在同一辆出租车上

问题2：如果埃伦和苏珊乘坐同一辆出租车，下面哪一组人可以同乘另一辆出租车呢？（　　）

A.丹、吉姆、珍妮　　　　　　　B.丹、吉姆、威廉

C.丹、珍妮、托米　　　　　　　D.吉姆、珍妮、玛丽

E.玛丽、罗伯特、托米

问题3：如果吉姆和玛丽在同一辆出租车上，下列的5种情况中，只有1种情况是不可能存在的。到底是哪一种情况呢？（　　）

A.丹、埃伦和苏珊同乘一辆出租车

B.埃伦、罗伯特和托米同乘一辆出租车

C.埃伦、苏珊和威廉同乘一辆出租车

D.埃伦、托米和威廉同乘一辆出租车

E.珍妮、罗伯特和苏珊同乘一辆出租车

问题4：罗伯特家的3个儿子乘坐不同的出租车。对此，P、Q、R三人作出3种断定。

P断定：吉姆家的两个女儿不在同一辆出租车上；

Q断定：吉姆和埃伦夫妻俩不在同一辆出租车上；

R断定：罗伯特和玛丽夫妻俩不在同一辆出租车上。

问哪一种判断肯定是正确的呢？（　　）

A.只有P的断定对　　　　　　　B.只有Q的断定对

C.P和Q的断定对，R的断定错　　D.P和R的断定对，Q的断定错

E.P，Q，R的断定都对

问题5：途中，吉姆和两个男孩子下了车，准备去买点东西，而剩下的6个人则乘坐两辆出租车继续去餐馆。如果题设的其他已知条件不变，下面哪一组的孩子们可能直接到餐馆？（　　）

A.丹、珍妮、苏珊

B.丹、苏珊、威廉

C.丹、托米、威廉

D.丹、托米、苏珊

E.苏珊、托米、威廉

381. 生病的人

已知：

（1）一个得了G病的病人，会表现出发皮疹和发高烧，或者喉咙痛，或者头

痛等症状，但不会同时有后两种症状；

（2）一个得了L病的病人，会表现出发皮疹和发高烧等症状，但既不会喉咙痛，也不会头痛；

（3）一个得了T病的病人，至少会表现出喉咙痛、头痛和其他可能产生的症状中的某种症状；

（4）一个得了Z病的病人，至少会表现出头痛和其他可能产生的症状中的某种症状，但决不会发皮疹；

（5）没有人会同时患上所列G，L，T，Z四种疾病之中的两种以上。

问题1：如果一个病人既喉咙痛又发烧，那么这个病人肯定（　　）

A.得了Z病　　　B.得的不是G病　　　C.得的不是L病

D.发了皮疹　　　E.头也痛

问题2：如果有一个病人，患了以上某种不发皮疹的疾病，那么他肯定（　　）

A.发烧　　　B.头痛　　　C.喉咙痛

D.得了T病　　　E.得了Z病

问题3：如果病人米勒没有喉咙痛的症状，那么他肯定（　　）

A.得了L病　　　B.得了Z病　　　C.得的不是G病

D.得的不是Z病　　　E.得的不是T病

问题4：如果病人罗莎患上了以上某种疾病，但她既不发烧又不喉咙痛，那么，下列哪个判断肯定是对的？（　　）

① 她头痛；

② 她得了Z病；

③ 她发了皮疹。

A.只有①是对的　　　B.只有②是对的

C.只有③是对的　　　D.只有①和②是对的

E.只有②和③是对的

问题5：如果病人哈里斯患了以上某种疾病，但他没有发烧，那么，他肯定会有下列哪种症状？（　　）

① 头痛；

② 发皮疹；

③ 喉咙痛。

A.只有①是对的　　　B.只有②是对的

C.只有③是对的　　　D.只有①和②是对的

E.只有②和③是对的

问题6：如果某个病人患了以上某种疾病，只表现出发烧和头痛两种症状，那么他得的肯定是（　　）

A. G病　　　　　B. L病　　　　　　C. T病
D. Z病　　　　　E. 可能是G病，也可能是T病

382. 两对三胞胎

M、N、O、P、Q和R是两对三胞胎。此外，我们还知道以下条件：
（1）同胞兄弟姐妹不能婚配；
（2）同性不能婚配；
（3）六人中，四人是男性，二人是女性；
（4）没有一对三胞胎是同性兄弟或姐妹；
（5）M与P结为夫妇；
（6）N是Q的唯一的兄弟。

问题1：下列哪一对人中，谁和谁不可能是兄弟姐妹关系？（　　）
A. M和Q　　B. O和R　　C. P和Q　　D. P和R　　E. R和Q

问题2：在下列何种条件下，R肯定为女性？（　　）
A. M和Q是同胞兄弟姐妹　　　B. Q和R是同胞兄弟姐妹
C. P和Q是同胞兄弟姐妹　　　D. O是P的小姑
E. O是P的小叔

问题3：下列哪个判断肯定错？（　　）
A. O是P的小姑　　　　　　　B. Q是P的小姑
C. N是P的小叔　　　　　　　D. O是P的小叔
E. Q是P的小叔

问题4：如果Q和R结为夫妇，下列哪一判断肯定正确？（　　）
A. O是男的　　　　　　　　　B. R是男的
C. M是女的　　　　　　　　　D. N是女的
E. P是女的

问题5：如果P和R是兄弟关系，那么下列哪一判断肯定正确？（　　）
A. M和O是同胞兄弟姐妹　　　B. N和P是同胞兄弟姐妹
C. M是男的　　　　　　　　　D. O是女的
E. Q是女的

383. 展厅之间的通道

某博物馆的负责人正走进一个临时分为七个房间——R、S、T、U、X、Y和Z的画展的预展厅。这个展厅只有一个入口（也是出口），从入口大门进去之后，

他们首先到达房间R，并且只能通过R出入展览馆。但是，一旦在展览馆内，他们即可自由地选择从一个房间到另一个房间去。所有连接七个房间的通道是：R和S之间有一条通道；R和T之间有一条通道；R和X之间有一条通道；S和T之间有一条通道；X和U之间有一条通道；X和Y之间有一条通道；Y和Z之间有一条通道。

问题1：下面哪间房间，是博物馆负责人不可能从入口进去的第三间房间？（　　）

A. S　　　B. T　　　C. U　　　D. Y　　　E. Z

问题2：如果有一条两个房间之间的通道被关掉，而所有的房间仍能让人们进去参观，那么，被关掉的通道是可以通向下列哪一间房间的？（　　）

A. S　　　B. U　　　C. X　　　D. Y　　　E. Z

问题3：假如有一位参观者觉得没有必要重复走来走去，而只想参观完所有的房间后就离开，这在目前条件下当然是不可能的。那么，请问这位参观者下列哪一间房间必须进去两次？（　　）

A. U　　　B. S　　　C. T　　　D. Z　　　E. Y

问题4：有人建议开出一条新的通道，然后在Z房间设一个出口，使参观者可以从R开始参观一直到Z结束，不重复走任何一间房间。那么新开的通道应该在哪两个房间之间？（　　）

A. R-U　　　B. S-Z　　　C. T-U　　　D. U-Y　　　E. U-Z

384. 理发师悖论

20世纪初，大数学家罗素提出的"罗素悖论"震动了整个数学界，并触发了"第三次数学危机"。后来罗素把数学公式化的"罗素悖论"改编成通俗的"理发师悖论"，所以现在很多介绍悖论的书都会从这个故事开始。这个悖论是这样的：

有个小镇里有一位理发师，镇长规定：凡不给自己理发的镇民，必须让这位理发师理发；凡自己理发的镇民，理发师不能给他们理发。这位理发师的生意因此而红火起来。有一天，他看到镜子里的自己头发已经很长了，本能地抓起剪刀想给自己理发，突然想起了镇长的规定：如果他给自己理发，他就违反了规定，因为这是他在给"自己理发的"人理发；如果他找别人理发，他又违反了规定，因为这样他就是"不给自己理发的"人应该让自己来理发。

请问：他到底该怎么办呢？

385. 所罗门断案

《圣经》中有这样一个所罗门国王判案的故事。

有两位母亲都说自己是一个孩子的真正母亲,她们争执不下,只好请求所罗门国王来判决。所罗门国王拿出一把剑,声称要将孩子一分为二,给两位母亲一人一半。这时,真母亲不忍心看着自己的孩子被杀掉,因此提出宁愿将孩子判给对方;而假母亲则觉得反正自己得不到,所以同意杀婴。所罗门国王通过对比她们的表现,就知道了愿意让出孩子的母亲才是孩子真正的母亲,于是宣布把孩子判给这位真正的母亲。

这个故事不仅向我们展示了母爱的伟大,也向我们昭示了所罗门国王的智慧。然而,所罗门国王的方法真的这么容易就能成功吗?

386. 锦囊妙计

小刘从乡下到城里打工,虽然自认很聪明,但是找了几个用人单位,都嫌他学历不够,不肯录用他。在城里待了没几天,钱都花光了,两顿饭没吃到东西。他听人说有个饭店老板很爱逻辑学,就想去碰碰运气,看能不能要到一顿饭。到了饭店的时候,正好赶上老板闲来无事。

小刘对老板说:"我想问您两个问题,您只能回答'是'或者'不是',不能用其他的语句。但在正式提问以前,我要同您预先讲好,您一定要听清楚之后再郑重回答,而且两个问题的答案都必须在逻辑上是完全合理的,不能自相矛盾。"

老板好奇地看着小刘,小刘接着说:"如果您同意我的条件,我问完这两个问题,您会心甘情愿地请我吃顿饭的。"

老板的兴趣愈发浓重了,就答应了他的要求。

结果,不但老板心甘情愿地请小刘吃了顿饭,还让他在自己的店里工作了。你知道小刘的两个问题是什么吗?

387. 死因

一天早上,一位董事长死在自己家的车库里。警察接到报案后马上赶到现场。调查发现死者倒在车旁,死因是氰酸钾中毒,死亡时间是当天早上7点左右。看样子应该是准备开车出门时,吸入了剧毒气体致死的。

可是调查发现那天早晨没有任何人接近过车库,现场也没有发现能产生氰酸钾的药品和容器。

那么,罪犯到底是怎样把他毒死的呢?

388. 司机哪儿去了

一天夜里,在一辆运货的蒸汽机车上,副驾驶员向列车长报告说:"不好了,刚才山本司机跳车逃走了。"

列车长大吃一惊,马上报警。警察沿着铁路线寻找,却没有发现任何痕迹。这究竟是怎么回事?司机为什么凭空消失了?

389. 被杀的鸵鸟

某动物园从非洲进口了一批鸵鸟,可是没想到第二天人们便发现这些鸵鸟被人杀死了。而且还将尸体剖开了。是谁这么残忍呢?这些鸵鸟为什么会被杀呢?

390. 扑克牌的顺序

大家都知道扑克牌,一副牌一共有54张,其中有2张王牌,其余的52张牌则分为红桃、方块、梅花、黑桃四种花色,每种花色各13张。

我们取这样一副扑克牌,去掉其中的2张王牌,然后给剩下的52张牌编号,号码从1编到52。

这样,在初始状态下,这52张牌是1号在最下面,2号在下数第2张的位置,3号在下数第3张的位置……第52号则在最上面。

现在我开始洗牌。假如我洗牌的技术一流,每次都会把这副牌平均分成26/26两手,而且每次洗下来的牌都是左右各一张相间而下。(每次洗牌都先让编号为1的牌最先落下)

这样,第一次洗完牌之后,这副牌的状态变成为:1,27,2,28,3,29,……,26,52。

现在请问:按照上面的洗牌规则,我一共需要洗几次牌才能使这副牌又重新回到初始状态(即1,2,3,4,……,51,52从下到上排列)?

391. 盗窃案

一名中国富翁在美国度假期间邀请了十名机智的故友到他的中国豪宅去度假,另一方面也是想让他们帮自己看几天家。这十个人分为三类,分别是小偷、平民、警察。小偷只能识别平民,平民只能识别警察,而警察识别不了其他人的身份。他们相互间不能揭发身份或自暴身份,但是只有当警察抓住小偷时才能自暴身份。每个小偷一天偷一次。小偷和平民都可以写匿名检举信。如果小偷对同类施行盗窃，被盗的小偷发现物品被偷不会喊叫，如果被偷的是平民，当他发现物品被偷一定会喊叫，如果被盗的是警察，警察会当场击毙该小偷。他们分别住在二楼共用一条走廊的十个单人房里。房门号是房主的姓，每个房门外的右边的墙上各有一个带锁的邮箱。他们每个人都有一把自己邮箱的钥匙。每天早晨6：00，报童在十个邮箱里各放一份报纸。

房间示意图：

孔	张	赵	董	王
李	林	徐	许	陈

第一天，早上9：00刚起床的十个人，各自在房里看完报纸后，中午11：00在一楼客厅里相互介绍了自己的名字后便自己做自己的事去了。这一天没有平民的叫喊和警察的枪声。

第二天，与第一天一样。一位警察仍然早上9：00起床并拿出自己邮箱里的报纸回自己的房间了。他一直看着报纸。突然，听见4个人的喊叫声。然后，10个人都集合在走廊上，并相互认识了被盗的4人。之后，这位警察回到自己的房里，思考案情：自己住在陈号房，而张号、王号、李号和徐号房被盗。

第三天，心里烦躁的警察6：00就起床去拿报纸。打开邮箱，却发现邮箱里除了一份当天的报纸外还有5封匿名检举信。警察赶紧回到房内把信摊开在桌子上，发现这5封信是由5个人分别写的。第一封信的内容是：董，许，林，孔。第二封信的内容是：林，董，赵，许。第三封信的内容是：孔，许，赵，董。第四封信的内容是：赵，董，孔，林。第五封信的内容是：许，孔，林，赵。警察思考着，突然，他抓起这5封信冲了出去，抓住了正在睡觉的几个小偷。可他们并不承认，当警察拿出证据时，他们就分别说出了自己藏在离豪宅不远的赃物。

如果你就是这位警察，你是如何破解这个迷案的？

392. 聪明程度

1987年的某一天，伦敦《金融时报》刊登了一个很怪异的竞赛广告。这个广告要求参与者寄回一个0到100之间的整数，获胜条件是你选择的这个数，最接近全体参与者寄回的所有数的平均值的2/3。获胜者将获得两张伦敦到纽约的飞机头等舱的往返机票。

如果你是这个竞赛的参与者，你会选哪个数呢？

答案

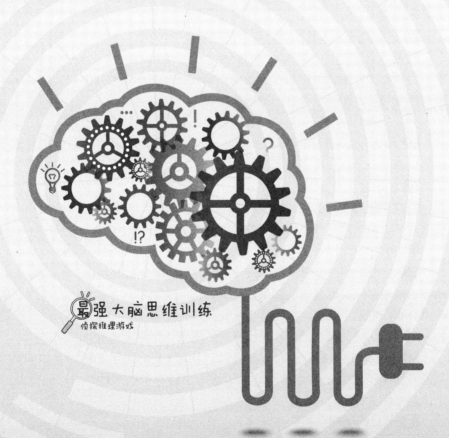

1. 县令派人秘密监视二人，大儿子因受不过苦刑，抱怨父亲，于是便得到了供词。

2. 尸体手上戴的手表是全自动机芯手表。这种手表设置了循环发条，戴在手腕上，由于手臂的摆动，发条在齿轮的带动下会自动走动。如果被害人是在三四天前在山谷里被杀的话，尸体一动不动，手表照理是不会走动的。死后被人扔进山谷，手表受到震动，自然指针也就走动起来。

3. 办案人员书面盘问结束后，淡淡地说了一句："没事了，你可以回去了。"

4. 大徒弟说了谎，是他偷走了夜明珠。因为，老方丈是中秋时走的，出去了半个月，昨晚应是农历初一，没有月亮，哪能有月光呢？

5. 窗口不可能会出现影子。刘夏说"窗口有高举木棒的影子"，他在撒谎！因为桌上台灯的位置是在于老师和窗口之间，不可能把站在于老师背后凶手的影子照在窗子上。

6. 死者生前既然那么爱那条狗，那么自杀前她肯定会把狗放走。因为没有人照料这条狗的话，过不了几天它就会被活活饿死。死者这么爱这条狗，她绝对不可能不考虑它的生死。

7. 凶手是露西·普来斯，让奈的秘书。

鞋舌向里窝着——说明凶手的脚小于所穿的鞋；

白胶布接合断开的鞋带——说明凶手在很短的作案时间内，采用了职业习惯解决断带问题，即医生或护士习惯用胶布；

进入让奈的办公室并到他身后行凶而不被提防，只有他的秘书！

8. 探长并没有提到案发地点，王刚能拿回金笔，说明他知道案发地点不是花园街那间小公寓，而是那所乡村旅馆。

9. 罪犯是金发女郎。

她自称血迹是"刚才在他身上蹭到的"，实际上那时彼特已死了8个小时。他的血已结成冰，不可能会蹭到她袖子上去。

10. 是10AU81，因为是在反光镜里看到的，所以号码是反的。

11. 先考虑第三句话，如果乙有罪，那么既然他不会开卡车，他必定有搭档，也就是甲或丙也有罪；如果乙无罪，因为作案者只在他们三人里边，所以甲或丙有罪。可见甲或丙至少有一个人是有罪的。如果丙无罪，有罪的只能是甲；如果丙有罪，根据第二句话，甲也有罪。所以，甲肯定是有罪的。

12. 丙既然已经确定无罪，就可以不考虑了。如果甲无罪，那么有罪的只能是乙；如果甲有罪，那么根据第二句话他必然有搭档，这个搭档只能是乙。总之，乙必然是有罪的。

13. 假设丙无罪，那么有罪的只能是甲或乙，甲和乙不会单独行动，只能是两人都有罪。但已经知道双胞胎里有一个当时不在现场，所以矛盾。因此丙有罪。而既然丙永远单干，双胞胎兄弟就是无罪的。

14. 我们先假设乙无罪、甲有罪，这一根据A，丙也该有罪，可是这和条件C有矛盾。所以乙无罪的话甲也肯定无罪，但这样一来，丙就成了唯一有罪的人了，和B矛盾。所以乙只能是有罪的。

也可以换一个思考角度，先假设甲有罪，这样根据A，乙和丙至少有一个人是有罪的，又根据C，这个搭档不会是丙，因此只能是乙，即如果甲有罪，乙也有罪；再假设丙有罪，根据B和C，丙必然有个搭档，而且这个搭档不会是甲，只能乙，即如果丙有罪，乙也有罪；如果甲和丙都没有罪，根据D，乙肯定有罪。所以乙只能是有罪的。

15. 如果丙有罪，根据C，就要有三个人有罪，由A知甲是无罪的，这样有罪的就是乙、丙、丁三人，但这又和B矛盾，可见丙也是无罪的。这样甲和丙都无罪，如果乙有罪的话，根据B可知丁也有罪；如果乙无罪，有罪的就只剩下丁了。总之，无论是哪种情况，丁都是有罪的。

16. 警官实际上说的是那人不曾单独偷过东西。那人马上否认这句话，等于是承认自己曾经单独偷过东西。

17. 根据A，如果甲无罪，那么丙有罪；根据B，如果甲无罪，那么丙也无罪。可见如果甲无罪，丙既有罪又无罪，矛盾。所以，甲肯定有罪。

18. 可以确定乙和丙两个人里至少有一个人是有罪的。因为，假设甲无罪，根据A，乙或丙必有罪；假设甲有罪乙无罪，根据B，丙必有罪；假设甲有罪乙有罪，乙、丙之中至少一个人有罪还是成立。

19. 假设甲有罪，根据B，乙和丙中至少有一个人有罪，如果乙无罪，有罪的只能是丙，如果乙有罪，则甲与乙都有罪，根据A，丙也有罪。这就证明了，如果甲有罪，丙也有罪，同时根据C，既然丙有罪，那么丁也有罪。这样就得到如果甲有罪，丁也有罪。另外根据D，如果甲无罪，丁还是有罪。既然，不管甲有罪无罪，丁都是有罪的，那么丁一定是有罪的。其余的人是否有罪无法确定。

第二问，这四个人都是有罪的。根据C，如果丁无罪，那么甲有罪，再根据D，如果丁有罪，那么甲还是有罪，可见甲必定有罪。因此根据A，乙也有罪。再根据B，既然已经知道甲无罪不成立了，所以丙也有罪。最后根据C，如果丁无罪，丙也无罪，但是既然丙并非有罪，因此丁必定有罪。综上所述，他们四个全都有罪。

20. 因为假设那个人是君子，他说的话就是真的，偷东西的那个人应该是个小人，因此那个人必定无罪。反之，假设那个人是小人，他说的话就是假的，偷东西的人应该是个君子，那个人还是无罪。

21. 我们先假设村长是小人。这时候，A和B都该是假的。既然A是假的，甲就是无罪的；既然B是假的，甲和乙就都有罪，因此甲有罪。这是一个矛盾，可见村长只能是君子。因此,甲确实是有罪的,根据B,乙是无罪的。

假设村长是小人,那么两句话都不是真的,既然A是假的,甲和乙就都无罪,可是因为B也是假的,甲应该有罪,这就矛盾了。所以,村长是君子,甲无罪,乙有罪。

22. 首先可以确定的是甲不可能是君子,不然根据题意甲就是罪犯,可是作为君子甲又决不会谎称自己无罪的;但甲也不可能是小人,不然他的陈述该是假的,反而成有罪了。所以,甲是凡夫,并且无罪。既然甲无罪,乙的陈述便是真的,所以,乙是君子或凡夫。假设乙是凡夫,丙的陈述就是假的,丙理应是小人或凡夫,这样三个人就都不是君子而和题意不符了。所以,乙不可能是凡夫,必定是君子,他是有罪。

23. 是第三个人,因为彩虹的位置和太阳相反,所以看彩虹时绝不会觉得阳光刺眼。

24. 是第三个人。因为录音磁带开始的1分钟没有声音,只有关门声。说明那个人从安装录音笔到出门的这段时间都没有留下脚步声,而只有穿旅游鞋走路才会没有声音。用录音笔窃取情报,一定会来回收录音笔,因此作案人才会故意放轻脚步,使自己的脚步声不留在磁带上。

25. 因为青铜是一种抗摩擦的金属,和路面撞击不会擦出火花。张三在说谎。

26. 凶手利用底片反洗照片来做不在场的证据。其实拍照时间是当天上午九点,反洗照片后,看起来就像下午三点一样。

但是细心的警察发现,照片上凶手穿的衣服纽扣是左右颠倒的,所以警长知道这张照片是伪证。

27. 因为怀特加了一夜的班,天亮才回到家。而他的妻子说自己是在前一天下午被喂了安眠药睡着的,所以她醒来后讲述案情时应该说今天下午三点左右,而不是昨天下午。显然她并没有真的睡着,知道已经过了一晚。而且酒窖没有窗子,不可能判断出当时的时间。

28. 警察调查被烧毁的汽车就会知道,车掉下山谷时油箱里几乎没有油了,不可能被那么大的火烧成灰烬。所以007的失误在于不该淋上汽油点火。

29. 因为张小姐的头发是昨天晚上新修剪的,所以发梢很齐。而留在死者手上的头发的发梢是圆的,也就是说它们是修剪之前的头发。所以一定是有人嫁祸。

30. 破绽是用茶汁染黄的字据全是黄色的,而因时间久远的字据,叠起来保存的话,应该是外面发黄,里面还是白的。

31. 因为埃及没有双峰驼。

32. 因为冬天戴着眼镜的人如果从外面闯进浴室会眼镜结雾看不清人。

33. 因为当时外面的气温达到零下20多度,事发地点又在离旅馆两公里外处,就算跑回来,衣服也应该结了冰,而他确实浑身湿漉漉的,说明他是在旅馆附近才自己用水淋湿的。

34. 凶手是妙子。因为贺年片印有羊的图案，说明当时是羊年，计算一下，则22岁的妙子正好属鸡。

35. 警官看到那条狗翘起后腿撒尿，便立刻识破了那个男子的谎言。

因为只有公狗才翘起后腿撒尿，而母狗撒尿时是不翘腿的。然而，那个男子却用"玛丽"这种女性的称谓叫那条公狗。如果他真是这家的主人，是不会不知道自己家所豢养的狗的性别的。所以，他也就不会用女性称谓去喊公狗的。

由于这条狗长得毛乎乎的，小偷从外表上根本看不出它的性别，便随口胡乱用了女性的名字叫它。

另外，这条狗之所以对小偷很温顺听话，是因为他进来时喂了它几片肉。

36. 是2号病房的糖尿病人，因为人因紧张手会出汗，而且糖尿病人比正常人更容易出汗，且汗液中还含有糖分，所以用过的凶器才会招来蚂蚁。

37. 因为首先在一楼看不到三楼的人脚下的凳子，其次妻子见到丈夫上吊第一反应应该是把他放下来施救，而不是让他在那挂着。

38. 凶手是女佣。她是在晚上八点之前杀死的王博士，然后放在外面，因为冬天外面很冷，从而改变了死亡时间。早上她又将在外面放了一夜的尸体抬到床上，打开电热毯，使冻僵的尸体融化。这也是王博士被窝暖暖的原因。

39. 因为按他所说的如果真的停了一晚上的电，靠电加热的鱼缸里的热带鱼应该死掉才是。另外，他早上回来的时候不会没有注意到门被撬开的。

40. 在圣诞节前天，肯特是无法利用太阳光在北极圈内生火的。因为每年10月到第二年3月这段期间，在北极圈内是没有阳光的，即处于"极夜"状态。

41. 开着窗户那么长时间，房间里面是不会那么暖和的。

42. 因为即使是把油泼了上去，冷油也会将火熄灭的。

43. 如果是自杀的话，死者肌肉松弛，是不可能握住药瓶的，一定会滑下来，明显是被人后塞到手中去的。

44. 洗澡后镜子模糊，根本看不清人影。

45. 因为当日大雪纷飞，而室内电热炉又很温暖，玻璃应该是模糊的，不可能清楚地看到凶手的样子。

46. 车主是劫案的同谋。他有两个同伙，并弄了两辆颜色和车牌完全相同的车。同伙抢劫完后，自己开着车在警察局外面接应，并故意吸引警方的注意力，为同伙开脱。

47. 小明把围着的毛线围巾拆开，用长长的毛线穿过咖啡杯的柄，慢慢地把杯子从窗户放到地面，然后松开线的一头，把毛线收回，装在口袋里。这样做就可以了。

48. 首先，如果死者的死亡时间在9点03分的话，那么录音带里应该有时钟报时的声音。

第二，录音带不可能会从头一天的9点一直录到次日早上，磁带没有那么长。所以这肯定是凶手制造的假象。

49. 是他的助理。原因是日本的国旗不会存在挂反的可能性，所以，他在说谎。

50. 因为如果是自杀，张三打开机舱后由于压强遗书不可能还留在座椅上。明显是有人为了制造自杀的假象，后来才放上去的。

51. 王老先生把普通的大邮票周围涂上胶水，中间盖住自己那枚珍贵的邮票，粘在了明信片上。歹徒当然找不到了。

52. 那个邮票值上千万元，这就是老人的所有财产。

53. 是那两枚陈旧的邮票，它们非常稀有，价值连城。

54. 他走私的是宝马车。

55. 犯人是那个出租车司机。他只是花钱让那个拾荒者把垃圾桶旁的箱子带到超市而已，在车上把钱拿了出来。

56. 在张三家的门铃上留下了李四的指纹。

57. 凶手是利用电话来做放火的工具。他先让被害者服用安眠药，再在电话上做些手脚，让电话线短路，然后打开煤气的开关，逃离现场。过一段时间，预计房间已经充满了煤气，就从公用电话打被害人房间的电话，电话机有电流通过，由于短路产生火花，引燃煤气起火爆炸。

58. 基德将原来的车身拆除，用黄金打造了新的车身并涂上涂料，警察当然没有注意到车身会是用黄金制成的。

59. 因为有人将干冰放在了女子房间的冰箱里，干冰挥发后，产生了大量的二氧化碳，加上门窗都密封，所以导致了女子窒息死亡。

60. 绑匪就是那个司机。他先准备一个和装钱的手提包一样的包，然后在警察的监视下，埋下空的手提包，而装有赎金的手提包还在他的车上。

61. 诈骗犯手指指纹部分涂上了透明的指甲油，所以没有留下指纹。

62. 绑匪是他家附近邮局的邮递员。

63. 因为如果是自杀的话，开枪打死自己以后，不可能把拿着枪的手放回被子里。

64. 原来，第二次出现的牌，虽然看上去和第一次的很相似——都是从J到K，但花色却都不一样。也就是说，第一次出现的六张牌，第二次都不会再出现。不论你选哪一张牌，结果都是一样的。

但是我们为什么会上当呢？因为我们死死地注意其中的一张牌，你的注意力只集中在这一张上面，当然就只看到"它""没有了"。什么"默想"，什么"看着我的眼睛"，都是烟雾和花招。实质就是这么简单。

65. B的钢笔是最佳的盛毒液的容器。用毒液代替钢笔水，在停电时，罪犯迅速将毒液滴入杯中，这样做也无沾到手上的危险。而A的感冒胶囊一来有外壳，不易马上发作，二来也容易在验尸时被查出来，更何况在仅二三分钟的时间中万一胶囊还未溶化，是非常容易被发现的。

66. 哥哥把毒药冻在了冰块中，哥哥喝的时候，冰块刚放进可乐，尚未融化，没有毒。而弟弟喝的时候，冰块全部融化了，弟弟就中毒了。

67. 因为圣经的第1页和第2页在同一张纸上，同理第49、50页也是同一张纸，不可能夹着钞票。

68. 8×8一共有64个格，总数相当于$2^{64}-1=18446744073709551615$。

69. 因为从泰国首都曼谷到北京有直达航班，没必要从菲律宾转一次飞机，就算是去菲律宾旅游，也不会只在菲律宾待几个小时马上又飞下一个地方。

70. 凶手事先把100块钱扔在地上，等张三回来发现钱弯腰捡的时候，他从二楼窗口朝下射箭，杀死的张三。

71. 因为海拔4000米的高山上气压很低，易拉罐一打开，啤酒沫会冒出很多来，而小明却说啤酒不会冒出泡沫。

72. 因为男子在钓鱼，不可能从水面看到后面的人影向他靠近。

73. 不是自卫，是谋杀，因为有两个疑点：第一，三个伤口排列得太整齐了，一个在害怕情急之下开枪的女人似乎不应该做到这。第二，玻璃碎片在伤口之上覆盖着，只说明玻璃是死后才给打破的。如果玻璃碎片是死者在冲破玻璃时留下来的，那么子弹的劲力也应该将碎片带进伤口里面去，但事实是碎片盖在伤口上面。

74. 用冰淇淋把煤气的口堵住，冰淇淋融化后煤气就泄漏了。

75. 凶手是用绳子系住滑雪杆，再把绳子卷在手腕上，滑雪杆抛向死者，刺中她的胸口，再用绳子拉回滑雪杆，所以找不到凶器。

76. 凶手先把男子用生牛皮绑住脖子但不至于勒死，在太阳光的暴晒下，生牛皮会收缩，越勒越紧就把人勒死了。

77. 妞妞把时间进行了重复计算。举一个很简单的例子，在暑假的60天里，她把用餐和睡觉的时间既计入了暑假的时间，又分别计入了全年的用餐和睡眠的时间。

78. 一个男孩一个女孩有两种情况：兄妹或者姐弟，所以生两个男孩的概率是1/4。

79. 车上没有一定是被转移到了车外。而火车唯一与外界连通的通道就是厕所的排污口。基德偷完彩蛋，从厕所的排污口扔出车外，让同伙在附近等着捡起来，就这样达到了转移赃物的目的。

80. 他拿走了两边的两颗，然后把最下面那颗重新镶到最上面。
就如下图所示：

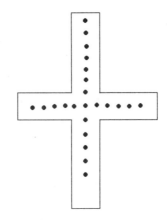

神父数的时候还仍然是13颗。

81. 后来和警察一起跑进来的陌生人是真正的逃犯。他进诊所时，年轻人已经穿好了病号服，因此他不应该知道年轻人是背部中弹的。

82. 凶手是黛妮小姐的情人。因为黛妮小姐是穿着睡衣被人杀死的，她家门上有个窥视窗，门铃响时，她必定先看看来人是谁，如果是那个学生，她必定不会穿着睡衣迎客；只有看到自己的情人时，才会穿着睡衣让他进来。

83. 他用木屐的带子拴住手枪，一起扔进了河里。枪被木屐拖着，顺着水流漂走了，当然不在警察搜索的范围内了。

84. 因为胡三娘是在四月被杀的，而且当时还是夜里下着小雨，天气一定不热，不需要用扇子。而且谁杀人的时候还会带着扇子呢？明显是凶手嫁祸于人。

85. 如果当时警察去破案当然是在4点钟的时候，去了的话，送报的和送奶的就会知道人死了，也就不会留下东西了，可是不巧的是警察没有相信这事，送报的照常去了，而送奶的以为警察去破案了所以没有去送奶，这可根据一个空奶瓶和两叠报纸推知。所以哈莱金怀疑的是送奶人。

86. 是乙。
假设队员甲在接到手机呼叫后就被杀，时间为9：15。
上游的丁返回接手机呼叫9：50，也就是说只有35分钟，少于40分钟，逆水而上时间不够。
对岸的丙返回接手机呼叫9：45，也就是说只有30分钟，对岸30分钟回不去，这不符合条件。
只有乙在甲下游，第一次接到手机呼叫时是8：15离9：15有60分钟，9：15离他第二次接到手机呼叫时间9：40有25分钟，总计时间有85分钟，而且下游的他在60分钟内有足够的时间逆水到达队员甲的帐篷。在25分钟内有足够的时间顺水回到自己的帐篷接到手机呼叫。

87. 米西尔从电话里得知狄娜的消息后,再也没有和狄娜通过电话,而狄娜却知道他用新买的蓝色皮箱装钱给了威克思,显然她是从威克思之处获悉的。结论非常清楚:狄娜与威克思合谋敲诈米西尔。

88. 拘捕的是甲。就一般人来说,只能看到老人开门或关门,而他却知道老人在锁门,说明他在仔细观察这位老人。

89. 在案发后3小时,不可能会收到信件。这个时候,唯有真正的凶手才知道王小姐是被刺杀的。李先生过早地提出这封信,恰好透露出自己是真凶的消息。

90. 因为在死者身下压着的那张报纸是周日的。

91. 因为列车在停靠车站时,为了保证站内卫生,厕所一律锁门,禁止乘客使用。去长沙的乘客说他在上厕所是在撒谎。

92. 头已经面目全非了,张三却知道是李四的,肯定是他把头藏起来的。后来听说只有找到头才能定案,他急于与妇人成亲,所以才拿出了藏起来的头。

93. 凶手是死者的侄子。因为如果是另外两个人杀死的,会将尸体投入大海毁灭证据。而侄子为了得到遗产才会刻意留下尸体。因为如果仅仅是失踪,他的财产无法被继承。

94. 以邻居当时描述的情况,窗户的玻璃外面是不会结冰的

95. 因为普通人翻东西的时候都是把抽屉从上到下依次拉开的。而张家所有的抽屉都打开了,说明小偷是从下往上依次拉开所有的抽屉,这样下面拉出的抽屉不会妨碍查看上面的抽屉,只有惯偷才会懂得这样做。

96. 在水下通过一条6英尺长、口径仅为1英寸的胶管呼吸,吉恩将很快窒息,因为他吸入的正是他呼出的二氧化碳,而没有氧气。这简单的医学常识作为医生的多克当然懂得,所以他肯定是借用事故将与自己有私人恩怨的吉恩杀害。

97. 是那位西装革履的男子。因为如果是另两个人的话,他们应该会连他最先偷的那个钱包一块偷走,就算不全偷,他们也不能确定哪个钱包是小李的。

98. 这是一个看起来复杂其实很简单的问题。作案时间是12:05分。计算方法很容易,从最快的手表(12:15分)中减去最快的时间(10分钟)就行了。或者将最慢的手表(11:40分)加上最慢的时间(25分钟)也可以得出相同的答案。

在分析问题的时候,最重要的是找到解决思路,把看似复杂的问题分解成简单的部分处理。

99. 第六个人。抢劫犯跑了很长一段路,肯定会像阿飞一样气喘吁吁的,只有第六个人可以通过跑步取暖来合理地气喘吁吁。

100. 是真的。

其实方法很简单。

首先，魔术师将分给5名观众的5组牌分别标记为A，B，C，D，E五组。每组牌分别标记为A1，A2，A3，A4，A5；B1，B2，B3，B4，B5……依此类推。

然后运用洗牌技巧使得重新洗完牌后，原来每组牌的第一张按顺序成为第一组，原来每组牌的第二张按顺序成为第二组，……依此类推。

也就是说：洗完牌之后，原来的A1，B1，C1，D1，E1组成了新的第一组；原来的A2，B2，C2，D2，E2组成了新的第二组；……依此类推。

这样，当某个观众点头的时候，这位观众刚才选的第几组，现在这组牌里的第几张就是他刚才记下的牌。

例如，假设一名观众分得的是第一组牌，他记下的是第3张，也就是A3。那么，在洗完牌之后，他应该在魔术师展示第三组牌的时候点头。这时，魔术师就知道，这组的第一张就是第一位观众记下的牌了。

101. 原来，那盏看似一直燃烧的灯的燃料里含有磷。墓穴被封闭后，耗尽了氧气的灯全部熄灭了。但是当墓门打开后，新鲜的空气进入到墓里，那盏燃烧点很低的含磷灯就开始自燃了。

这也就是说，在打开墓门之前，那盏灯其实一直是处于熄灭状态。

如果那位考古学家在那里等上一段时间或者过几天再来，灯就会熄灭的。因此认为灯一直亮着，并被恐惧淹没的那位考古学家就这样与重大考古发现擦肩而过了。

固定的思维模式是人生的大敌，当我们被某个思维定式禁锢住之后，往往很难看清楚一些事物的本质。

102. 儿子回答说："因为她没有骂人。"

我们习惯以不同的标准来看人看己，以致往往是责人以严，待己以宽。

103. 所谓无须惊叹就是去掉！

所谓身无分文就是去掉$

所谓消失的第100个足迹就是去掉%

此时得到 *^#*^*^@& （#&*

所谓蓦然回首就是把这些倒过来

得到 *&# （&@^*^*#^*

所谓就在脚下就是看键盘，在这些键的下面，找到对应的字母即可。

答案是 Kudoushinichi（工藤新一）。

104. 红盒与蓝盒上的陈述正好相反，其中必定有一个是真。既然这三个陈述当中最多只有一个真，黄盒上的陈述就是假的，可见红纸实际上是在黄盒里。

当然这道题也可以用另一种方法来解。假使红纸在红盒里，就会有两个真陈述（即红盒与黄盒上的陈述），与预定条件相反。假使红纸在蓝盒里，又会有两个真陈述（这次是蓝盒与黄盒上的）。所以，红纸只能在黄盒里。

这两种方法都正确,可见在很多问题上可以有几种正确的办法得出同一结论。

105. 假使红纸在蓝盒里,三个陈述统统真,与预定条件相反。假使红纸在黄盒里,三个陈述统统假,又与预定条件相反。所以,红纸只能在红盒里。(因此前两个陈述真、第三个陈述假,这与预定条件是一致的。)

106. 蓝盒可以立即排除,因为,假使红纸在它里头,它上面的两个陈述就都成了假的。这样看来,红纸或者在红盒里或者在黄盒里。可是,红盒与黄盒上的陈述A是一回事,或者都真,或者都假。如果都假,相应的两个陈述B理应都真,但它们却不可能都真,因为它们是互相矛盾的。所以,这两个陈述A都真,红纸是不在红盒里。这证明红纸是在黄盒里。

107. 如果红纸在红盒子里,红盒与黄盒上就各有两个假陈述。如果它在黄盒里,黄盒与蓝盒上就各有一真陈述又各有一假陈述。所以,红纸是在蓝盒里。(因此黄盒盖子上有两个真陈述,蓝盒上有两个假陈述,红盒上一真一假。)

108. 假定蓝盒子上的句子是男助教写的,也就是真话,另外两只盒子就只能是假话。这意味着黄盒上的陈述假,白纸该在黄盒里。可见,如果蓝盒子上的话出自男助教之手,白纸是藏在黄盒里的。

假定蓝盒子上的句子是女助教写的,也就是假话,理应至少有两只盒子是真话。这意味着红盒子与黄盒子都是真话(因为蓝盒子是女助教写的)。既然如此,白纸是在红盒里。

无论哪种情况,白纸总不会在蓝盒里。所以,学生该选蓝盒子。

109. 它是男助教写的。假设它是男学生写的,这陈述该是假的,不可能。假设它是女助教或女学生写的,这陈述该是真的,也不可能。所以它是男助教写的。

110. 这一题可能有很多解,这里只给出其中的一种。这一题的一种解是两只盒上都有如下题词:"或者这两只盒都是男助教写的,或者至少有一只是女学生写的。"

这样两只盒子里头哪一只也不会是女学生写的,否则这陈述就真了。如此看来,这两只盒子都是男学生写的,所以这陈述是真的:或者两只盒子都是男助教写的,或者至少有一只是女学生写的。后半句话是真的,可见两只盒都是男助教写的。

111. 先假设A是跟C配对的。假设A上的题词真,C上的题词就假,矛盾。反之,假设A上的题词假,C上的题词就真,矛盾。所以,A和D是一对,B和C是一对。

假设C上的陈述假,B就是女学生写的,理应是假陈述,等于说C是男学生写的,矛盾,因此C上的陈述真。C上说B是男学生写的,B上的陈述也真。B上陈述的前半句不会真,所以后半句真。由此可见,B与C都是男助教写的。

假设A上的题词假,D就是男学生写的,它上面的陈述理应真,矛盾。所以,

A上的题词真。D上的题词假,至少有一个半句假。既然A上的陈述真,前半句真,因此后半句假。所以,A盒是男助教写的,D盒是女助教写的。

112. 因为猫眼是用凸透镜制成的,会让人的脸看起来胖一些。

113. 因为浴室没有开灯。

但人不可能关着灯洗澡的。张三是在早上天亮的时候把李四送回家的,他忘记了开灯。

114. 因为那条小路在两个悬崖中间的山谷里,没有任何危险,只要一步步走下去就可以了。

115. 因为死者的骨骼上有黑斑,这通常是硫化铅的痕迹,说明死者生前接触过大量含铅尘毒。据此可以断定死者是重金属冶炼厂的工人或附近的居民。

116. 因为现场李四拿枪的抽屉是关着的,一个人不可能在紧急情况下拿出枪然后关上抽屉再射击,肯定是有人布置的假象。

117. 因为张三的旅行包超大,必须托运,而托运的行李上写有"张三"的名字,再加上张三在门口张望,李四看了一眼张三的行李就可以确定了。

118. 劫匪是制作防盗玻璃柜的经手人,只有他自己知道这块玻璃的弱点在哪里。才能用锤子在那里一敲,玻璃就会破碎。

119. 是用那块冻豆腐。冻豆腐刚从冰箱里拿出来,被冻得非常硬,足可用来当凶器。

120. 因为他为了烤火鸡点燃了壁炉,一栋没人住的房子烟囱冒烟,当然会引起巡警的注意。

121. 因为后面的车亮起刺眼的前灯,女子是不可能看出后面车里是谁的,所以他们一定是串通好的。

122. 因为这位律师是女的。

123. 这是"死后僵硬"所引发的偶然事件。人的头部中弹后,会立刻发生全身僵硬现象。

自杀者开枪射中自己头部后,握着枪的手收缩,压迫扳机而发射了第二枪。

124. 不能。皮皮忘了水涨船高的道理。因为潮水上涨了,船也随之升起,船与绳子连在了一起,绳子当然也随着上浮。水涨多少,它们上浮多少,依然是最下面的一个手帕接触到水面,所以他测不出来。所以,凡事要三思而后行,不然只会徒劳一番。

125. 人体血液中盐的含量远远超过动物血液中盐的含量,西科尔以他敏感的舌尖品味一下两行血迹即可鉴别出来。

126. 任何人爬树都不会用脚底板向上爬。脚被大树刮破,伤痕应该是横纹,而不是直线形的。

127. 因为如果真的是走错房间,那么他最开始的时候就不会敲门了。有谁进自己的房间还要敲门呢？

128. 希伯来文与阿拉伯文一样，是从右向左书写的，而斯坦纳看希伯莱文日报是从左到右一行一行地往下移，这是常识错误。

129. A说B叫真真，这样，无论A说的是真话还是假话都说明A不会是真真。因为他要是说的是真话，那么B是真真；如果他说的是假话，那么说假话的不会是真真。

而B说自己不是真真，如果是真话，那么B不是真真，如果是假话，那么说假话的B当然也不是真真。

由此可见叫真真的只能是C了。

而C说B是真假，那么B一定就是真假了，所以A就只能是假假了。

130. 设这两个人分别为A、B，分为以下四种情况讨论。

（1）A、B说的都是真话。A、B在同一天说真话只能在星期日，但是星期日B成立，A不成立，所以这种情况不可能。

（2）A、B说的都是谎话。但是在一周内A、B不可能同一天说谎话。所以这种情况不可能。

（3）A说的是真话，B说的是谎话。A在每周二、四、六、日说真话，B在每周二、四、六说谎话。A只有在周日说真话时，前天（周五）才是他说谎话的日子，但是这天B应该说真话。所以这种情况不可能。

（4）A说的是谎话，B说的是真话。A在每周一、三、五说谎话，B在每周一、三、五、日说真话。在周三、五、日都不符，因为在周三时B在说真话，而周三的前天（周一）在说真话，但是B对外地人用真话说自己周一说谎话，相互矛盾。同理，周五也矛盾。所以只有周一符合。周一时，B用真话对外地人说自己前天（周六）说谎话，周六时B的确说的谎话。A用谎话对外地人说自己前天（周六）说谎话，其实周六时A在说真话，这时正是A在用谎话骗外地人说自己前天说谎话。

综上所述，这一天只能是周一。

131. 如果第二天说的是真话，那么第一天和第三天的也都是真话了，矛盾，所以第二天肯定是谎话。

如果第一天说的是谎话，那么星期一和星期二两天里必然有一天是说真话的；同理，如果第三天说的是谎话，星期三和星期五两天里也必然有一天说真话。

这样，第一天和第三天的两句话不可能都是谎话，说真话的那一天是第一天或第三天。

假设第一天是真话，因为第三天说的是谎话，所以第一天是星期三或星期五，第二天是星期四或星期六，这样就使得第二天说的也是真话了，矛盾。

所以第一天和第二天是谎话，第三天是真话。

因为第一天说的是谎话,所以说真话的第三天是星期一或星期二,又因为第二天不能是星期日,所以第三天只能是星期二,也就是第一天是星期日,第二天是星期一,第三天是星期二。

A在星期二说真话。

132. 走第三条路。

如果第一个路口写的是真话,那么,它就是出口,那么第二个路口上的话也是正确的,这和只有一句话是真话相矛盾。

如果第一个路口写的是假话,第二个路口上的话是真的,那么它们都不是通往出口的路,所以真正的路就是第三条。

133. 不管A是盗窃犯或不是盗窃犯,他都会说自己"不是盗窃犯"。

如果A是盗窃犯,那么A是说假话的,这样他必然说自己"不是盗窃犯"。

如果A不是盗窃犯,那么A是说真话的,这样他也必然说自己"不是盗窃犯"。

在这种情况下,B如实地转述了A的话,所以B是说真话的,因而他不是盗窃犯。C有意地错述了A的话,所以C是说假话的,因而C是盗窃犯。至于A是不是盗窃犯是不能确定的。

134. 这个问题有点复杂。

首先,向A问第一个问题:

如果我问你以下两个问题:"Da表示'对'吗"和"如果我问你以下两个问题:'你说真话吗'和'B随机答话吗',你的回答是一样的,对吗",你的回答是一样的,对吗?

如果A说真话或说假话并且回答是Da,那么B是随机答话的,从而C是说真话或说假话;

如果A是说真话或说假话并且回答是Ja,那么B不是随机答话的,从而B是说真话或说假话;

如果A是随机答话的,那么B和C都不是随机答话的!

所以无论A是谁,如果他的答案是Da,C说真话或说假话;如果他的答案是Ja,B说真话或说假话。

不妨设B是说真话或说假话。

向B问第二个问题:

如果我问你以下两个问题:"Da表示'对'吗"和"罗马在意大利吗",你的回答是一样的,对吗?

如果B是说真话的,他会回答Da;如果B是说假话的,他会回答Ja。从而我们可以确认B是说真话的还是说假话的。

向B问第三个问题:

如果我问你以下两个问题:"Da表示'对'吗"和"A是随机回答吗",你的回答是一样的，对吗？

假设B是说真话的，如果他的回答是Da，那么A是随机回答的，从而C是说假话的；如果他的回答是Ja，那么C是随机回答的，从而A是说假话的。

假设B是说假话的，如果他的回答是Da，那么A是不是随机回答的，从而C是随机回答，A是说真话的；如果他的回答是Ja，那么A是随机回答的，从而C是说真话的。

135. 一人，仅释放了D，其余全说了谎。

136. 第一个问题：你神志清醒吗？回答"是"就是人，回答"不是"就是吸血鬼。

或者问：你神经错乱吗？回答"不是"就是人，回答"是"就是吸血鬼。

第二个问题：你是吸血鬼吗？回答"是"就是神经错乱的，回答"不是"就是神志清醒的。

或者问：你是人吗？回答"是"就是神志清醒的，回答"不是"就是神经错乱的。

137. 打开第二个箱子。

第一个箱子上的话是假的，如果它是真的，那么，第二个箱子的话也是真的，这是矛盾的。

第一个箱子上的假话有三种可能：第一个箱子上的话前半部分是假的；后半部分是假的；都是假的。如果前半部分是假的，并且，第二个箱子上的话是假的，这时，根据第二个箱子的判断，珠宝在第二个箱子里，矛盾；如果后半部分是假的，并且第二个箱子上的话是真的，可以判断珠宝在第一个箱子里，也矛盾。所以，第一个箱子上的话都是假的，这时，珠宝在第二个箱子里，并且第二个箱子上的话是假的。

138. 因为王太太说了真话，由此可以推断赵师傅作了伪证，再进一步推断张先生和李先生说的都是假话，从而可以判断A和B都是凶手。

139. 是丁。

具体推理如下：

（1）如果甲说的是真话，小偷是乙，则乙说的是假话，那丙、丁说的又成了真话。有三句真话，不符合题意。小偷不是乙。

（2）如果乙说的是真话，丙是小偷，甲说的是假话，丙说的是假话，丁说的又成了真话。有两句真话，不符合题意，小偷不是丙。

（3）如果丙说的是真话，那小偷不是丙，但不一定是乙。

分两种情况：

乙不是小偷，这样一来甲说的是假话，乙说的是假话，而又只有一句真话，那丁说的也是假话，那小偷是丁。

乙是小偷,那是不成立的,因为这样甲又说真话了。

(4) 那只有丁说的是真话,那甲说了假话,乙说了假话,丙也说了假话,而乙、丙不能同时为假。这样又有矛盾了。

因此答案是:丙说的是真话,小偷不是丙,乙不是小偷,这样一来甲说的是假话,乙说的是假话,而又只有一句真话,那丁说的也是假话,那小偷是丁。

140. 乙是主犯。

因为甲和丁说的一致,而又只有一个人说了真话,也就是说甲和丁说的都是假话。所以丙不是主犯,只有乙是主犯了。说了真话的只有丙,其他人说的都是假话。

141. C说谎,A和C都吃了一部分。因为如果A说谎,则B也说谎;若B说谎,则A也说谎。所以只能是C说谎。既然C是在说谎,那么只有A和C都吃了,才能成立。

142. 李四说的是真的。

证明:如果张三说的是真的,那么李四说的是假的,那么王五说的是真的,那么张三说的是假的,矛盾。

如果李四说的是真的,那么王五说的是假的,那么张三李四中至少有一个说的是真的,若张三说的是真的,那么李四说的就是假的,矛盾;若张三说的是假的,那么李四说的是真的,成立。

如果王五说的是真的,那么张三李四说的都是假的,由张三说的是假的,可知李四说的是真的,矛盾。

所以李四说的是真的。

143. 我们可以先看后面两句话,一个说大麻子说的是真的,一个说大麻子说的是假的,也就是说他们两个之中必定一人说了真话、一人说了假话。如果大麻子说的是假话,也就是说小矮子杀了人。那么小矮子说的话应该是真话,这和大麻子的话矛盾。所以只能是大麻子说的是真话,那么小矮子没有杀人,凶手是大麻子。

144. 老大、老四和老五有钱,说假话;老二和老三没钱,说真话。

推理过程:

从老五的话入手,老大承认过他有钱,这句话一定是假话。

因为如果老大有钱,他不会说自己有钱;如果老大没钱,他也不会承认自己有钱。

所以老五说的是假话,老五有钱,老三没钱。

说实话的老三说:"老四说过,我们兄弟五个都没钱。"说明老四有钱。

老四说:"老大和老二都有钱。"说明老大和老二中至少有一个没钱的。

老大说:"老三说过,我的四个兄弟中,只有一个有钱。"

现在已经确定老三说实话,而且老四、老五都有钱了,所以老大说的是假话,老大有钱,而老二没钱。

145. 分别假定陈述(1)、陈述(2)和陈述(3)为谎言,则达纳的死亡原因如下:

陈述(1)如果为谎言,则为谋杀,但不是比尔干的;

陈述(2)如果为谎言,则为比尔谋杀;

陈述(3)如果为谎言,则为意外事故。

以上显示,没有两个陈述能同时为谎言。因此,要么没有人说谎,要么只有一人说了谎。

根据(4),不能只是一个人说谎。因此,没有人说谎。

由于没有人说谎,所以既不是谋杀也不是意外事故。因此,达纳死于自杀。

注:虽然(4)是真话,但(1)和(2)也都是真话,达纳居然是死于自杀,这似乎有点奇怪。存在这种情况的理由是,当一个陈述中的假设不成立的时候,不论其结论是正确还是错误,这个陈述作为一个整体还是正确的。

146. 假如小江的话是真的,那么小华的话就是假的,相反,如果小江的话是假的,那么小华的话就是真话,据此推测,小江和小华之间必定有1人在撒谎。依此类推,5人中应该有3人在撒谎。

147. 可以用假设法。

如果第一个碗里有钱,那么第2、3个碗上的话就是真的,所以假设错误。

如果第二个碗里有钱,那么第1、3个碗上的话就是真的,也不对。

如果第三个碗里有钱,那么只有第一句话是对的。所以,钱在第3个碗里。

148. 是乙。显然如果是甲、丁、戊三人中的一个人的话,那么乙和丙就都猜对了,与题目矛盾。如果是丙的话,那么甲和乙的话就是正确的。如果是乙的话,只有丙说的话是正确的。你猜对了吗?

149. (2)和(4)之中至少有一条实话。如果(2)和(4)都是实话,那就是汤姆作的案;根据(7),(5)和(6)都是假话。这不可能。

根据(8),(1)、(3)和(5)中不可能只有一条是实话。而根据(7),(1)、(3)和(5)中至多只能有一条是实话。因此(1)、(3)和(5)都是假话,(6)是实话。由于汤姆没有作案,(3)是假话,即约翰不是电脑高手;(1)是假话,即吉姆是电脑高手。从而,(4)是实话,(2)是假话,而结论是:是吉姆作的案。

150. 假设玛丽是受害者,那么露西的话虽然说的是受害者却又是真的,所以,玛丽不可能是受害者。

假设瑞利是受害者,那么玛丽和劳尔的发言虽然说的是被害者却又是真的。所以,瑞利不可能是受害者。

假设劳尔是受害者,那么瑞利的话说的是受害者却又是真的,所以劳尔不可能是受害者。

综上可知，露西就是受害者。

151. 是C偷吃了糖果，只有D说了实话。用假设法，分别假设A、B、C、D说了实话，看是否与已知条件发生矛盾即可。

152. 根据（3）、（4）可知，下午下雨的日子比上午下雨的日子多一天，而且上午或下午下雨的情况有7次，所以上午下雨3次，下午下雨4次。一共住了4+5=9天。

153. 首先，我们可以假设：甲是诚实的。

也就是说，甲的回答是正确的。甲回答说："不，乙没有说谎。"

那么，可以推出乙也是诚实的。

又因为乙的回答是："丙在说谎。"所以，是丙确实是在说谎。

这样，说谎话的丙肯定会说谎话，即他会说："甲在说谎。"

相反，如果我们假设：甲是说谎者。

则甲所说的话都是谎言，甲回答说："不，乙没有说谎。"

这就说明乙在说谎。

因为乙回答说："丙在说谎。"所以，丙就应该是诚实的。

而诚实的丙应该如实回答："甲在说谎。"

这样，综合前面两种假设，也就是说，无论在哪种情况下，丙都会回答："甲在说谎。"

154. 从（1）、（2）和（3）说的话入手：

（1）说B是我父亲的兄弟，（2）说E是我的岳母，（3）说C是我女婿的兄弟。

说明B和C是兄弟关系，B是E的女婿。那么（2）是B，（3）是E。

（4）说A是我兄弟的妻子。

B已经说过话，说明第（4）句是C说的，A是B的妻子。

那么关系很明确了：

岳母E

女儿A

女婿B

女婿兄弟C

（1）说B是我父亲的兄弟，

说明（1）是C的子女，

女婿兄弟的子女D。

155. A：妻子，诚实部落，阿尔法，部落号为66；

B：丈夫，说谎部落，伽马，部落号为44；

C：儿子，贝塔，部落号为54。

首先确认A是丈夫还是妻子，是诚实还是说谎。

从A讲的话入手，A可能是诚实丈夫、说谎丈夫、诚实妻子、说谎妻子和儿子。

如果A为诚实丈夫，那么B、C的组合必为"B：说谎妻子，C：儿子"或者"B：儿子，C：说谎妻子"。如果B是儿子，那么B的（1）、（4）两句话是假话，不符合儿子说话特点。如果C是儿子，（2）、（4）两句话又存在矛盾。所以这种情况是不可能的。

如果A为说谎丈夫，那么B、C的组合必为"B：诚实妻子，C：儿子"或者"B：儿子，C：诚实妻子"。如果B是诚实妻子，那么B的（1）、（4）两句话都是假话，与诚实妻子的性格不符。如果B是儿子，B的（1）、（4）两句话也都是假话，与儿子的性格特点也不符。所以这种情况是不可能的。

如果A为说谎妻子，那么B、C的组合必为"B：诚实丈夫，C：儿子"或者"B：儿子，C：诚实丈夫"。如果B是诚实丈夫，那么B的（1）、（4）两句话都是假话，与B的性格不符。如果B是儿子，那么B的（1）、（4）两句话也与儿子的性格不符。这种情况也不可能。

如果A为儿子，那么A的（2）、（3）两句话都是假话，不符合儿子的特点，仍然不合条件。

所以A只能是诚实妻子。

而B是说谎丈夫，C是儿子。

然后再根据每个人说话的特点，就可以得出几个人的名字和部落号了。

156. 酋长是骗子，整个部落共有36人。

整个部落的人都围在餐桌旁吃饭，并且都说左边的人是骗子。也就是说骗子说自己左边的人是骗子，骗子的左边必为老实人；老实人说自己的左边是骗子，那老实人的左边就是骗子。所以一定是老实人和骗子交叉着坐的，那么部落里的人数就应该是偶数。那么酋长老婆的话就应该是对的，部落里共有36人，酋长是个骗子。

157. 问题一选A，问题二选B。

158. 仆人问其中任意一个丫鬟："请问，如果我问她（指着另一个丫鬟）哪张纸条写着"重罚"，她会怎么说？"丫鬟回答后，仆人只需选丫鬟指的那张即可。

159. 分别假设作案者是其中一人，做出推论，看是否符合要求即可。

如果作案者是甲，那么乙、丙、丁说的都对。

如果作案者是乙，那么甲、丙、丁说的都对。

如果作案者是丙，那么只有丁说的对，符合要求。

如果作案者是丁，那么丙、丁说的都对。

所以作案者是丙，丁说的是真话。

160. 假设一：假设丙是小偷，即丙句句是假，则丙必定不是学生，因为乙说丙是学生，那么乙也说了假话，则甲句句为真。

当甲句句为真时：

甲说乙为司机，丙也说乙为司机，丙说了真话，矛盾。

所以，丙不是小偷。

假设二：假设乙为小偷，即乙句句是假，因乙说丙是学生，那么丙一定不是学生；而丙自述自己是学生，那么丙说了假话，则甲句句为真。

当甲句句为真时：

甲自述是教师，乙说"他肯定说他是教师"乙说了真话，矛盾。

所以，乙不是小偷。

假设三：假设甲为小偷，即甲句句是假。

当丙是好人时，即丙句句是真时，乙便是司机，甲也说乙是司机，甲说了真话，矛盾。

当乙是好人时，即乙句句是真时，则丙半真半假。

甲句句是假，甲自述是教师，故甲不是教师。

乙句句是真，乙说："……他肯定说他是教师。"甲的确说谎了，乙没说错，乙说了真话，而且句句是真。

结论是：甲是小偷，乙是好人，丙是从犯。

161. 如果说谎的是B的妻子，则右手边起顺序须为：A—C—D—B—A

如果说谎的是C的妻子，则右手边起顺序须为：A—C—B—D—A

如果D的妻子说谎，则D坐在A的对面，那么B的妻子也说谎了，不符合。D的妻子没说谎，那么D要么坐在A的左边，要么右边，不可能坐在A的对面，那么可以证明B的妻子不可能说谎。所以是C的妻子说谎了。凶手就是C。

162. 小二和小四打碎的花瓶。

根据小四的话：反正不是我。所以肯定是小四打碎的花瓶。

根据小六的话：是我打碎的花瓶，小二是无辜的。所以小二打碎了花瓶。

163. 这八个人的谈话可以分成三组：

第一组是A、H和E、F。A、H的说法一致，E、F的说法和A、H矛盾。因此要么A、H猜对，要么E、F猜对。

第二组是B、D。这两人的说法矛盾。因此要么B猜对，要么D猜对，这组必有一人猜对。

第三组是C、G。G的说法包含了C。如果C击中，则两人都猜错；如果G击中，则两人都猜对；如果别人击中，则一对一错。

有三人猜对，就说明第三组都猜错，也就是C击中。

164. 甲、乙两人的答案不同，所以一定有一个在说谎。也就是说，丙和丁说的都是实话。所以，丙不是最帅的，也就是说乙说的是假话。这样就可以得到顺序为：乙、丙、甲、丁。

165. 其实只要看丙说的话和"只有一个老实人"这一条件就可以得出答案了。因为不管是老实国的人还是说谎国的人，被人问起，必然回答自己是老实国的人，即丙的话是如实反映乙的话的，则丙必为老实国人。另外两个都是说谎国的人。

166. 一个村民无论是君子还是小人，都不可能说出"我是小人"这句话。因为，君子不会谎称自己是小人，小人也不会承认自己是小人。所以，甲永远不会自称小人，即乙说的"甲说他是小人"是在撒谎，因此，乙是小人，丙说了真话，是君子。

首先要看得出一点：乙与甲既然出语矛盾，必定不是同一类人。这两个人，一个是君子，一个是小人。现在假设甲是君子，就有两个君子在场了，因此甲是不会谎称只有一个的；反之，假设甲是小人，就真的是只有一个君子在场了，这时候甲身为小人，是不会说实话的。所以，甲怎么也不会说他们中间只有一个君子。这样看来，乙是在假传甲的陈述，可见乙是小人，丙则是君子。

167. 我们先假设甲是小人。既然小人说假话，甲的陈述"我们当中至少有一个是小人"就是假的，因此他们理应都是君子，这是不可能的。所以，甲并不是小人而是君子，他的陈述必定是真的，他们当中确实至少有一个是小人。既然甲是君子，那小人只能是乙。所以，甲是君子，乙是小人。

我们再来看问题二，甲作了一个陈述："或者我是小人或者乙是君子"。假定甲是小人，他这个陈述必定假。这意味着"甲是小人"和"乙是君子"都不真。如此说来，假使甲是小人，倒要推出他不是小人，这是一个矛盾。所以，甲只能是君子。

既然甲是君子，他的陈述就是真的，下面两种可能性中至少有一个要成立：A 甲是小人；B 乙是君子。

由于甲是君子，A 的可能性成了泡影。既然如此，对的只能是 B，即乙是君子。因此，甲、乙都是君子。

第三问中，如果甲是君子，他的话中"我是小人"就是假话了，和他身份不符，所以甲是小人。既然甲的陈述是假的，而"我是小人"这部分是真的，那"乙是君子"这部分就是假的，也就是乙也是小人。

168. 首先，甲肯定是小人，因为，假设他是君子，他们三人就不全是小人了，和他说的话矛盾。因此，甲的陈述是假的，他们中间至少有一个是君子。

姑且假定乙也是小人，丙就必须是君子了。这意味着他们中间恰好有一个是君子，乙的陈述也就成了真的，和乙的小人身份不符。所以，乙只能是君子。

现在已经知道甲是小人、乙是君子了。既然乙是君子，他的陈述就是真的，他们中间恰好有一个君子。因此丙必定是小人。由此可见，甲是小人、乙是君子、丙是小人。

首先，由前一题的推理可以知道甲肯定是小人，因此他们中间至少有一个君子。假设乙是小人，那只能丙是君子；假设乙是君子，他们当中就只能有一个是小人，而甲已经是小人了，丙就必须是君子了。

可见甲是小人，丙是君子，乙则无法确定。

169. 解这道题的关键信息是：路人听了回答后就知道真正的答案了。

我们把两个村民叫做甲和乙，并假定回答问题的人是甲。如果甲的回答为"是"，那么可能甲是君子而真心答"是"，也可能甲是小人而假意答"是"，这样路人是没办法知道正确答案的，所以甲的回答肯定是"否"。

假设甲是君子，他答"否"就不是真话了，所以甲是小人。既然他答的"否"是假话，那么至少有一个君子在场，因此，甲是小人，乙是君子。

170. 他俩的回答必然是相同的。如果他们都是君子，他们都要答"是"。如果他们都是小人，他们又都要答"是"。如果一个是君子、一个是小人，君子要答"不"，小人也要答"不"。

171. 首先，因为君子是从来不会自称凡夫的，甲不可能是君子，该是小人或凡夫。

姑且假定甲是凡夫，则乙的陈述便是真的，他该是君子或凡夫，但甲已经是凡夫了，乙只能是君子。剩下的丙只能当小人了，然而小人是不会自称不是凡夫的，矛盾。

所以，甲不可能是凡夫，只能是小人。乙的陈述为假，他必定是凡夫。由此可见甲是小人、乙是凡夫，因此丙是君子。

172. 首先甲不可能是君子，因为，说一个君子比别人等级低，这总不会是真话。现在，假定甲是小人，他的陈述便是假的，其实他并不比乙等级低。于是乙也只能是小人。如此说来，假设甲是小人，乙也是小人。但这是不可能的，原因在于甲、乙出语矛盾，而两个矛盾的论断不会都假。可见，假定甲是小人是要引起矛盾的。所以甲也不是小人，他只能是凡夫。

假设乙是君子的话，身为凡夫的甲就确实要比乙等级低了，甲的陈述就真了，乙的陈述就假了，这和乙的君子身份不符。可见，乙不是君子。假定乙是小人，甲的陈述就假了，乙的陈述就真了，和乙的小人身份不符。可见，乙也不会是小人。因此，乙也是凡夫。

所以答案是：甲、乙都是凡夫，甲的陈述是假的、乙的陈述是真的。

173. 如果甲是君子，乙就确实要比丙等级高，因此，乙必定是凡夫，丙必定是小人，可见，在这种情况下，丙不是凡夫；如果甲是小人，则乙其实不比丙等级高，反而比丙等级低，所以，乙必定是凡夫，丙必定是君子，可见，在这种情况下，丙又不是凡夫；如果甲是凡夫，在这种情况下，丙一定不是凡夫，因为甲、乙、丙之中只有一个是凡夫。总之，丙不是凡夫。

同理可以从乙的陈述推出甲不是凡夫。由此可见，甲和丙都不是凡夫。所以，乙才是凡夫。

既然丙不是凡夫，他或是君子或是小人。假定丙是君子，那么，由于乙是凡夫，甲便是小人。因此，乙比甲等级高。身为君子的丙会据实相答："乙等级较高。"反之，假定丙是小人，那么甲必定是君子，乙也就不比甲等级高了。这时，身为小人的丙会谎称："乙比甲等级高。"总之，不管丙是君子还是小人，他总会这样回答："乙比甲等级高"。

174. A实际上是说并非X有罪而Y无罪。这不过是用另一种方式说或者X无罪或者Y有罪，因而A与B其实说的是一回事，措辞不同而已。所以他俩的陈述或者都真或者都假，可见A与B必定同类。

175. 假设A是君子，B也是，因为A说B是。于是，B的陈述"如果A是君子那么C也是"是真的。但根据假设，A是君子。所以，在A是君子的假设之下，C是君子。

我们刚才已经证明了"如果A是君子那么C也是"。B正是这么说的，因此B是君子。既然如此，A的陈述"B是君子"就是真的，可见A也是君子。我们又证明了"如果A是君子那么C也是"，所以C也是君子。所以，三个都是君子。

176. 因为衣柜里放有樟脑丸。如果真像房主所说，已经有两年时间没有人在这里住过，那么哪来的樟脑丸呢，就算有也应该挥发掉了。

177. 凶手：李谦。

第一个"8"，"便挂断了"，代表八卦。

第二次拨的"121×111"在八卦中对应如下图形：（1表示一横，2表示2横）

而这两个图形在八卦中的表示的字是"离"和"乾"。

由谐音找出凶手。

178. 放在窗台上的9朵玫瑰，在房间里搁了两个星期后早已枯萎凋谢，窗台、地板上肯定会有掉落的花瓣，不可能"只有一点灰尘"。据此，警长判断富翁系他杀。

179. 因为狗没叫，说明凶手必定是居住在附近的熟人。再加上此人背后有与姐姐厮打时造成的抓痕，就可以知道他就是凶手。

180. 因为被害人被撞得仰面朝天，这时看到的车牌号是倒着的。所以真正的车牌号不是8961，而是1968。

181. 因为王刚从来没有和加油员说过自己是什么车，而加油员就可以准确地买来两个正确型号的轮胎，说明他之前见过王刚的车。所以，那四个劫匪中肯定有这个加油员。

182. 因为如果是自杀的话，伤口应该是外深里浅，从里面割下的。而从外面割的话，会形成里深外浅的伤口。

183. 因为如果用圆珠笔仰面写字，会很快写不出来的，不可能写出完整的遗嘱来。

184. 因为小明看到的是背影，所以右边的是警察。因为警察要保证自己的安全，所以会把自己的左手和小偷的右手铐在一起。即使小偷有反抗行为，警察也可以用空闲的右手拔出手枪来制服对方。

185. 因为当我们把手贴在玻璃上时，只有四个手指是正面贴着平面的，而大拇指只有一个侧面是贴着平面的，而这个指纹是五个手指都正面贴着玻璃，显然是伪造的。

186. 是夜里一点半。因为只有在十二点半、一点、一点半三个时刻，钟才是连续三次响一次的。

187. 因为保安说他拉上了窗帘，如果是这样的话，小偷从外面打碎玻璃时，碎玻璃就会被窗帘挡住绝大部分，不会落得满地都是了。

188. 因为我们都知道，夏天的中午是不能给植物浇水的，那样会造成植物死亡。这个常识园丁肯定是知道的，所以这个时候浇花的园丁一定是伪装的嫌疑人。

189. 因为他开了灯。邻居知道屋主不在家，突然开了灯一定是进了小偷，就报了警。

190. 贩毒者是厨师。因为就算人再多，调料的需求量也不大，每天买调料是不正常的举动。

191. 因为卧室里铺着羊毛地毯，所以他的妻子不可能从话筒里听到凶手逃跑时的脚步声。

192. 狐狸能说"昨天我撒谎"的日子只有星期一、四。灰熊能说"昨天我撒谎"的日子只有星期四、日。所以，它们都能说这句话的日子只有星期四。

由狐狸的第一个陈述知道当天是星期一或星期四。由第二个陈述知道当天不是星期四。因此，当天是星期一。

193. 它只有星期一、四能作第一个陈述，只有星期三、日能作第二个陈述，所以没有一天能两句话都说。

如果你觉得这题和上一问一样，那就错了。这个例子很能说明，分别作两个陈述不同于合取两者作一个陈述。任给两个陈述X、Y，如果陈述"X并且Y"是真的，当然能推出X、Y各自是真的；但是，如果"X并且Y"是假的，只能推出

X和Y中至少有一个是假的。

"狐狸昨天撒谎并且明天还要撒谎"只有一天能够是真的，就是星期二。这样看来，狐狸哪天说了这句话，那天就不会是星期二，因为，这个陈述在星期二真，但狐狸在星期二并不作真陈述。所以，那天不是星期二。因此狐狸的那个陈述总是假的。所以，那天只能是星期一或三。

194.（1）如果甲的陈述真，那么甲确实是巫婆，乙理应是妖精，乙的陈述也真。如果甲的陈述假，那么甲其实是妖精，乙则是巫婆，因而乙的陈述也假。所以，这两个陈述或者都真或者都假。它们不会都假，因为巫婆和妖精从不在同一天撒谎。所以，这两个陈述只能都真。这样看来，甲是巫婆，乙是妖精。而且，这一天必定是星期日。

（2）乙的陈述一定是真的。可是，题目已经说了这是跟前一问是在同一周而不在同一天，也就是那天不是星期日。所以这两个陈述不会都真，甲的陈述只能假。所以，甲是妖精，乙是巫婆。

195. 头一个人的回答分明是谎话，因此这件事必定不是星期日发生的。所以另外那个人必定据实回答说："不。"

甲的陈述B分明为假。既然陈述A出在同一天，它也假。所以，甲并非星期六撒谎，乙才是星期六撒谎。这一天既然甲在撒谎，乙就在讲真话，可见是星期一、二或三。这几天里，"乙明天要撒谎"只有在星期三才是真话。所以，当天是星期三。

196. 他的陈述一定假，因为假使它真，他今天就在撒谎了，这是一个矛盾。所以，两个分句"我今天撒谎"和"我是妖精"之中必有一假。前一个分句"我今天撒谎"是真的，所以后一个分句必定是假的。可见，他是巫婆。

第二问，假使他今天在撒谎，前一个分句就成了真的，整个陈述也就成了真的，这是一个矛盾。所以，他今天是在讲真话。既然如此，他的陈述是真的：或者他今天撒谎或者他是妖精。由于他今天不撒谎，他应该是妖精。

197. 假定甲讲了真话，魔法杖该归妖精。既然当天不是星期日，乙必定是在撒谎，其实他并不是妖精，而是巫婆。因此甲才是妖精，他应当得到魔法杖。

假定甲撒了谎，魔法杖该归巫婆。同时，乙是在讲真话，他确实是妖精。于是魔法杖又是甲的。总之，无论哪种情况，魔法杖都归甲。

第二问，假定说话人在撒谎，那么魔法杖的主人今天不在讲真话，而在撒谎，他必定就是说话人；假定说话人在讲真话，那么魔法杖的主人今天的确是在讲真话。如果那天不是星期日，他必定就是魔法杖的主人。不过，如果那天是星期日，哥儿俩那天都讲真话，双方都可能是魔法杖的主人。

总而言之，如果当天不是星期日，说话人一定就是魔法杖的主人。如果当天是星期日，他是与不是的机会均等。所以，他是魔法杖的主人的机会等于十四分之十三。

198.（1）说话人的回答包含了下面两个陈述：

A.他是巫婆或妖精。

B.他今天撒谎。

假使他的回答是真的，A和B都成了真的，因而B成了真的，是一个矛盾。所以，他的回答是假的，A和B不会都是真的。可是，既然他这天的回答是假的，B便是真的，不真的只能是A。所以，他既非巫婆又非妖精，必定是传言中的魔法师。

（2）既然魔法师永远撒谎，甲不会真的是魔法师，他该是巫婆或妖精，只不过在撒谎而已。这样看来，乙也在撒谎。假使乙是妖精或巫婆，巫婆跟妖精就要同天撒谎了，这不可能。所以，乙必定就是魔法师。

（3）不论乙是何人，他的陈述一定真。既然乙的陈述真而当天又不是星期日，甲的陈述必定假。可见，如果这一说法是对的，魔法师就不存在。

199. 因为小王是这里的片警，很熟悉附近的情况，他知道李利没有哥哥。李利说哥哥向他问好，他就明白了。

200. 我们知道，在用钥匙开门和锁门时，我们会用拇指和食指把住钥匙。但是食指用的并不是指尖，而是关节旁边的部分。也就是说，钥匙上的指纹应该一面是完整的正面指纹，一面是食指侧面的不完整指纹。而上面的钥匙两面都有完整的螺旋形指纹，说明一定是犯人制造的陷阱。

201. 问题出在电脑的键盘上。如果他是自杀的，打完遗嘱后按键上一定有他的指纹。所以警方断定他不是自杀。

202. 因为在1917年的时候，第二次世界大战结束之前，还没有所谓的第一、第二次世界大战的说法，所以这枚勋章上不可能写着"颁给在第一次世界大战中……"的字样。

203. 因为在狂风大作的海上航行，是不可能写出"整齐秀丽"的字的。而他却说自己一晚上都在写作，一定是假话。

204. 按常理，如果贾斯没去上船，船夫应该直接喊："贾老板，你怎么还没上船啊？"

只有在船夫知道贾斯不在家的时候，他敲门才会直接喊："大嫂，天不早了，贾老板怎么还不上船啊？"可见应该是船夫见财起意，把贾斯杀害了。

205. 气温超过34℃的炎热夏天，巧克力不会是硬邦邦的，只有在有空调的火车上，巧克力才不会变软。

206. 最后，专家揭晓了答案："同学们，你们确实仔细思考了，找出了这个故事中不合理的细节，并且可以认真分析，在某种程度上来说，你们是优秀的。但是你们却有一个最大败笔，这是作为一名合格的刑侦人员的必备素质，那就是你们都忽略了最初的目标，也是一个十分重要的问题，那就是——一开始的那只土拨鼠去哪里了？"

207. 冰块应该浮在水面上，矶川侦探看到梅姑杯子里只有2块冰块浮在水面上，另外2块冰块则沉在杯底，推测里面一定藏有钻石。

208. 12个小时中有11次重合的机会。而这些机会是均等的，所以每隔12/11小时就会出现一次。具体时刻大家可以自己推算出来。

209. 由题意可知，另外三件商品的价格和为5.75元，积为6.75元。而在价格中，最多只有两位小数。所以只有两种可能：

（1）只有一个价格是小数，其他的价格都是奇数。

此时小数一定是a.75的形式，另外两个奇数只能在1，3，5中选，但无论怎么组合都达不到和为5.75，积为6.75的结果，可以排除。

（2）两个价格是小数，一个形如a.25，一个形如b.5，另一个为偶数。

因为和为5.75，所以偶数只有2和4。如果偶数是4，无法得到乘积为6.75的结果，可以排除；如果偶数是2，那么可以得出另外两个数为1.5和2.25。

所以四件小商品的单价分别为1元、1.50元、2元、2.25元。

210. 张辽的军队到达之前，曹操的士兵已经吃了一天的粮食了，所以，现在的粮食还够20万人吃6天。加上张辽的人马后只能吃5天了，这就是说张辽的人马在5天内吃的粮食等于曹操原来士兵1天吃的，所以张辽带来了4万人。

211. 他们不是平手，从一层爬到20层一共爬了19层楼的台阶；从1层爬到10层会爬9层台阶。所以每个人爬一层楼的时间为：10/19；5/9；20/39即：0.5263；0.5555；0.5128。所以史密斯的速度最快，他会第一个到塔顶。

212. 其实这个问题很简单，只要满足一点，就是刘军长所得是留下的2倍，留下的是张军长借走的2倍，即可满足司令的命令。

所以分配方法为将所有粮草平均分为7份，刘军长得4份，自己留2份，刘军长得1份。

213. 可以逃脱。若是"飞毛腿"将船划向黑猫所在岸的对称方向，那么它要行进的距离为R，警长要行进的距离为3.14R，因为"飞毛腿"划船的速度是警长奔跑速度的四分之一，所以它在划到岸边之前警长就能赶到，这种方法行不通。

正确的方法是，"飞毛腿"把船划到略小于四分之一的圆半径的地方，比如说0.24R，然后以湖的中心为圆心，作顺时针划行。在这种情况下，"飞毛腿"的角速度大于在岸上的警长能达到的最大角速度。这样划下去，它就可以在某一个时刻，处于离警长最远的地方。然后"飞毛腿"把船向岸边划，这时，它离岸边的距离为0.76R，而警长要跑的距离为3.14R。由于4×0.76R<3.14R，所以"飞毛腿"可以在警长赶到之前上岸。

214. 根据陈述中的假设，（1）和（2）中只有一个能适用于实际情况。同样，（3）和（4）、（5）和（6）也是两个陈述中只有一个能适用于实际情况。

根据陈述中的结论，（2）和（5）不可能都适用于实际情况。因此，能适用于实际情况的陈述组合是下列组合中的一组或几组：

A.（1）、（4）和（5）

B.（1）、（3）和（5）

C.（1）、（4）和（6）

D.（1）、（3）和（6）

E.（2）、（4）和（6）

F.（2）、（3）和（6）

如果A能适用于实际情况，则根据（1）的结论，凶手是男性；根据（4）的结论，受害者是女性；可是根据（5）的假设，凶手与受害者性别相同。因此A不适用。

如果B能适用于实际情况，则根据有关的假设，凶手与受害者有亲缘关系而且职业相同、性别相同。这与各个家庭的组成情况有矛盾，因此B不适用。

如果C能适用于实际情况，则根据有关的结论，凶手是男性，受害者是个女性医生。接着根据（1）和（4）的假设，凶手是律师，凶手与受害者有亲缘关系。这与各个家庭的组成情况有矛盾，因此C不适用。

如果D能适用于实际情况，则根据（1）的结论，凶手是男性；根据（3）的结论，受害者也是男性；可是根据（6）的假设，凶手与受害者性别不同。因此D不适用。

如果E能适用于实际情况，则根据（2）的结论，凶手是医生；根据（6）的结论，受害者也是医生；可是根据4的假设，凶手与受害者职业不同。因此E不适用。

因此只有F能适用于实际情况。根据有关的结论，凶手是医生，受害者是男性医生。于是根据（6）的假设，凶手是女性。接着，根据各个家庭的组成情况，凶手只能是贝蒂。（2）的假设则表明，受害者是杜安；而且，（3）的假设和（2）、（6）的结论相符。

215. 答案是36和108。

首先说出此数的人应该是两数之和的人，因为另外两个加数的人所获得的信息应该是均等的，在同等条件下，若一个推不出，另一个也应该推不出（当然，这里只是说这种可能性比较大，因为毕竟还有个回答的先后次序，在一定程度上存在信息不平衡。）

另外，只有在第三个人看到另外两个人的数一样时，才可以立刻说出自己的数。

以上两点是根据题意可以推出的已知条件。

如果只问了一轮，第三个人就说出144，那么根据推理，可以很容易得出另外两个是48和96，怎样才能让老师问了两轮才得出答案，这就需要进一步考虑：

A：36（36/152）B：108（108/180）C：144（144/72）

括号内是该同学看到另外两个数后，猜测自己头上可能出现的数。现推理如下：

A、B先说不知道，理所当然，C在说不知道的情况下，可以假设如果自己是72的话，B在已知36和72的条件下，会这样推理——"我的数应该是36或108，但如果是36的话，C应该可以立刻说出自己的数，而C并没说，所以应该是108！"然而，在下一轮，B还是不知道，所以，C可以判断出自己的假设是错的，自己的数只能是144！

216. 选B。

217. 阿莫斯、伯特和科布三人分别设为A、B、C。

A、B、C共上了9节课，其中B一节、C二节不是在D教授那儿上的因此必然有一个C、BC组合，还剩下6个组合A、B、ABC、AB、AC，空（其中空不可能出现），另外从中选出三个组合，并要总节数达到6节，ABC显然是必选的，余下AB、AC中挑一个，那么A组合不可能再出现，因此这5种组合是C、BC、ABC、B、AC。所以偷答案的是B。

218. 甲会的是中文和日语；

乙会的是法语和中文；

丙会的就是英语和法语；

丁只会中文。

因为甲与丙、丙与丁不能直接交谈，又因为有一种语言4人中有3人都会，那么就应该是甲、乙、丁3人都会某一种语言。

因为丁不会日语，所以日语应该不是3人都会的语言。

甲会日语，但是没有人既会日语又会法语，那么甲不会法语，所以法语也不应该是3人都会的。

乙不会英语，英语也不应该是3人都会的。

那就只能是甲、乙、丙三人都会中文。

根据条件可知，甲会的是中文和日语，丁会中文。

甲和丙不能直接交流，那么丙会的就是英语和法语。

乙可以和丙直接交流，乙不会英语，那乙就要应该会法语。

所以，乙会的就是法语和中文。

219. 运用（2）和（3），经过反复试验，可以发现，只有四对硬币组能满足这样的要求：一对中的两组硬币各为四枚，总价值相等，但彼此间没有一枚硬币面值相同。各对中每组硬币的总价值分别为：40美分、80美分、125美分和130

美分。具体情况如下（S代表1美元，H代表50美分，Q代表25美分，D代表10美分，N代表5美分的硬币）：

DDDD　　DDDH　　QQQH　　DDDS
QNNN　　QNQQ　　NDDS　　QNHH

运用（1）和（4），可以看出，只有30美分和100美分能够分别从两对硬币组中付出而不用找零。但是，在标价单中没有100。因此，圈出的款额必定是30。

220. 能。这四个数字是2、5、6、8。

先列出四人猜的情况。甲猜对了两个数，可能是2—3，2—4，2—5，3—4，3—5，4—5。

乙猜对了一个数，可能是（1、3、4、8）中的1个数，他未猜的四个数（2、5、6、7）中有3个数是纸条上的数。

丙猜对了两个数，可能的组合为1—2，1—7，1—8，2—7，2—8，7—8。

丁猜对了一个数，可能是（1、4、6、7）中选取1个数，他未猜的四个数（2、3、5、8）有3个数是纸条中的数。

8个数字中，甲与丙两人都猜了的数字是2，两人都没有猜的数字是6。

8个数字中，乙与丁两人都猜了的数字是1、4，两人都没有猜的数字是2、5。

我们先假设2不是纸条上的数。那么从乙未猜的数字中可得出5、6、7是纸条上的数字；同时从丁未猜的数字中可得出3、5、8是纸条上的数字；这样纸条上的数字就会有5个，分别是3、5、6、7、8。显然，推论与题干中纸条上只有4个数字相矛盾，因此假设是错的，也就是说2是纸条上的数字。用同样的方法可推出5也在纸条上。

再假设1在纸条上，那么从乙猜的数字中可得出3、4、8不在纸条上。同时，从丁猜的数字中可得出4、6、7不在纸条上。这样不在纸条上的数字有5个，分别是3、4、6、7、8，纸条上只能有3个数字，显然也不正确。所以假设错误，1不在纸条上。用同样的方法，可推出4不在纸条上。

我们知道了2、5在纸条上，从甲猜测对了两个数字可知3、4不在纸条上。这样，在纸条上的数字可能是2、5、6、7、8中的4个。

最后，我们来看丙猜的情况，从他猜测的4个数可知7与8只能有一个数在纸条上。如7在纸条上，纸条上的数为2、5、6、7。我们发现丁猜对了6、7，显然与题干矛盾。再来检验8，发现刚好能符合条件。

所以，只有一种可能，纸条上的数字是2、5、6、8。

221. 假设戊说的是真话，"我看到了四片白色的纸片"，那甲、乙、丙三人就都应该说真话，会发生矛盾。所以，戊说的一定是假话，他头上是黑纸片；

假设乙说的是真话，"我看到了四片黑色的纸片"，即甲、丙、丁戊头上都是黑纸片，只有乙头上是白纸片。那么，丙说的"三黑一白"就成了真话，产生了矛盾，所以乙也说的假话，头上是黑纸片；

这样已经有乙和戊两张黑纸片了，所以甲说的："我看到三片白色的纸片和一片黑色的纸片"也就成了假话。所以，甲头上贴的是黑纸片；

因为甲、乙、戊三人头上已经是黑纸片了，如果丙说的"我看到了三片黑色的纸片和一片白色的纸片"是假话，那丁就该也是黑纸片，这样乙说的"四黑"也成真话了，矛盾，所以丙说的"我看到了三片黑色的纸片和一片白色的纸片"是真话，即丙头上是白纸片；

因为丙说的是真话，即"我看到了三片黑色的纸片和一片白色的纸片"，而甲、乙、戊又都是黑纸片，那么丁头上肯定贴的是白纸片了。

222. 根据（3），如果大女儿非常聪明，那她也勤劳能干。

根据（5），如果大女儿多才多艺，那她也勤劳能干。

再根据（1）和（2），三个人有8个特点，而每个人至多有3个特点，那么三人的特点分配一定是2、3、3。也就是说每个女儿至少有两个特点。所以如果大女儿既不多才多艺也不聪明，那她也是勤劳能干。

因此，无论哪种情况，大女儿总是勤劳能干。

根据（4），如果小女儿非常漂亮，那她也勤劳能干。

根据（5），如果小女儿多才多艺，那她也勤劳能干。

根据（1）和（2），如果小女儿既不多才多艺也不漂亮，那她也是勤劳能干。

因此，无论哪种情况，小女儿总是勤劳能干。

于是，根据（1），二女儿一定不勤劳能干。

再根据（4），二女儿并不漂亮。

从而根据（1）和（2），二女儿既聪明又多才多艺。

再根据（1），大女儿和小女儿都非常漂亮。

于是根据（2）和（3），大女儿并不聪明。

从而根据（1），小女儿很聪明。

最后，根据（1）和（2），大女儿应该多才多艺，而小女儿则并非多才多艺。

223. 第一次，S说不知道，说明P肯定不是1；P也说不知道，说明S不是2。

为什么？因为如果P是1，S马上就知道自己是2了。他说不知道，P就知道自己肯定不是1，如果这个时候S是2的话，P就能肯定自己应该是3了。

所以S不是2。

第二次，S说不知道，说明P不是3，因为前一次S说不知道，P知道自己肯定不是2，如果S是3的话，P马上就知道自己是4了，所以S不是3；而P又说不知道，说明S不是4，因为S从P又说不知道，得知自己不是3，如果S是4，P马上就能知道自己应该是5了，所以S也不是4。

第三次，S又说不知道，说明P不是5，因为第二次最后P说不知道，S就知道自己不是4了，如果P是5，S马上知道自己是6；同样，S不是6，因为P从S说不知道，得知自己不是5，如果S是6的话，P就马上知道自己应该是7了，所以P还是不知道。

最后，S说他知道了！因为他从P不知道中得知自己不是6，而他看到P头上的号码是7，他就知道，自己是8了。所以他知道了，而P听到S说知道了，就判断出S是8了，所以P马上知道自己是7。

224. 设a为8点时参加聚会的人分成的组数，则根据（1），这时参加聚会的共有$5a$位。

设b为9点时参加聚会的人分成的组数，则根据（2），这时参加聚会的共有$4b$位，而且$5a+2=4b$。

设c为10点时参加聚会的人分成的组数，则根据（3），这时参加聚会的共有$3c$位，而且$4b+2=3c$。

设d为11点时参加聚会的人分成的组数，则根据（4），这时参加聚会的共有$2d$位，而且$3c+2=2d$。

经过反复试验，得出在第一个和第二个方程中a、b和c的可能值如下［根据（1），a不能大于20］。

$5a+2=4b$，$4b+2=3c$。

由于b在两个方程中必须有相同的值，所以$b=13$。

于是$a=10$，$c=18$。

由于$c=18$，所以从第三个方程得：$d=28$。

因此，参加聚会的人数，8点时是50人，9点时是52人，10点时是54人，11点时是56人。

根据（1）、（5）和（6），如果是阿米莉亚按原来打算在她丈夫之后一小时到达，则8点时参加聚会的人数就会是49人。

根据（2）、（5）和（6），如果是布伦达按原来打算在她丈夫之后一小时到达，则9点时参加聚会的人数将会是51人。

根据（3）、（5）和（6），如果是谢里尔按原来打算在她丈夫之后一小时到达，则10点时参加聚会的人数将会是53人。

根据（4）、（5）和（6），如果是丹尼斯原来打算在她丈夫之后一小时到达，则11点时参加聚会的人数将会是55人。

在49人、51人、53人和55人这四个人数中，只有53人不能分成人数相等的若干个小组（为了能进行交谈，每组至少要有两人）。因此，根据（3）和（6），对自己丈夫的忠诚有所怀疑的是谢里尔。

225. D说得对，今天是星期日。

226. 因为A的男朋友是乙的好朋友，那么A的男朋友就应该是甲或者丙。

但是丙的年龄比C的男朋友大，即丙不是最年轻的，所以A的男朋友是甲。丙不可能是C的男朋友，那丙就是B的男朋友。而乙是C的男朋友。

227. 根据（2），阿莫斯有3枚25美分的硬币。因此，根据（1），他持有的硬币是下列三种情况之一（Q代表25美分，D代表10美分，N代表5美分）：

QQQDDN，QQQDNNN，或QQQNNNNN。

于是，根据（1），每个人的硬币枚数只可能是6枚、7枚或者8枚。反复试验表明，用只包括两枚25美分硬币的6枚硬币组成1美元，和用只包括一枚25美分硬币的八枚硬币组成1美元都是不可能的。因此，每人身上都带有七枚硬币。各种不同的组合如下（H代表50美分）：

六枚硬币	七枚硬币	八枚硬币
QQQDDN	QQQDNNN	QQQNNNNN
QQ？？？？	QQDDDDD	QQDDDDDN
QHDNNN	QHNNNNN	Q？？？？？？
HDDDDD	HDDDDNN	HDDDNNNN

然后根据（3），每份账单的款额（以美分为单位）是以下各数之一：5，10，15，20，25，30，35，40，45，50，55，60，65，70，75，80，85，90，95，100。依次假定每份账单的款额为上列各数，我们发现：除了款额为5、15、85或95美分之外，四人都能不用找零。如果款额为5、15、85或95美分，唯独是有两枚25美分硬币的伯特需要找零。因此，伯特需要找零。

228. 首先我们来看第一条：

假设这钱是赵风或者孙海寄的，那么第（2）、（3）、（6）条都是错的，这就有了三条错误判断，所以第一条肯定是错的，因此不可能是赵风和孙海。

现在可以确定的是（1）肯定是错的；

而第（3）条：这钱是李强寄的和第（5）条：这钱肯定不是李强寄的是矛盾的，因此肯定有一个是错的。

而事后已经证明，这6句话中只有2句是错的，而这两句错误的话已经在（1）、（3）、（5）三句话当中了。也就是说（2）、（4）、（6）三句话肯定是对的。

所以这个人就是王山了。

229. 根据条件（1），化学老师和数学老师住在一起，说明教化学的和教数学的老师不是一个人。

根据条件（3），数学老师和丙老师是一对优秀的象棋国手，说明丙不是数学老师。

根据条件（4），物理老师比生物老师年长，比乙老师又年轻，说明生物老师最年轻。

根据条件（2），甲老师是三位老师中最年轻的，所以甲老师是生物老师，且不是物理老师。

根据条件（5），三人中最年长的老师住家比其他两位老师远，住得最远的老师是乙，且不是化学老师和数学老师。

从而，我们可以得出以下答案：

老师	所教课程
甲老师	生物、数学
乙老师	语文、历史
丙老师	物理、化学

230. 由（3）知道C不是德国人；

由（5）知道C不是意大利人；

由（6）知道C不是美国人，也不是法国人；

又因为C是技师，而根据（2）知道C不是俄罗斯人；

所以C只能是英国人。

根据（1）知道A不是美国人；

根据（2）和（3）知道A不是俄罗斯人，也不是德国人；

根据（5）知道A不是法国人；

所以A就应该是意大利人。

根据（6）知道B不是美国人，也不是法国人；

根据（4）知道B不是德国人；

所以B应该是俄罗斯人。

根据（1）、（2）、（3）知道E不是美国人，也不是德国人；

那E就应该是法国人。

根据（4）知道F不是德国人；

所以F应该是美国人。

最后，D就是德国人。

综上所述：A是意大利人，B是俄罗斯人，C是英国人，D是德国人，E是法国人，F是美国人。

231. 答案A。

陈述中（2）项如果为真，也就是说：该班所有人都通过了，那么第（1）、（3）项也必为真，这与题干中所说的"上述断定只有两个是真的"不一致，所以（2）项必为假；

又因为（2）项：该班所有人都通过了和（4）项有些人没有通过为矛盾命题，所以一定是必有"一真一假"。既然（2）项为假，那么（4）项必为真。

又根据题干"上述断定只有两个是真的",而(2)、(4)一假一真,所以(1)、(3)也必然是一真一假。

显然,如果(1)班长通过了是真的,那么(3)有些人通过了也必定为真,这与命题不符。

所以(1)为假,(3)为真。

也就是说,正确的判断是第(3)项和第(4)项。

四个选项中,只有A是正确的。

232. 首先确定

房子颜色:红、黄、绿、白、蓝→Color 1、2、3、4、5

国籍:英、瑞、丹、挪、德→Nationality 1、2、3、4、5

饮料:茶、咖啡、牛奶、啤酒、开水→Drink 1、2、3、4、5

烟:PM、DH、BM、PR、混合烟→Tobacco 1、2、3、4、5

宠物:狗、鸟、马、猫、鱼→Pet 1、2、3、4、5

然后有:

由(9)→N1=挪威

由(14)→C2=蓝

由(4)→如C3=绿,C4=白,则(8)和(5)矛盾,所以C4=绿,C5=白

剩下红黄只能为C1,C3

由(1)→C3=红,N3=英国,C1=黄

由(8)→D3=牛奶

由(5)→D4=咖啡

由(7)→T1=DH

由(11)→P2=马

那么:

挪威	?	英国	?	?
黄	蓝	红	绿	白
?	?	牛奶	咖啡	?
DH	?	?	?	?
?	马	?	?	?

由(12)→啤酒只能为D2或D5,BM只能为T2或T5→D1=开水

由(3)→茶只能为D2或D5,丹麦只能为N2或N5

由(15)→T2=混合烟→BM=T5

所以剩下啤酒=D5,茶=T2→丹麦=D2

然后:

挪威	丹麦	英国	?	?
黄	蓝	红	绿	白
开水	茶	牛奶	咖啡	啤酒
DH	混合烟	?	?	BM
?	马	?	?	?

由（13）→德国=N4，PR=T4

所以，瑞典=N5，PM=T3

由（2）→狗=P5

由（6）→鸟=P3

由（10）→猫=P1

得到：

挪威	丹麦	英国	德国	瑞典
黄	蓝	红	绿	白
开水	茶	牛奶	咖啡	啤酒
DH	混合烟	PM	PR	BM
猫	马	鸟	?	狗

所以，最后剩下的鱼只能由德国人养了。

233. 首先，可以很容易计算出四人的滞留时间之和是20天。平均每个人5天。

根据（1），滞留时间最短的是甲，最长的是丁。也就是说丁至少滞留6天，再根据（2）和（3）来看，丁不是8日离开的，也不可能是1日入住的。

所以丁只能滞留6天，即2日入住，7日离开。

假设乙和丙分别滞留了4天或以下，因为丁是6天，则甲必须是6天以上，就不是最短的了，所以乙和丙都应该是滞留5天。甲滞留4天。

根据（3）可知，丙是从1日入住的，即5日离开的。

如果乙是从3日入住的话，7日离开，那就与丁重合了，所以乙是从4日入住，8日离开。

剩下的甲则是从3日入住，6日离开。

综上所述：

甲是从3日入住，6日离开的；

乙是从4日入住，8日离开的；

丙是从1日入住，5日离开的；

丁是从2日入住，7日离开的。

234. 首先，凑不够2个9人队，孩子总数最多为17人。若为17人以上，则可以凑成2个9人队或凑够2个9人队之后还有剩余。因此可以确定的是叔叔家的孩子最多有2个，若有3个或者3个以上，则其他三家至少分别有6、5、4个，总数大于17人。

叔叔家孩子有2个的情况如下：

主人	弟弟	妹妹	叔叔	对应门牌号
5	4	3	2	120
6	4	3	2	144
7	4	3	2	168
8	4	3	2	192
6	5	3	2	180
7	5	3	2	210
6	5	4	2	240

叔叔家孩子为1个的情况时，另外3个数相加≤16（17-1=16），且3个数各不相同，并且3个数中最小数≥2，可以列出这3个数相乘的积最大为4×5×7=140；其次为3×5×8=4×5×6=120；再次为3×4×9=108。此时已比上面所列最小积还要小，若答案在小于108的范围内，则不需要知道叔叔家的孩子是1人还是2人了。

所以，在知道4数积及最小数是1还是2的情况下，如果还不能得出结论，只有门牌号为120时才有可能。

因此，确定门牌号为120了，当知道叔叔家孩子个数时就能确定4个数的情况，只有如下一种情况：主人5个孩子，弟弟4个孩子，妹妹3个孩子，叔叔2个孩子。

235. 首先列出所有情况：

老大	老二	老三	老四	老五
老板理发师医生教师职员	老板理发师医生教师职员	老板理发师医生教师职员	老板理发师医生教师职员	老板理发师医生教师职员

由（1），老板不是老三，也不是老四。则：

老大	老二	老三	老四	老五
老板理发师医生教师职员	老板理发师医生教师职员	理发师医生教师职员	理发师医生教师职员	老板理发师医生教师职员

由（2），教师不是老四，也不是老大。则：

老大	老二	老三	老四	老五
老板理发师医生职员	老板理发师医生教师职员	理发师医生教师职员	理发师医生职员	老板理发师医生教师职员

由（3），老三和老五住在同一幢公寓，对面是公司职员的家。则：

老大	老二	老三	老四	老五
老板理发师医生职员	老板理发师医生教师职员	理发师医生教师	理发师医生职员	老板理发师医生教师

由（4），老二、老三和理发师经常一起出去旅游。则：

老大	老二	老三	老四	老五
老板理发师医生职员	老板医生教师职员	医生教师	理发师医生职员	老板理发师医生教师

由（5），老大和老三有空时，就和医生、老板打牌。则：老三→师。

老大	老二	老三	老四	老五
理发师职员	老板医生职员	教师	理发师医生职员	老板理发师医生

由（6），而且，每隔10天，老四和老五一定要到理发店修个脸。则：

老大	老二	老三	老四	老五
理发师职员	老板医生职员	教师	医生职员	老板医生

由（7），公司职员则一向自己刮胡子，从来不到理发店去；而老四老五去理发店。则：

老大	老二	老三	老四	老五
理发师职员	老板医生职员	教师	医生	老板医生

所以老四→医，则：老五是板。

老大	老二	老三	老四	老五
理发师职员	职员	教师	医生	老板

所以老二→职，则：老大→理。

从而得出：

老大	老二	老三	老四	老五
理发师	职员	教师	医生	老板

236. 3条。

假设只有一条病狗，这条病狗的主人观察到其他人的狗都是健康的，所以他马上就能断定是自己的狗生了病，在当天就能开枪杀死它。

假设有两条病狗，主人分别是甲和乙。甲在第一天观察到了乙的病狗，所以他无法判断自己的狗有没有生病。但是等到第二天的时候，甲发现乙没有在第一天开枪，这说明乙和甲一样也在第一天观察到了一条病狗。而甲已经知道除了自己和乙以外，其他人的狗都是健康的，所以乙观察到的病狗肯定是甲自己的那条了。这样，甲在第二天开枪杀死了自己的狗。同样的推理过程，乙也在第二天杀死了自己的狗。

假设有三条病狗，主人分别是甲、乙、丙。甲在第一天观察到了乙和丙的病狗，他按照刚才的推理过程知道，如果只有那两条狗生病的话，那么乙和丙会在第二天杀死他们自己的狗。乙和丙也是一样的推理过程，所以他们三个人在等待另外两人的枪声中度过了第二天。结果第二天没人开枪，他们就知道了另外两人也各自看到了两条生病的狗，也就是自己的狗是生病的。这样，三个人在第三天开枪杀死了自己的狗。

这个推理过程可以一直延续去，到最后如果50条都是病狗的话，那么狗的主人们要一直等到第五十天才能确认自己的狗真的生了病。

警察的通知让有病狗这件事成了公共知识，所以才会出现这种情况。

237. 由（1）甲和乙是邻居，每天一起骑车去上班；

由（4）教师每天步行上班；

可以推出教师不是甲乙。

由（5）售货员的邻居不是老板；

由（6）老板和工人毕业后就没见过；

可以推出老板也不是甲乙。

所以，丙、丁是老板和教师，甲、乙是售货员和工人。

再由（2）甲比丙年龄大；

（7）老板比售货员和工人年龄都大。

可推出老板是丁。

所以教师是丙。

由（3）甲和丁业余一同练武术；

（6）老板和工人毕业后就没见过；

可知，甲是售货员，乙是工人。

所以得出答案：

甲是售货员；乙是工人；丙是教师；丁是老板。

238. 每个人都恰好有3个特点。因此，根据（1）和（2），亚当具有下列四组特点中的一组：

诙谐，漂亮，强壮

诙谐，漂亮，仁爱

漂亮，强壮，仁爱

强壮，聪明，仁爱

根据（1）和（3），布拉德具有下列四组特点的一组：

诙谐，聪明，漂亮

聪明，漂亮，强壮

聪明，漂亮，仁爱

漂亮，强壮，仁爱

根据（1）和（4），科尔具有下列四组特点的一组：

漂亮，强壮，聪明

漂亮，强壮，仁爱

强壮，聪明，仁爱

聪明，诙谐，仁爱

根据上面的特点组合并且根据（1），如果亚当具有仁爱的特点，那么布拉德和科尔都是聪明而又漂亮的，亚当就不能是聪明或漂亮的了。这种情况不可能，因此亚当不具有仁爱的特点。

根据上面的特点组合并且根据（1），如果布拉德具有仁爱的特点，那么亚当和科尔都是漂亮的，布拉德就不能具有漂亮的特点了。这种情况不可能，因此布拉德不具有仁爱的特点。

于是，科尔必定是具有仁爱特点的人了。

我们还可以看出其中一人的全部3个特点，以及另外两个人各有的两个特点。由于科尔是仁爱的，所以亚当是诙谐、漂亮和强壮的；布拉德是既漂亮又聪明；从而科尔不能是漂亮的，所以科尔是既聪明又仁爱的人。

239. 如果阿伦获得了第一名，那么根据（2），他的语文成绩就是满分；而根据（8），他的数学成绩就没有满分。如果阿伦没有获得第一名，那么根据（7），他的数学成绩就没有满分；而根据（8），他的语文成绩就是满分。

如果阿恩获得了第一名，那么根据（4），他的数学成绩就是满分；而根据（8），他的语文成绩就不是满分。如果阿恩没有获得第一名，那么根据（3），他的语文成绩就不是满分；而根据（8），他的数学成绩就是满分。

如果阿林获得了第一名，那么根据（6），他的数学成绩就是满分；而根据（8），他的语文成绩就不是满分。如果阿林没有获得第一名，那么根据（5），他的数学成绩就不是满分，而根据（8），他的语文成绩就是满分。

现在可以得到下表：

如果第一名	获得满分的科目	如果第一名	获得满分的科目
阿伦获得了第一名	语文	阿恩没有获得第一名	数学
阿伦没有获得第一名	语文	阿林获得了第一名	数学
阿恩获得了第一名	数学	阿林没有获得第一名	语文

阿伦不可能获得第一名，否则阿伦和阿林的语文成绩就都是满分，从而与（7）发生矛盾。

阿林也不可能获得第一名，否则阿恩和阿林的数学成绩就都是满分，从而与（7）发生矛盾。

如果阿恩获得了第一名，那他倒是唯一数学成绩满分的同学，与（7）相符合，他也是唯一语文没有满分的同学，与（8）相符合。因此，阿恩获得了第一名。

240. 先根据题意列出表格（×代表该天休息，√代表该天营业。）：

项目	第1天	第2天	第3天	第4天	第5天	第6天	第7天
百货	×				×		√
超市		×		×			√
银行			×			×	√

现在来判断第七天是星期几。

根据（3），不会连续三天营业，根据（1），每周工作四天。

可以推出百货在第2、3、4天中一定有一天休息；

超市第6天休息；

银行第1、2天一定有一天休息。其他时间都是营业的。

可得下表：

项目	第1天	第2天	第3天	第4天	第5天	第6天	第7天
百货	×				×	√	√
超市	√	×	√	×	√	×	√
银行			×	√	√	×	√

第1天到第6天中，有一天是星期天。

由上表可知，星期天只可能在第2天。

所以第7天是星期五。也就是说星期五三家单位一起营业。

241. 这道逻辑思维题看似复杂，但是如果我们用假设法来解决问题，就会很轻松地得到答案。

因为预言家是4个徒弟中的1个，也就是说这个人要么是A、要么是B、要么是C、要么是D。

假设：B的预言是正确的。

如果B的预言是正确的，那么C将成为预言家。

这样，C的预言也是正确的。结果就将有两个预言家。这是不符合题设条件的。

因此，B的预言是错的，他没有当上预言家。

因为B的预言是错的,所以C后来也没有成为预言家。C的预言也是错的。C曾经预言:"D不会成为建筑师。"

既然这个预言是错的,那么D日后将成为建筑师,而不是预言家。

排除了B、C、D,就可以推出预言家一定是A。

这时,只剩下武士和医生两个职业了。

因为A的预言是正确的,所以B不能成为武士,那么B只能是医生了。剩下的C则是武士。

这样,四个人的预言都没有矛盾,成立。

所以这4个人的职业分别就是:A成为预言家;B成为医生;C成为武士;D成为建筑师。

242. 先针对其中一位孩子,比如牛牛,可以列出如下组合:

(1)牛牛,农夫的儿子,老虎;

(2)牛牛,渔夫的儿子,老虎;

(3)牛牛,渔夫的儿子,狮子。

再针对毛毛,可以列出如下组合:

(4)毛毛,樵夫的儿子,狗熊;

(5)毛毛,渔夫的儿子,老虎;

(6)毛毛,渔夫的儿子,狗熊。

针对壮壮,可以列出如下组合:

(7)壮壮,农夫的儿子,狗熊;

(8)壮壮,樵夫的儿子,狗熊;

(9)壮壮,樵夫的儿子,狮子。

综合以上结果:

假设组合(1)正确,那么:可以排除掉(2)(3)(7)(5),剩下的第三组中,壮壮只能是樵夫的儿子,所以毛毛只能是渔夫的儿子,可以得出唯一答案,且无矛盾。

假设组合(2)正确,那么可以排除掉(1)(3)(5)(6),第二组只能是毛毛,樵夫的儿子,狗熊;第三组就会出现矛盾。

假设组合(3)正确,同样会推出矛盾。

所以正确答案是:

牛牛是农夫的儿子,被猎人从老虎口中救出来的;

毛毛是渔夫的儿子,被猎人从狗熊口中救出来的;

壮壮是樵夫的儿子,被猎人从狮子口中救出来的。

243. 由(1)和(2)可知,这19人由6对男女和7个单独前来的人组成。

由(3)可知,尚未订婚的A先生是单独前来的。

由（5）可知，处于订婚阶段的男士都是结伴来的。

分析（6）。如果结伴来的6个男士都是订婚阶段的，那么就有6个已婚的男士，而且只能是单独前来的，这就和（7）矛盾。

同理，结伴来的男士中不可能有5个处于订婚阶段。如果结伴来的6个男士里有3个处于订婚阶段，参加舞会的男士中已婚3个也是结伴来的，也就是单独来的男士中没有已婚的，这样无论单独来的A先生是单身还是已婚都无法满足（7）。

（6）结合（3）可知，结伴来的男士里处于订婚阶段的不可能少于3个。

因此，结伴来的6个男士里有4个处于订婚阶段，有2个处于已婚状态；

单独来的男士里有2个处于已婚状态，有2个处于单身状态。

由（3）可知，结伴来的6位女士有4个处于订婚阶段，有2个处于已婚状态。单独来的7人里已知有4位是男士，由（4）知剩下3位单独来的女士是单身。

因此舞会一共有9位女士，其中2个已婚，3个单身，4个订婚。由（8）知B女士已订婚。

244. 根据（1）和（2），杰妮第一次去健身俱乐部的日子必定是以下二者之一：

A.汤姆第一次去健身俱乐部那天的第二天。

B.汤姆第一次去健身俱乐部那天的前六天。

如果A是实际情况，那么根据（1）和（2），汤姆和杰妮第二次去健身俱乐部便是在同一天，而且在20天后又是同一天去健身俱乐部。根据（3），他们再次都去健身俱乐部的那天必须是在二月份。可是，汤姆和杰妮第一次去健身俱乐部的日子最晚也只能分别是一月份的第六天和第七天；在这种情况下，他们在一月份必定有两次是同一天去健身俱乐部：1月11日和1月31日。因此A不是实际情况，而B是实际情况。

在情况B下，一月份的第一个星期二不能迟于1月1日，否则随后的那个星期一将是一月份的第二个星期一。因此，杰妮是1月1日开始去健身俱乐部的，而汤姆是1月7日开始去的。于是根据（1）和（2），他们两人在一月份去健身俱乐部的日期分别为：

杰妮：1日，5日，9日，13日，17日，21日，25日，29日；

汤姆：7日，12日，17日，22日，27日。

因此，汤姆和杰妮相遇于1月17日。

245. 根据第（6）条和第（7）条："乙和丙的车是同一牌子的；丙和丁中只有一个人有车"，说明甲、乙、丙三个人都有车，只有丁没有车。

因为"有一个人三种条件都具备"，而根据（3）"只有一个人有了自己的别墅"，说明这个唯一有别墅的人就是这个三种条件都具备的人。也就是说这个有别墅的人只能是有车的甲、乙、丙三人中的一个。

这样就可以推出丁即没有车也没有别墅了。

因为根据第（4）条："每个人至少具备一样条件"，所以丁一定有喜欢的工作。

因为根据（5）："甲和乙对自己的工作条件感觉一样"，和条件（2）"只有两个人有自己喜欢的工作"，所以丙和丁一样，都有喜欢的工作。

既有车又有喜欢的工作的只有丙，那么他就是那个三个条件都具备的人了。

246. 他是这样推论的：

设另外两个人分别为甲和乙。

甲举手了，这说明我和乙两人中，至少有一个人是戴红帽子的。

同样，乙举手了，这说明我和甲两人中，至少有一个人是戴红帽子的。

如果我头上不是戴红帽子，那么，乙一定会想："甲举了手，说明乙和我至少有一个人头上戴红帽子，现在，乙明明看到我不戴红帽子。所以，乙一定戴红帽子。"

在这种情况下，乙一定会知道并说出自己戴红帽子。可是，他并没有说自己戴红帽子。可见，我头上戴的是红帽子。

同理：如果我不是戴红帽子，甲的想法也会和乙是一样："乙举了手，这说明甲和我两人中至少有一个人头上戴红帽子。现在，甲明明看到我头上不戴红帽子。所以，甲一定戴红帽子。"

在这种情况下，甲一定会知道自己戴红帽子，可是，甲并没有这样说。

所以，我头上戴的是红帽子。

247. 首先，我们可以根据已知条件，简单推出以下结论：

甲拿走的雨伞只可能是丙或戊的。

乙拿走的雨伞只可能是甲或戊的。

丙拿走的雨伞只可能是甲或丁的。

丁拿走的雨伞只可能是甲或乙的。

戊拿走的雨伞只可能是乙或丙的。

也就是说，每个人的选择都只剩下了2个，这时，我们可以用假设法，来推断这个问题。

首先，我们假设甲拿走的雨伞是丙的，那么戊拿走的雨伞就不可能再是丙的了，这样只能是乙的；同理，丁拿走的雨伞只能是甲的；丙拿走的雨伞是丁的；乙拿走的雨伞是戊的。

这样，乙和戊就相互拿了雨伞，与条件不符。

所以上面的假设是错误的。

也就是说，甲拿走的只能是戊的雨伞，而乙拿走的是甲的雨伞，丙拿走的是丁的雨伞，丁拿走的是乙的雨伞，戊拿走的是丙的雨伞。这样才符合条件，不会发生矛盾。

248. 是D先生。

四个人的座次如下图所示：

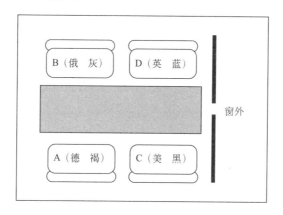

分析过程：

首先由（6）可知：右上角的位置是英国旅客；

再由（1），推出：左上角是B先生；

由（3），可得：左下角是德国人，右下角的人穿黑色大衣；

由（5），可知，左上角的B先生为俄国人，穿灰色大衣；

再由（4），只能右上角是D先生，右下角是美国人；

最后由（2），可知：左下角为A先生，穿褐色大衣。

综上所述，只有右上角的旅客为D先生，穿蓝色大衣。

249. 大牛。

分析：从（1）、（5）和（6）情报得知，E狙击手就是在这些情报中均未提及绰号的某人，换言之，从A狙击手到D狙击手都不是此人。根据上述这个关键和（4）与（5）项情报作推敲，我们可以知道：A狙击手就是指"虎爷"。再从这个关键和（2）项情报作推敲，我们便可以知道：D狙击手就是指"小马哥"。

然后，再根据这个关键和（3）项情报作推敲，我们又可以知道：C狙击手其实就是指"白猴"。知道A、C、D三名狙击手的绰号之后，剩下的B狙击手无疑就是指"大牛"了。

250. 四个人的话显示，A、C离开时医生已死，B、D到达时医生还活着，所以B、D应该比A、C先去的医生家。由B不是第二个，C不是第三个可以知道四个人的顺序是B、D、A、C，而从D的第一句话知道他不是凶手，所以凶手是C。

251. 由（2）、（3）、（5）知道A、C都不能有罪。

由（1）知道A、B、C至少有1个人有罪，那么B肯定有罪。

由（4）知道只有B一人有罪。

252. 可以至少推算出图中那样的结果。

	面包店	花店
	街道	
	1号	书店

根据（5）和（6）可以知道，酒吧和文具店在道路的同一边。再看看图就会发现只有在1号店这一边才有可能。而且，6号店也会在这一边，可知6号店的位置一定是在1号店的左边或右边。而6号店的隔壁是酒吧，所以就知道1号店是酒吧了。

253. 根据（1），艾伦、克莱和厄尔各比赛了两场；因此，从（4）得知，他们每人在每一次联赛中至少胜了一场比赛。根据（3）和（4），艾伦在第一次联赛中胜了两场比赛；于是克莱和厄尔第一次联赛中各胜了一场比赛。这样，在第一次联赛中各场比赛的胜负情况如下：

艾伦胜巴特　艾伦胜厄尔（第四场）

克莱胜迪克　克莱负厄尔（第三场）

根据（2）以及艾伦在第二次联赛中至少胜一场的事实，艾伦必定又打败了厄尔或者又打败了巴克。如果艾伦又打败了厄尔，则厄尔必定又打败了克莱，这与（2）矛盾。所以艾伦不是又打败了厄尔，而是又打败了巴特。这样，在第二次联赛中各场比赛的胜负情况如下：

艾伦胜巴特（第一场）　艾伦负厄尔（第二场）

克莱负迪克（第四场）　克莱胜厄尔（第三场）

在第二次联赛中，只有迪克一场也没有输。因此，根据（4），迪克是第二场比赛的冠军。

注：由于输一场即被淘汰，各场比赛的顺序如上面括号内所示。

254. 4个男孩。

因为每人拿的球中，红＞蓝＞绿，而每人一共拿了12个球，所以红球最少要拿5个，最多只能拿9个。

红球一共是26个，每人至少拿5个，所以最多能有5个人。

小强拿了4个蓝球，那么他最多只能拿7个红球了；就算小刚和小明都拿了9个红球，他们三个也只拿了25个红球，少于26个，所以至少是4个人。

假设是5个人，那就有4个人拿了5个红球，1个人拿了6个红球。

对于拿了5个红球的人来说，蓝球和绿球只有一种选择：4蓝3绿，和只有小强拿了4个蓝球这个条件矛盾。所以是4个人。

拿球的组合情况如下表：

名字	红球数	蓝球数	绿球数
小强	5	4	3
小刚	6	5	1
小华	7	3	2
小明	8	3	1

255. 首先把S与P所说的话依次编号为S1，P1，S2。

设这两个数为x、y，和为s，积为p。

由S1，P不知道这两个数，所以s不可能是两个质数相加得来的，而且$s \leq 41$。因为如果$s > 41$，那么P拿到$41 \times (s-41)$必定可以猜出s了。所以s为$\{11, 17, 23, 27, 29, 35, 37, 41\}$之一，设这个集合为$A$。

（1）假设和是11。$11 = 2+9 = 3+8 = 4+7 = 5+6$，如果P拿到18，$18 = 3 \times 6 = 2 \times 9$，只有$2+9$落在集合$A$中，所以P可以说出P1，但是这时候S能不能说出S2呢？我们来看，如果P拿到24，$24 = 6 \times 4 = 3 \times 8 = 2 \times 12$，P同样可以说P1，因为至少有两种情况P都可以说出P1，所以S就无法断言S2，所以和不是11。

（2）假设和是17。$17 = 2+15 = 3+14 = 4+13 = 5+12 = 6+11 = 7+10 = 8+9$，很明显，由于P拿到$4 \times 13$可以断言P1，而其他情况，P都无法断言P1，所以和是17。

（3）假设和是23。$23 = 2+21 = 3+20 = 4+19 = 5+18 = 6+17 = 7+16 = 8+15 = 9+14 = 10+13 = 11+12$，我们先考虑含有2的$n$次幂或者含有大质数的那些组，如果P、S分别拿到4，19或7，16，那么P都可以断言P1，所以和不是23。

（4）假设和是27。如果P、S拿到8，19或4，23，那么P都可以断言P1，所以和不是27。

（5）假设和是29。如果P、S拿到13，16或7，22，那么P都可以断言P1，所以和不是29。

（6）假设和是35。如果P、S拿到16，19或4，31，那么P都可以断言P1，所以和不是35。

（7）假设和是37。如果P、S拿到8，29或11，26，那么P都可以断言P1，所以和不是37。

（8）假设和是41。如果P、S拿到4，37或8，33，那么P都可以断言P1，所以和不是41。

综上所述：这两个数是4和13。

256. 由10组数据：3月4日，3月5日，3月8日，6月4日，6月7日，9月1日，

9月5日，12月1日，12月2日，12月8日可知——4日、8日、5日、1日分别有两组，2日和7日只有一组。如果生日是6月7日或12月2日，小强一定知道（例如：老师告诉小强$N=7$，则小强就知道生日一定为6月7日；如果老师告诉小强$N=4$，则生日是3月4日还是6月4日，小强就无法确定了。）所以首先排除了6月7日和12月2日。

（1）小明说："我不知道，但是我肯定小强也不知道"——老师告诉小明的是月份M值，若$M=6$或12，则小强有可能知道（6月7日或12月2日）这与"小强肯定也不知道"相矛盾，所以不可能为6月和12月。从而老师的生日只可能是3月4日，3月5日，3月8日，9月1日，9月5日。

（2）小强说："本来我是不知道，但是现在我知道了"——若老师告诉小强$N=5$，那么小强无法知道是3月5日还是9月5日，这与"现在我知道了"相矛盾，所以N不等于5。则生日只能为3月4日，3月8日，9月1日。

（3）小明说："哦，那我也知道了！"——若老师告诉小明$M=3$，则小明就不知道是3月4日还是3月8日。这与"那我也知道了"相矛盾。所以M不等于3，即生日不是3月4日，3月8日。

综上所述，老师的生日只能是9月1日。

257. 仔细看一看S先生所问的六个词，可以发现，carthorse与orchestra所含的字母完全相同，只是字母的位置不同而已。P先生心中所想的字母在这两个词中，如果有则全都有，无则全无，可是P先生的回答是：一个说有，一个说无，显然其中有一句是假话。

同理，senatorial与realisaton所含字母也相同，而P先生的回答也是一有一无，可见其中又有一句是假话，这些便是S先生确定P先生的回答中有假话的依据。

从上面分析可见，P先生的四句回答中已知有两句是真话，两句是假话。根据题意，P先生共答了三句真话和三句假话，所以P先生的另外两句回答必定是一真一假。

indeterminables与disestablishmentarianlsm，剩下的这最后两个词，尽管后者的字母比前者多，但这两个词中，除了后者比前者多了一个H字母外，其余的字母都是相同的或重复的。而P先生说他心中所想的字母在这两个词中都有，如果前一句是真话，即前一个词中确有那个字母的话，那么，后一个词中无疑也应该有的。这样，两句话都成了真话，与题意不符。

所以，P先生的前面一句应是假话，后面一句是真话，即前一个词中是不存在P先生心中所想的那个字母的，后一个词中则有这个字母。由此可见，它必定是后一个词中所独有的H。

258. 答案是老三用纸币。原因如下：

（1）开始时

老大有3个10美分硬币，1个25美分硬币，账单为50美分；

老二有1个50美分硬币，账单为25美分；

老三有1个5美分硬币，1个25美分硬币，账单为10美分；

店主有1个10美分硬币。

（2）交换过程

第一次调换：老大拿3个10美分硬币换老三的1个5美分和1个25美分硬币，此时老大手中有1个5美分硬币和2个25美分硬币，老三手中有3个10美分硬币；

第二次调换：老大拿2个25美分硬币换老二的1个50美分硬币，此时老大有5美分、50美分硬币各一枚，老二有2个25美分硬币。

（3）支付过程

老大有5美分、50美分硬币各一个，可以支付其50美分的账单，不用找零。

老二有2个25美分硬币，可以支付其25美分的账单，不用找零。

老三有3个10美分硬币，可以支付其10美分的账单。

店主有1个10美分硬币，以及25、50美分硬币各一个。

（4）老三买水果

付账后老三剩余2个20美分硬币，要买5美分的水果。而店主有1个10美分硬币，以及25美分、50美分硬币各一个，无法找开10美分，但硬币和为95美分，能找开纸币1美元。于是得出答案，老三用1美元的纸币付了钱。

259. 首先，因为三个数的和是14，所以每个人的数字都一定在1到12之间。

甲说道："我知道乙和丙的数字是不相等的！"

所以甲的数字是12以内单数。即1、3、5、7、9、11中的一个。

因为只有这样才能确定乙、丙的数字和是个单数，所以肯定不相等。

乙接着说道："不用你说，我早就知道我们三个的数字都不相等了！"

说明乙得到的数字是大于6的单数。即7、9、11中的一个。

因为只有他的数字是大于6的单数，才能确定甲的单数和他的不相等。而且一定比自己的小，否则和会超过14。

这样，第三个人的数字就只能是双数了。

而第三个人说他知道每个人手上的数字了，那他根据自己手上的数字能知道前两个人的数字和，又知道其中一个是大于6的单数，且另一个也是单数，可知这个和是唯一的，那就是7+1=8。

如果甲乙两人之和是大于8的偶数，比如是10，就有两种情况9+1和7+3，这样的话，第三个人就不可能知道前两个人手中的数字。12也是同理。

所以甲乙两个数之和只能是8，丙的数字是6。

这样就知道了甲、乙、丙三个人手上的数字分别是1，7，6。

260. 学文秘的甲买了果酒。列一个简单的表格即可求出。

261. 不能。

由（1）知：标有日期的信——用粉色纸写的；

由（2）知：丽萨写的信——以"亲爱的"开头；

由（3）知：不是约翰写的信——不用黑墨水；

由（4）知：收藏的信——不能看到；

由（5）知：只有一页信纸的信——标明了日期；

由（6）知：不是用黑墨水写的信——做标记；

由（7）知：用粉色纸写的信——收藏起来了；

由（8）知：做标记的信——只有一页信纸；

由（9）知：约翰的信——不以"亲爱的"开头。

综上所知：

丽萨写的信——以亲爱的开头——不是约翰写的信——不用黑墨水——做了标记——只有一页信纸——标明了日期——用粉色纸写的——收藏起来——皮特不能看到。

所以，皮特不能看到丽萨写的信。

262. 根据（1），每个人的嗜好组合必是下列组合之一：

① 咖啡、狗、网球

② 咖啡、猫、篮球

③ 茶、狗、篮球

④ 茶、猫、网球

⑤ 咖啡、狗、篮球

⑥ 咖啡、猫、网球

⑦ 茶、狗、网球

⑧ 茶、猫、篮球

根据（5），可以排除③和⑧。于是，根据（6），可知②是某个人的三嗜好组合。接下来，根据（8），⑤和⑥可以排除。再根据（8），④和⑦不可能分别是某两人的三嗜好组合；因此①必定是某个人的三嗜好组合。然后根据（8），排除⑦；于是余下来的④必定是某个人的三嗜好组合。

根据（1）、（3）和（4），住房居中的人符合下列情况之一：

（1）打篮球而又养狗（2）打篮球而又喝茶（3）养狗而又喝茶

既然这三人的三嗜好组合分别是①、②和④，那么住房居中者的三嗜好组合必定是①或者④，如下表所示：

②	①	④	②	④	①
咖啡	咖啡	茶	咖啡	茶	咖啡
猫	狗	猫	猫	猫	狗
篮球	网球	网球	篮球	网球	网球

根据（7），④不可能是住房居中者的三嗜好组合，因此，根据（4），陈小姐的住房居中。

263. 这张牌是方块5。

Q先生的推理过程是：

P先生知道这张牌的点数，而判断不出这是张什么牌，显然这张牌的点数不可能是J、8、2、7、3、K、6。因为J、8、2、7、3、K、6这7种点数的牌，在16张扑克牌中都只有一张。如果这张牌的点数是以上7种点数中的一种，那么，具有足够推理能力的P先生立即就可以断定这是张什么牌了。例如，如果教授告诉P先生：这张牌的点数是J，那么，P先生马上就知道这张牌是黑桃J了。由此可知，这张牌的点数只能是4或5或A或Q。

接下来，P先生分析了Q先生所说的"我知道你不知道这张牌"这句话。

Q先生知道这张牌的花色，同时又作出"我知道你不知道这张牌"的断定，显然这张牌不可能是黑桃和草花。为什么？因为如果这张牌是黑桃或草花，Q先生就不会作出"我知道你不知道这张牌"的断定。

P先生是这样分析的：如果这张牌是黑桃，而且如果这张牌的点数是J、8、2、7、3，P先生是能够知道这张是什么牌的；假设这张牌是草花，同理，Q先生也不能作出这样的断定，因为假如点数为K、6时，P先生能马上知道这张牌是什么牌，在这种情况下，Q先生当然也不能作出"我知道你不知道这张牌"的断定。因此，P先生从这里可以推知这张牌的花色或者是红桃，或者是方块。

而具有足够推理能力的P先生听到Q先生的这句话，当然也能够和Q先生得出同样的结论。这就是说，Q先生的"我知道你不知道这张牌"这一断定，在客观上已经把这张牌的花色暗示给P先生了。

得到Q先生的暗示，P先生作出"现在我知道这张牌了"的结论。从这个结论中，具有足够推理能力的Q先生必然能推知这张牌肯定不是A。为什么？Q先生这样想：如果是A，仅仅知道点数和花色范围（红桃、方块）的P先生还不能作出"现在我知道这张牌了"的结论，因为它可能是红桃A，也可能是方块A。既然P先生说"现在我知道这张牌了"，可见，这张牌不可能是A。排除A之后，这张牌只有3种可能：红桃Q、红桃4、方块5。这样一来范围就很小了。P先生这一断定，当然把这些信息暗示给了Q先生。

得到P先生第二次提供的暗示之后，Q先生作了"我也知道了"的结论。从

Q先生的结论中，P先生推知，这张牌一定是方块5。为什么？P先生可以用一个非常简单的反证法论证。因为如果不是方块5，Q先生是不可能作出"我也知道了"的结论的（因为红桃有两张，仅仅知道花色的Q先生，不能确定是红桃Q还是红桃4）。现在Q先生作出了"我也知道了"的结论，这张牌当然是方块5。

264. 因为刚偷吃完鸡蛋，一定有蛋黄塞在牙缝里。妈妈让三个孩子分别喝一口水，漱漱口，然后吐在盘子里。谁的漱口水中含有蛋黄沫子，就是谁偷吃了鸡蛋。

265. 55秒。虽然钟敲了12下，但中间的时间间隔只有11下，所以是55秒。

266. 找一个长宽高都是1米的箱子，把钢管斜着放进去。因为1米见方的箱子的对角线正好超过1.7米，这样就符合了规定。

267. 试一下大家就会发现，小偷将一直领先一步，除非警察改变游戏的奇偶性。这点可以做到，只要警察走过三角形街区一次即可。所以警察的策略是前三步绕过三角形的街区回到原来的出发点，然后再开始向小偷靠近，并根据小偷的具体走法，作相应调整，只要保证向小偷的方向接近即可，十步之内一定可以将小偷堵在某个角落里而抓住他。

268. 我们把饼的两个面分别叫做正面和反面，这样，用30分钟烤3张饼的方法如下：

第1个10分钟，煎第一张饼和第二张饼的正面。

第2个10分钟，先取出第二张饼，放入第三张饼。然后煎第一张饼的反面和第三张饼的正面。这样，第一张饼煎熟。第二张饼和第三张饼都只煎了正面。

第3个10分钟，煎第二张饼和第三张饼的反面。这样，只用30分钟就把3张饼都煎好了。

269. 被他一点点从马桶冲走了。

270. 因为比萨斜塔只有在一个特定的角度看才能看出是倾斜的。如果我们在它的正对面或者背面的时候，就只能看到它是笔直的。

271. 他先找一些不溶于硫酸并且密度比硫酸大的固体如玻璃球，放入硫酸中，使液面升至10升处，然后把硫酸倒出到5升的位置即可。

272. 还是总统。因为只说副总统死了，总统还没死，当然要继续当了。

273. 把三把锁一个套一个锁在一起形成一个长链，然后锁在船的铁链上，这样每个人都可以自由地打开和锁上这艘船了。

274. 孙膑从容地拿了1个饼吃了起来。当庞涓还在吃第二个饼时，孙膑已经吃完了手中的饼，从桌上拿了2个饼，于是桌上没有饼了。最后孙膑吃了3个饼，庞涓只吃了最初拿的2个饼。

我们看到，故事中庞涓先拿了2个饼，最后他输了，所以，显然这不是他最好的策略。那么如果庞涓一开始只拿1个饼呢？这时候，如果孙膑拿2个饼的话，孙膑必然是输家。那么孙膑的策略也只能是拿1个饼。庞涓、孙膑各拿了一个饼后，剩下3个饼，此时就看谁吃的快了，谁吃得快谁再拿两块，成为最终的赢家。

275. 他抱起老人的西瓜就跑，老人一定会去追。

276.

	1	1	3	1	2	1	3
1	→	0	↓	0	0	1	0	0
3	1	→	0	1	0	0	1	0
1	0	0	0	→	0	0	0	1
1	↑	0	↗	→	0	0	0	1
1	↗	1	0	0	↓	0	0	0
2	0	0	↖	1	1	0	0	←
3	→	0	1	1	↗	1	0	0
1	↗	0	0	→	↗	0	0	1

277. 有优势。

假设朝上的是√，那么朝下是√或者朝下是×的机会并不是1/2。

朝下的是√的机会有两个：一个是第一张卡片的正面朝上时；

另一个是第一张卡片的反面朝上时。

但朝下的是×的机会，只有当第二张卡片正面朝上的时候一种机会。

也就是说，猜纸片的人只要回答朝上那面的图案，他就有2/3的机会赢。

278. 15621个。解答方法很多，下面是最容易理解的一种：

假设给这堆椰子增加4个，则每次刚好分完而没有剩余。

解：设椰子总数为$n-4$，天亮后每人分到的个数为a。

$(1/5) \times (4/5) \times (4/5) \times (4/5) \times (4/5) \times (4/5) \times n = a$

$1024/15625 \times n = a$

因为a是整数，所以n最小为15625。

$n-4=15621$。

还可以设最开始有X个椰子，天亮时每人分到Y个椰子，则可得：

$X=5A+1$

$4A=5B+1$

$4B=5C+1$

$4C=5D+1$

$4D=5E+1$

$4E=5Y+1$

化简以后得：1024X=15635Y+11529。

这是个不定方程，依照题目我们求最小正整数解。现在我们假设X1是这个方程的一个解，则X1+15625（5^6=15625，因为椰子被连续6次分为5堆）也是该方程的解，那么用个取巧的方法来解，就是设Y=-1，则X=-4。如果最开始有-4个椰子，那么大家可以算一下，无论分多少次，都是符合题意的。所以把-4加上15625就是最小的正整数解了，答案是15621个。

279. 持第一个骰子的人会赢，他点数大的次数约占全部的55%，如表所示。
（表中：L表示第二个人输，W表示第二个人赢。）

点数	2	4	5
1	L	L	L
3	W	L	L
6	W	W	W

280. 甲的情况是可能的。6次射击都中靶，而总分又只有8分，不可能有一次得5分以上，最多只有一次得3分。这样其余5次各得1分，即：8=1+1+1+1+1+3。而且这是唯一的答案。

乙的情况是不可能的。因为6次射击都中靶，每次最多得9分，9×6=54（分），比56分小。所以，这是不可能的。

丙的情况是可能的，并且有好几种可能性，即答案不是唯一的。总分是28分的一共有16种情况。

丁的情况是不可能的，因为中靶的分数都是奇数，6个奇数的和一定是偶数，而27是奇数，所以不可能。

281. 利用排除法可以知道，选C。

282. 原来1个苹果可卖1/3元，1个梨卖1/2元，平均价格是每个（1/2+1/3）÷2=5/12元。但是混合之后平均1个水果卖2/5元钱，比以前的平均价格少了5/12-2/5=1/60元。60个水果正好少了一元钱。

283. 谁最胖就把谁扔出去。

284. 小孩提问："有3个眼睛，6个鼻子，还有9条腿的，这是什么东西？"

大人想了半天，无奈地掏出一百元给了小孩。小孩飞快地把钱收进了自己的腰包。大人想了想，不太服气，又问小孩："那你来说，你刚刚问题中的那个东西是什么？"小孩狡黠地一笑："其实我也不知道。"说完，掏出一元钱给了大人，然后，迅速地走了……

285. 县官拍案大怒道："大胆刁民，本官要你两只金锭，你说只收半价，我已把一只还给了你，就折合那一半的价钱，本官何曾亏了你！"

286. 阿凡提拿出钱袋，在巴依面前晃了晃，说："巴依，你听见口袋里响亮的声音吗？"

"什么？哦，听到了！听到了！"巴依说。

"好，他闻了你饭菜的香气，你听到了我的钱的声音，咱们的账算清了。"

阿凡提说完，拉着穷人的手，大摇大摆地走了。

287. 他是利用毛玻璃的特性。我们知道毛玻璃一面光滑，一面不光滑。一般的玻璃门都是光滑的一面冲外，不光滑的一面冲内。但只要在不光滑的一面加点水，使玻璃上面的细微凹凸变成水平，毛玻璃就变得透明了，可以清楚地看到房中发生的一切。

288. 法官判住宅的居住权归孩子所有，离异的父母定期轮流返回孩子身边居住，履行天职，直到孩子长大成人。

289. 王局长是女的。

290. 在听英语录音练习口语。

291. 罪犯说："我得慢慢地品味着读，每天只读几个字。"因为国王许可他读完《圣经》再被处死，并没有讲什么时候读完。

292. 需要15分钟。把原料一起下锅炸，在各人喜欢的时间捞出即可。

293. 完全有可能。最轻的体重出现在她出生的时候。

294. 一样的，不管怎么摆，货物的总重不会变。

295. 拿其中的一根靠近另一根的中间，如果有吸力，那这根就是磁铁。

296. 不是的，哥哥没有特异功能。哥哥每次见到弟弟在睡觉的时候都会说："你在装睡！"弟弟真的装睡的话，就会听见；而当弟弟真的睡觉的时候，他不会知道哥哥在说话。所以他知道的每一次都是对的，并不是哥哥有特异功能。

297. 因为两人都在一楼商场门口，基德上3楼，只要爬2层。而柯南下地下3层要下3层楼。柯南一定会输的。

298. 要想拿走球而不被发现，只有拿那些缺少了它，别的球仍然不会移动位置的球。

比如下图中的空白区域，把这几个球拿走的话，由于其他球的支撑，其余的球都不会发生滚动。

所以最多可以取走6个球，取法如下图所示。

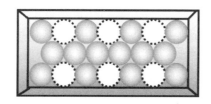

299. 学生甲想："如果我的钱多，我就会输掉这些钱；如果他的钱多，我就会赢到他所有的钱。所以赢的要比输的多，这个游戏对我有利。"同样的道理，学生乙也觉得这个游戏对他有利。

那么，同一个游戏怎么会同时对双方都有利呢？大家仔细想一想吧！

300. 如果第一个碗是"活"，那么2、3两句都是对的，故不在。

如果第二个碗是"活"，那么1、3两句都是对的，故不在。

如果第三个碗是"活"，则只有第1句是对的，符合题意。所以要选择第三个碗。

301. 这是个偷换概念的问题，每人每天9元，一共27元，老板得到25元，伙计得到2元，27=25+2。不能把客人花的钱和伙计得到的钱加起来。

302. 规律就是：

从第二列开始，表示上一列某个数字的个数。

例如：第一列只有1，第二列则为1，1表明上一行是1个1；

而第三列的2，1则表示第二列为2个1；

第四列的1，2，1，1表示第三列为1个2，1个1。

依此类推。

这样我们根据这个规律就可以推理出：

第八列为：1，1，1，3，2，1，3，2，1，1

第九列为：3，1，1，3，1，2，1，1，3，1，2，2，1

至于什么时候可以出现4这个数字？

答案是永远也不会出现4。

因为如果出现4说明上一行有4个相同的数字，这是不可能出现的。

例如：如果出现1，1，1，1代表的是1个1，接着还是1个1，这样的话，当然会表示为2，1了。

303. 两姐妹交换了饭碗，都吃对方碗里的饭。

304. 从其他3个轮胎上各取下1个螺丝，用3个螺丝固定刚换下来的轮胎，可以勉强开到修车厂。

305. 可能。爸爸的脖子。

306. 把药片全部碎成粉末，搅匀后平均分成10份，一天吃一份。

307. 他在看守刚进小屋的时候开始过桥，大约5分钟的时候，他差不多能走到桥中心，然后他转个身往回走。这时，正好看守会出来巡视，发现他以后，会叫他回去，也就是返回到他想去的那个村子。这样就可以顺利地过去了。

308. 把两个球都加热到相同的温度，然后同时放入到同等质量的水里，测水的温度升高情况，温度升得高的就是比热容大的，铅的比热容大于金，所以水温度高的就是铅球。

309. 敲挂有"男女"牌号的房间。因为确定每个牌子都是错的，所以挂有"男女"牌子的房间一定是只有男，或者只有女。听声音很容易就能判断出来了。确定了这个，其他两个也就出来了。

310. 酋长的谜语的谜底是青蛙，年轻人的谜底是蛇。

311. 这句话是不对的，打开了，并不能证明它一定是他的；但是如果不能打开，那就证明一定不是他的。

312. 明面上有3个"假话"。还有一个假话在哪里呢？原来，有3个"假话"却说成是4个，这就是最后一个假话。你找到了吗？

313. 穷人：无米面也可，无鸡鸭也可，无鱼肉也可，无银钱也可。

富人：无米，面也可；无鸡，鸭也可；无鱼，肉也可；无银，钱也可。

314. 养猪大似象耗子，已死完；

酿酒缸缸好做醋，坛坛酸。

315. 谜底是"汗"。

316. 他把蒋介石回的两句电文颠倒了一下，变成了"罪无可恕，情有可原。"这样一来，大特务就没有迫害那些爱国民主人士了。

317. 乙说：恰恰相反，这个例子只能证明爸爸比儿子聪明，因为创立相对论的是爱因斯坦，而不是爱因斯坦的儿子。

318. 他说："你小时候一定很聪明吧！"

319. 把"合"字拆开，就是"一人一口酥"，所以意思就是让大家分着吃掉。

320. "恳"字加一点就是良心，影射他没有良心。

321. 这是因为"父在母先亡"这句话有歧义，人们对它可以有不同的理解，或者说它可以表达不同的判断：①父亲尚在，母亲已经去世；②父亲先于母亲而亡，即母亲尚在，父亲已经去世。而且这两种解释不仅适用于现在，也适用于过去和将来。如果求卜者的父母实际上都已去世，那么算命先生会说，我说的是过去的事；如果求卜者的父母都还健在，则算命先生会说，我说的是将来的事；如果求卜者当前父在母不在或者母在父不在，那么算命先生也会作出解释。总之，不管是什么情况，求卜者都会觉得算命先生的话是对的。实际上，算命先生是故意玩弄歧义句的诡辩借以骗人。

322. 县官辩解道："我没有违背誓言啊，因为我得到的不是一文钱，受贿徇情也不是一次啊！"

那副誓联的原意是：即使我贪污一文钱也要天诛地灭，即使我徇一次私情也是男盗女娼。这两个判断分别蕴涵着：如果贪污多于一文钱就更是天诛地灭，如果多次徇私情就更是男盗女娼。而这位县官却把誓联曲解为：只有贪污一文钱才天诛地灭，只有徇一次私情才是男盗女娼。这是故意地偷换了命题，以此为自己的贪污受贿丑行辩护。

323. 因为上面没有加标点，他将其断句为："行路人，等不得，在此大小便。"经这样标点之后，意思就完全变了。根据这个判句，凡行路的人，只要憋不住了，就可以在此大小便。

324. 儿子答："为什么说太阳离我近呢？因为我抬头能望见太阳，却望不见长安呢！"

群臣听了，都趋炎附势地夸他说的有道理。

325. 庄子反问道："子非我，安知我不知鱼之乐？"

惠施和庄子关于是否知道游鱼快乐的问答都带有诡辩的性质。首先，作为正确的提问，惠施应对庄子说："你怎么知道鱼快乐呢？"而惠施却又加上了一个前提："你不是鱼，怎么能知道鱼快乐呢？"这就构成了一个省略推理，省略的大前提是："凡鱼以外的事物，都不能知道鱼快乐。"

其次，作为正确的回答，庄子应当说明自己为什么知道鱼快乐的理由。庄子避开了正面回答，而是抓住了惠施的"子非鱼，安知鱼之乐"这句话反问道："你不是我，怎么知道我不知道鱼的快乐呢？"这个反问也构成了一个省略推理，省略的大前提是："凡不是我的人，都不能知道我知道鱼的快乐。"

326. 对于这种浅薄无聊的恶语中伤，赫胥黎立即站起来答辩。

他庄严地宣称：达尔文的学说是对自然史现象的一个解释，他的书里充满了证明这个学说的大量事实，没有别的学说提供更好的对物种起源的解释。最后，为了科学的尊严，他对威尔勃福斯的人身攻击进行了必要的回击：我断言，我重复断言，要说我起源于弯着腰走路和智力不发达的动物，我并不觉得羞耻；相反，要说我起源于那些自负很有才华，社会地位很高，却胡乱干涉自己所茫然无知的事物，任意抹杀真理的人，那才真正可耻！

赫胥黎的讲话有力地驳斥了主教的胡说八道，博得了听众的热烈掌声，而自负很有"辩才"的威尔勃福斯却已哑口无言。

327. 撒哈拉沙漠。

328.《封神演义》。

329. 徐志摩。

330. 男孩要买的是蜂蜜，女孩要买的是牛奶。

331. 老师把诗句改为：

独上江楼思悄然，风景依旧似去年；
同来玩月人何在？月光如水水如天。

332. 诗句为：久慕秦郎假乱真，假乱真时又逢春。时又逢春花含露，春花含露久慕秦。

333. 有五种读法。

（1）秋月曲如钩，如沟上画楼。画楼帘半卷，半卷一痕秋。

（2）月曲如钩，钩上画楼。楼帘半卷，卷一痕秋。

（3）月，曲如钩，上画楼。上画楼，帘半卷。帘半卷，一痕秋。

（4）秋，月曲如钩上画楼。帘半卷，一痕秋。

（5）秋痕一卷半帘楼，卷半帘楼画上钩，楼画上钩如曲月——秋。

334. 上联缺个"八"下联少个"耻"，意思就是"王八无耻"。

335. 是2314。

规律是同一行的前两位数乘以后两位数等于下一个数。

例如：$55 \times 67 = 3685$，$92 \times 27 = 1564$。

336. 把这张纸条翻过来看，就是 li is boss he seells soil

李是老板，他卖毒品。

337. 把短信每两个字拼成一个字，就可以组成下面的一句话："静佳楼玖號（9号）取物。"玖为数字9的中文大写，號是"号"的繁体。

338. "申"（猴）无头为"甲"，"牛"无头为"午"，青铜镜为甲午年制造的。

339. 花甲是60岁，重开也就是两个花甲，即120岁，又加三七岁月，就是再加上21岁，即120+21=141岁。古稀为70岁，双庆也是两个古稀，即140岁，更多一度春秋，就是再加1岁，也是141岁。所以说这位老寿星的年龄是141岁。

340. 只要说："我是三兄弟里面最聪明的"就行。

341. 那这十两银子不是你的，等有人拾到十五两银子送来的时候我再通知你。

342. 老板说："盒子还在我这，要三人同时在场，我才可以交回盒子。你们去把那个人找回来吧。"

343. 陈婧在打电话时做了点手脚。在通话时，她一讲到无关紧要的话，就用手指按紧话筒，不让对方听到，而讲到关键的话时，就松开手。

这样，家人就收到了这么一段"间歇式"的报警电话："我是陈婧……现在……香格里拉大酒店……和坏人……在一起……请您……快……赶来……"

344. 因为保安发现其他人的雨伞都是湿的，而这个人的雨伞却是干的，说明她不是早上进去的。

345. 因为如果是被盗的话，小偷不会费劲撬开门之后只偷走其中一张最珍贵的邮票，而应该全部拿走，因为它们都很值钱。

346. 因为在海上都有雷达监控着。箱子是铝合金的，会被雷达发现。警察根据雷达显示的情况找到了富翁藏匿赃款的地方。

347. 是那个玩滑板的孩子做的，他把自行车锁着的前轮放在滑板上固定好，靠后轮驱动着车子，把车子骑走了。

348. 因为教授经常进行野外实地考察，很有经验，是不会把帐篷搭在大树底下的。因为那样的话，遇到雷雨天气容易遭到电击。所以现场一定是学生布置出来，迷惑警察用的。

349. 因为当过隧道时，太黑了。他以为眼睛又看不见了，于是受不住打击，自杀了。

350. 因为当年他跳入水里找女友的时候，自己的腿被一些东西缠住了。他以为那是水草，就拼命地蹬掉了。现在他终于明白，缠在自己腿上的东西不是水草而是女友的头发。如果当时没有蹬掉，女友就不会死，所以他就后悔地自杀了。

351. 几个人乘热气球旅行，路过沙漠时，气球突然出了故障，无法承载那么多重量，很危险，于是大家就把所有的行李全都扔下去了。但还是不行，只好再扔下去一个人。大家决定拿几根火柴来抽签决定，谁抽到半根的就把谁丢下去，事情就是这样。

352. 因为他的门开在悬崖边，那个人好不容易爬上来，他一开门，就被推下去了。如此几次，那人被摔死了。

353. 绅士先在手枪柄上系上一条长长的纸带，把纸带的一头放到羊圈里，然后开枪自杀。因为羊喜欢吃纸，就在吃掉纸带的同时，一点一点地把枪拖到了羊圈里。

354. 因为药箱内的体温计也被烤热了，达到了四十二度。普通病人的体温无论如何都不能达到四十二度，加上外面的温度又很低，所以可以断定这里不是第一现场，一定是有人将他从热的地方搬过来的。

355. 凶手在让死者吃了安眠药之后，就在塑胶管上放了一大块冰块，然后再打开瓦斯。这样一来，由于冰块的重量将塑胶管堵住，瓦斯便出不来了。随着时间推移，冰块也因溶化而变轻，因此堵住塑胶管的力量也减轻，所以瓦斯便外泄出来了。而凶手就利用这段时间，故意制造车祸让警察捉住，这样他就有不在场的证明了。管理员发现尸体时，冰块已经完全溶化了，而地板上的水渍正是这个缘故。

356. 死者是在汽车撞上山崖前飞出车子的，但是在车上却发现了血迹，说明死者上车前已经死了。死人是不会开车的，而C却看见死者正开着他的跑车离去，所以C在说谎。车里的石块是用来压住油门从而让车子行驶的，但由于车子没有直接冲出悬崖，而是撞上了围栏，使得车子成了破案的证据。

357. 是富翁自己偷了自己的钻石。他先准备两个一模一样的盒子，把钻石放到一个盒子里，再把另一个盒子放到密室中。那个著名的大盗和这个根本没有关系。

358. 根据安娜和贝思的供词的真伪，可以把科拉的死因列述如下：
如果安娜的供词是真的，那么：被贝思所杀害或自杀或意外事故；
如果贝思的供词是真的，那么：被谋杀或自杀；
如果安娜的供词是假的，那么：被谋杀但非贝思所为；

如果贝思的供词是假的，那么：意外事故。

由于无论这两位女士的供词是真是假，警察的两个假定覆盖了一切可能的情况，又由于两个假定不能同时适用，所以只有一个假定是适用的。

假定（1）不能适用，因为如果这个假定能适用，则贝思的供词就不是实话。所以只有假定（2）是适用的。

既然假定（2）是适用的，那贝思的供词就不能是虚假的，所以只有安娜的供词是虚假的。于是，科拉必定是死于被谋杀。

359. 最少10只小白鼠就够了。

把10只小白鼠编号为1～10，再把1000瓶酒用二进制编号，分别为0000000000，0000000001，……，1111111111，一共有1024种组法。把每种组法对应一瓶酒，足够1000瓶酒。酒的编号中第几位为1，就把该酒喂给第几只小白鼠。最后看死了哪几只小白鼠，便可以判断出哪瓶酒有毒了。

360. 这是一个新的悖论，而专家们还不知道如何解决它。

这个悖论是物理学家威廉·纽科姆发明的，称为纽科姆悖论。哈佛大学的哲学家罗伯特·诺吉克首先发表并分析了这个悖论。他分析的依据主要是数学家称之为"博弈论"或"对策论"的法则。

男孩决定只拿B箱是很容易理解的。为了使女孩的论据明显起来，要记住欧米加已经走了。箱子里也许有钱，也许空着，这是不会再改变的。如果有钱，它仍然有钱；如果空着，它仍然空着。让我们思考一下这两种情况。

如果B中有钱，女孩只拿箱子B，她得到100万美元。如果她两个箱子都要，就会得到100万美元加1000美元。

如果B箱空着，她只拿B箱，就什么也得不到。但如果她拿两个箱子，她就至少得到1000美元。

因此，每一种情况下，女孩拿两个箱子都多得1000美元。

这条悖论，是试验一个人是否相信自由意志论的"石蕊试纸"类型的悖论。对这个悖论的反应公平地区分出，愿意拿两个箱子的是自由意志论者，愿意拿B箱者是决定论（宿命论）者。而另一些人则争辩道：不管未来是完全决定的，还是不完全决定的，这个悖论所要求的条件都是矛盾的。

之所以出现争论，关键在于原来设定的问题情景中有许多不确定和模糊的地方，所以争论双方都不但需要按照自己的理解用语义分析和逻辑的方法去消除这种不确定和模糊性，而且需要找出对方在语义分析和论证中有何错误之处。

361. D在吃饭之前布置好了机关：

D先将无声手枪正固定在窗户的钉子上，用绳子系住门把手，另一头绕过旗杆，系在手枪扳机上。等死者开门时，绳子绷紧，使手枪开火，便杀人成功。

随后回来的D粗心地把尸体抛在爆竹堆上，把带有针的钓鱼线穿过死者裤兜,再把两头从窗子扔出窗外,锁上门,到窗外找到钓鱼线,用透明胶带把线固定在钥匙上,拉另一头使钥匙回到死者裤兜里,从而造成密室!

362. 两次。

把8个球分成3、3、2三组,把3个球和3个球分别放在天平的两端。如果天平平衡,那么把剩下的两个球放在天平上,天平向哪边倾斜,那个球就是略重的;如果天平偏向一方,就把重的那一方的3个球中的两个放在天平上,这时如果天平倾斜,重的就是重的球,不倾斜,剩下的那个球就是要找的。

363.

第一次		结果	第二次		结果	第三次		结果	结论
左	右		左	右		左	右		
1、2、3、4	5、6、7、8	右重	1、6、7、8	5、9、10、11	右重	1	2	右重	1轻
								平衡	5重
					平衡	2	3	右重	2轻
								平衡	4轻
								左重	3轻
					左重	6	7	右重	7重
								平衡	8重
								左重	9重
					右重	9	10	右重	10重
								平衡	11重
								左重	9重
		平衡	1、2、3	9、10、11	平衡	1	12	右重	12重
								左重	12轻
					左重	9	10	右重	9轻
								平衡	11轻
								左重	10轻
		左重	1、6、7、8	5、9、10、11	右重	6	7	右重	6轻
								平衡	8轻
								左重	7轻
					平衡	2	3	右重	3重
								平衡	4重
								左重	2重
					左重	1	2	平衡	5轻
								左重	1重

364. 如果我没有被骗,那么我一整天都因为哥哥早上的话而在空等,也就是被哥哥骗了;如果我被骗了,那我明明就等到了我所等的事,又怎么能说我被骗了呢?这样我那天到底是被骗了还是没有被骗呢?

你有更好的解释吗?我到底有没有被骗?

365. 大约过了一个月,我又去拜访那位教授。大的那个孩子见到我就问:"大哥哥,有件事我老想不通,想问问你。"

我说:"什么事啊?"

他说:"上次你说的那句咒语,当初你是怎么学会的啊?"

366. 虽然从逻辑上讲,我当时说的是真话,因为如果说我的回答是假话的话就会引起矛盾。但在当时,我确实觉得自己的回答是在撒谎。

从我的那次面试经历可以引申出一个问题:一个人可能不知道自己在撒谎吗?我说是不可能的。我认为,所谓"撒谎"并不是指一个人说的话不符合事实,而是指说话的人相信自己说的话是假的。即使你说的话符合事实,但只要你自己相信那是假的,我也会说你是在撒谎。

心理学里有这样一个例子可以很好地说明撒谎的含义。一个精神病院的医生们有心要放一个精神分裂症患者出院,决定替他作一次测谎器检查。医生问精神病人:"你是超人吗?"病人回答:"不是。"结果测谎仪嘟嘟嘟响了起来表示病人在撒谎。

367. 有人说,B是凶手,因为C并不是因为中毒而死的,而且即使A不下毒,C也会因为B而送命。也有人说,A才是真正的凶手,因为B的所作所为并不会影响结局,当A下毒以后,即使B不在水袋上钻孔,C也会送命。那么你觉得哪种论证正确呢?

这题可能永远也不会有能让所有人都认同的答案了。我个人的意见是,如果要有一个人对C的死亡负责的话,应该是A。因为无论是否出于本意,B所做的是让C沾不到下了毒的水,这无论如何总不是在杀他,甚至可以说是延长了C的寿命。当然,反对我的人也可以这样反驳:事实上C始终没喝过一点点毒药,在这种情况下,怎么能说A犯有投毒杀人罪呢?

总之,这是个值得思考的问题,它牵涉到了道德、法律、因果逻辑等几个领域。从道德的角度出发,显然A、B两个人都有杀人的动机,但法律有时候是不看动机只看结果的。我想这道题足够大家好好思考一阵子了。

368. 流行的答案是这杆旗插在了北极点上。因为在北极点上,所有方向都是南。所以,如果旗是在北极点上,探险家在它南边100米往东走了100米,旗还是在他的正北方向。

但其实这并不是唯一的解,这道题的解是无穷多的。例如,在很靠近南极点的某个地方，穿过这个地方的纬线周长恰好是100米，探险家把旗帜插在这条纬线北边的100米处。这样探险家从旗帜出发往南走100米到达这根纬线，沿着纬线往东走100米，就正好是绕着南极点转了一圈回到起点。同理，纬线的周长也可以是50米或者25米等，这样探险家就是绕着南极点转了两圈、三圈等。

369. 凶手是L先生。他在节目间隙的2～3分钟离开拍摄现场，快速跑到9楼的位于台长所在的那间房间正上方的一间房间内，他用手机打电话给台长说："我现在要自杀，就从你上方的房间跳下去。"这时候，台长必然会从窗口探出头向上看，L趁机将台长枪杀。台长死后，尸体滑下，蹲坐在墙边，造成了密室杀人的假象。

370. 答题1：根据条件（2），A、B首先应予以排除；根据条件（3），C、D也应予以排除。因此，选E。

答题2：A应予排除，因S和T是同性别的大人，违反已知条件（1）；B和E也应予排除，因为X必须和S或U同一家庭。由条件（1）可知S、T、V肯定在第二家庭或第三家庭，但C中缺V，故也应排除别的（当然用此法也可否定E）。因此，选D。

答题3：A违反已知条件（2）；E违反已知条件（3）；U和V是同性别的大人，不能是在一家，D应予除排。B也应该排除，因为W、S、U在一家，显然违反了已知条件（3）。因此，应该选C。

答题4：选A。因为参加游戏有2男、3女和4个孩子，根据规则（1），2男分别在两家里，3女分别在三家里。还有4个孩子必须这样分配，在有男人又有女人的家里可搭上1个孩子，而没有男人只有1个女人的家里搭上2个孩子。因此A肯定是对的，其他答案B、C、D不一定对，E则完全错误。

答题5：应选D。选A不行，因为R和S同一家庭，违反条件（1）。选B不行，因为R和W同一家庭，违反条件（2）。选C不行，因为X没有和S或U同一家庭，违反条件（3）。选E不行，因为U和V同一家庭，违反条件（1）。故选择D。

371. 答题1：选C。根据题意与已知条件（4），很明显C是肯定对的。既然C不能与D在同一个社团工作，那么，如果C在围棋社，D必定在曲艺社。

答题2：选B。不是C在围棋社，就是D在围棋社［已知条件（4）］。除此之外，还有一位是A［已知在条件（3）］。而在选择中，这三个人的名字只有C一人出现，因此只能选他了。

答题3：选C。根据题意可推出F与D在同一个社团。既然F与D在一起，那么C就不能跟他在一起，否则违反已知条件（4）。

答题4：选D。类似这种题目，我们只能用排除法来做，看哪个选择完全符合条件才能断定。下面我们一个一个来分析：

先看A。如果A是正确的，那么根据选项所给条件和已知条件（3）和（4），我们可以得出，肯定在围棋社的人是C、B和E。但是F没有得到限制，他既可以在围棋社，又可以在曲艺社，这就不可能是唯一可能的分配方案。

再看B。由题意和已知条件（3）可推出：E和B在围棋社，F、G和A在曲艺社。尽管我们可以从已知条件（4）知道C与D不在同一个社团，但是我们还是不能确定究竟谁分在哪个社团，因此这也不是唯一的分配方案。

然后我们来看看C。根据题意和已知条件（3），我们可以知道，围棋社里有B、G和E，曲艺社里有A，而C、D和F的位置不能确定，这样就会有更多的选择，因此C肯定是错的。

现在我们来看看D。根据题意我们可推出围棋社有5人，而曲艺社有2人。既然C在围棋社，那么D肯定在曲艺社［已知条件（4）］。现在曲艺社只能再进一人，根据已知条件（3），可推出这个人一定是A，而其余人员只能到围棋社工作，这是唯一的分配方案，因此D肯定是正确的。

最后我们再看一看E。根据题意和已知条件（4），我们只能推出D和其他三人在曲艺社，C和其他两人在围棋社，其余人员在哪个社团根本无法再推下去，故E也是错误的。

372. 答题1：选A既违反已知条件（2），又违反已知条件（5）。选B违反已知条件（5）。选D，E都违反已知条件（1）。因此，应选C。

答题2：你应该立即判定：选B。因为B是违反已知条件（4）的。

答题3：选C。选A违反已知条件（2）和（5）。根据已知条件（5），选B是不行的。如果该箱含有草莓果汁，必定含有苹果果汁，再加上葡萄果汁、橘子果汁，这一箱中便会有多于三种口味的果汁，这就违反了题意和已知条件。选D，E都会产生类似于选B时出现的问题。像这样的类似题目，你可以根据已知条件（5）直接找苹果果汁，这样就可以提高做题速度。

答题4：选A，由橘子果汁、桃子果汁、葡萄果汁装成一箱符合所有的题设条件。选B和D违反已知条件（2）。选C违反已知条件（2）、（4）、（5）。选E违反已知条件（2）、（4）。

答题5：选D。根据已知条件（2），只有B和D有可能对，而B违反已知条件（5）、（1）和题设条件，故只能选D。

答题6：选A。因为根据已知条件（5），含有草莓果汁必然含有苹果果汁，又根据已知条件（4），苹果果汁与桃子果汁不能同时装在同一箱内。再根据已知条件（5），草莓果汁和桃子果汁也不能装在同一箱内。

答题7：选E。理由是：两瓶桃子果汁或再加一瓶橘子果汁，或加上一瓶苹果果汁，或加上一瓶葡萄果汁，或加上一瓶草莓果汁，都会违反题设条件。若加上一瓶橘子果汁，就需加上一瓶葡萄果汁。若加上一瓶葡萄果汁，就需加上一瓶橘子果汁。若加上一瓶苹果果汁，显然违反已知条件（4）。若加上一瓶草莓果汁，就该再加上一瓶苹果果汁。因此，一箱内肯定不能含有两瓶桃子果汁。

373. 答题1：应选B。根据已知条件（4）、（5）可排出其中四人的数学成绩好数学成绩差顺序：F、G、H、D。由此可见，如果G比H数学成绩好，那么F肯定比D数学成绩好。

答题2：应选C。由已知条件（2）、（3）和本题附加条件可知，C、D、F和E四人中，C的语文成绩最好，其次是D和F，E的语文成绩最差，而选择C中所示恰恰相反，即E的语文成绩好于C的语文成绩，所以错。

答题3：应选D。

答题4：应选C。根据已知条件（1）、（5）和本题附加条件可排出下列5人从数学成绩好到数学成绩差的顺序：B、A、X、H、D，这样我们就可以很明显地看出B数学成绩好于D，因此C对。而选项A，B，D由于条件不充分，推出结果当然也是不可靠的。

374. 答题1：选B。根据已知条件（1）、（3）、（4）和本题的条件，N只能选修博弈论课程和心理学课程，而不可能再选修经济学课程。

答题2：选A。此题须用排除法来完成。根据已知条件（4）和本题条件，N不能再参加经济学课程，因此，选B、C和E都是错误的。另外根据已知条件（6），可推出如果O选修了经济学课程，则L也会选修经济学，再加上K，就会有5人选修该课程，不符合本题题意，因此D也错。故只有选A才是正确的。

答题3：选E。根据已知条件和本题题意，这7个人当中，除了N，其他人均不可既选修心理学又选修经济学课程。他们要么选修心理学和博弈论课程，要么选修经济学和博弈论课程。根据已知条件（2），我们可以判断，I是后一种人。因此选E必定正确。根据已知条件（5），我们还可以看出选B是错误的。当然最明显的错误是D，它明显违反已知条件（1）。而A也错，根据已知条件（6），O也必须选修，加上N、I、M共有5人选修经济学课程，这样就违反了题设条件"经济学课程必须有3至4人一起选修"的规定，因此错。至于C有可能对，但不一定对。

375. 答题1：选A。根据本题题意和已知条件（1）、（2），可推出V、P、Q分别是第五名、第六名和第七名，既然Q是最后一名，那么S就一定是第一名[已知条件（3）]，所以选A一定对。

答题2：选C。根据本题题意和已知条件（3），可知道R是第一名，则T

是最后一名。我们在第一题已经知道V肯定在P和Q之前〔已知条件（1）和（2）〕。因此，至少有三人（P、Q、T）在V之后，因而他的最差名次不会超出第四名。

答题3：选E。既然S是第二名而不是第一名，那么第一名肯定是R，最后一名肯定是T〔已知条件（3）〕。由此可见A、B、D肯定是错的，而C违反已知条件（1），因此只有E有可能是对的。

答题4：选D。根据题意和已知条件（3），可推出R、Q、S、T分别为第一名、第五名、第六名和第七名，而A、B、C、E都与所推结论相违背，因此只有D是有可能对的。

答题5：选D。由题意和已知条件（3），可推出S、R、Q、U分别是第一名、第二名、第五名和第七名；再由已知条件（1）和（2）可推出V和P必定分别是第三名和第四名。剩下的T只能在第六名。因此选D必定正确。

376. 回答这一组题群，你只要掌握一个答题技巧：即根据题设条件，从总体上把握，便可以先确定：2号和3号选手，已经有3个评委淘汰（H，O，N）；1号选手已经有两个评委通过（O，N），两个评委淘汰（H，J）。知道了这些后面就好回答了。

答题1：选E。根据条件（2），每个评委至少通过一名选手。既然O淘汰2号和3号选手，因而他必然通过1号选手。

答题2：选C。因为H、N、O三位评委肯定淘汰。

答题3：选B。根据条件（3）、（4），J淘汰1号选手，O淘汰2号和3号选手，同此他们两人不可能通过同一选手。

答题4：选B。若1号选手晋级，则K、L、N通过；若2号选手晋级，则J、K、L、M通过；若3号选手晋级，则J、K、L、M通过。综上所述，3个选手中某一选手晋级，K或L都通过，故选B。

答题5：选D。因为如果M的态度跟O一样，那么2号和3号选手都必将被淘汰〔条件（1）、（4）、（6）〕。同理选C和E都是明显错误的。选A和B也不一定对。因为肯定通过1号选手的只有3位评委，他们是M、N、O。因此1号选手可能晋级，也可能被淘汰。

答题6：选B。因为1号选手已有两人淘汰（H和J），再加上K和L〔根据条件（5）〕，共4人淘汰，因此必被否定。同理选A是明显错误的。而C、D、E的结论可能是对的，也可能是错的，这要看J和M的立场如何，本题未表明他们的态度，所以我们也就无法确定2号选手或3号选手是晋级还是被淘汰。

377. 做此题时，先根据已知条件（1）和（2）画出站人位置，这样可以更直观地解答题目。

从图中我们可以看出5个成人杂技演员分别站在最底层的四个位置和第二层中间那个位置上,其余的位置都供儿童杂技演员站立。

答题1:应选A。因为这是第二层的位置排列,所以除了中间一人是成人杂技演员外,旁边的两人应是儿童杂技演员。由此可先排除B。由本题题意"X站在V的肩膀上"可知,如果X站在第二层,那么V势必站在第一层,这样就违反了已知条件(4),因此C也错。又由本题题意"M和W肩并肩地站在同一层上"可知:M就是站在第二层中间的那一位成人杂技演员,因此D和E都错。只有V、M、N的排列符合所有条件,有可能组成第二层的排列,故选A。

答题2:应选A。由本题题意可知,Q是站在第二层中间的那位成人杂技演员;N不是站在第一层的第二个位置上,就是站在第一层的第三个位置上。但是不管N站在哪个位置上,根据答案中没有跌倒的所剩人数,可推出M站在第一层靠边的1个位置上。从答案分析的所列图形中可看出,如果M跌倒了,那么他上面的3个儿童杂技演员也同时跌倒,这样所剩人员将是3个大人和两个小孩。B、C、D、E均违反这一条,即所剩小孩人数在3个或3个以上,因此错。

答题3:应选D。从答案分析中,我们已经知道,五位儿童杂技演员分别站在第二层(2人),第三层(2人)和第四层(1人),因此如果X和Z站在第二层,那么V和W将分别站在第三层和第四层,这样第三层还有一位置可供Y站立;如果X和Z站在第三层,那么V和W将分别站在第二层和第四层,这样第二层有一位置可供Y站立,故选D。

答题4:应选E。由题设条件和本题题意可推出O是站在第二层中间的那位成人杂技演员,N、M、P站在第一层,由M将N和P隔开,因此不管Q站在第一层哪一边上,M始终站在中间的位置。即第二或第三个位置上,而N和P则有可能站在中间,也有可能站在边上。下面我们来逐个分析排除:由M所站位置可看出,如果他跌倒,那么他上面的1个成人杂技演员和4个儿童杂技演员将同时跌倒,这个结果与A的结果不符,故A错。从上面分析可知,我们不能确定N

和P是站在第一层中间还是旁边,因此B和D推断的结果也就无法成立。我们已知O是站在第二层中间的那个成人杂技演员。如果他跌倒,他肩上的3个儿童杂技演员也将同时跌倒,因此C也错。而Q是站在第一层边上的成人杂技演员,如果他跌倒,那么他上面的3个儿童杂技演员也将同时跌倒,E的推断结果与这一结果相符,因此肯定正确。

答题5:应选C。假设X和Y肩并肩地站在同一层上,由于X、Y都是儿童演员,由条件(1)、(4)得知,他们只能站在第三层。又因为,W和V均是儿童,他们可以站的位置只能是第二层和第四层,这就与W站在V的肩上这一条件不符,所以,X、Y不能站在第三层。综上所述,X、Y肩并肩地站在同一层是不可能的。

答题6:应选A。由本题"W站在N和P的肩上"可推出W站在第二层,N和P站在第一层,因为二层以上不可能有二个成人杂技演员站在同一层上;再由"X站在M和V的肩上"可推出:X站在第三层,M和V站在第二层,因为V是儿童杂技演员,不可能站在第一层,否则违反已知条件(4)。本题中V和M站在同一层,那么一定是第二层,因为第二层有一个成人杂技演员,他就是M,而第三层和第四层是不可能出现成人杂技演员的。现在我们已知站在第二层上的三位杂技演员是W、M和V,其中W和V不管站在哪一边,M肯定站在他们中间,因此A肯定正确,其他选择由于条件不充分而不能推出。

答题7:应选C。由题中"N和Y站在M的肩膀上"可推出:M站在第一层,N和Y站在第二层,N是站在第二层中间的成人杂技演员;由"Z站在P和O的肩膀上"可推出:P和O站在第一层,Z站在第二层(详细分析见上题)。现在我们已知:站在第二层中间的成人杂技演员是N,Y和Z分别站在N的两旁。因此,C肯定对,其他选择则不一定。

378. 答题1:选D。A违反已知条件(5)和(6);B和C违反已知条件(1)和(3);E违反已知条件(3)和(6);只有D符合所有条件,故选D。

答题2:选A。由题设条件(1)和本题条件可知,B在星期二打扫卫生;由已知条件(5)可知E在星期五打扫卫生;再由已知条件(3)可知A在星期三打扫卫生;最后由已知条件(2)可知,C不在星期四打扫卫生,故选A。

答题3:选C。由已知条件(2)和本题条件可知,C在星期四打扫卫生,F在星期五打扫卫生,故排除B和E;由已知条件(3)可知E在星期三打扫卫生;余下还有星期二和星期六,根据已知条件(5)可推出E不在星期五打扫卫生,B也不在星期二打扫卫生,因此B将分配在星期六打扫卫生;余下的星期二只能分配给D,故选C。

答题4:选E。由已知条件(5)与本题条件可知,E在星期五打扫卫生;再由条件（3）可知，A在星期三打扫卫生。除此之外，我们不知道其他人该在哪天打扫卫生，因此F有可能在星期一，也有可能在星期四或星期六打扫卫生。因此选E。

379. 答题1：应选B。因这一组中，蓝旗子与白旗子毗邻，违反已知条件（3），故错。

答题2：应选D。A违反已知条件（4）；B和E违反已知条件（1）；C违反已知条件（3）；只有D符合所有条件，故选D。

答题3：应选A。因为B违反已知条件（1）。C违反已知条件（1）和（2），而D和E都违反已知条件（1）。如果要符合所有的题设条件和本题题意，A是唯一的选择。

380. 答题1：你最好能一眼看穿：选A是正确的。选A，将会得到其中的一种组合：儿子、母亲、母亲；儿子、父亲、女儿；儿子、女儿、父亲。这种组合可以满足所有的题设条件。

答题2：选B。作为验证，我们将指出选A、C、D、E都是不行的。选C，显然违反已知条件（2）。选E，显然违反已知条件（3）。选D，根据题意和D的选择将会产生如下组合：吉姆、珍妮、玛丽；受已知条件（2）的限制，罗伯特不能和埃伦、苏珊同坐一辆车，那么这辆车上将是埃伦、苏珊、威廉（或托米、或丹）；而第三辆车上坐的将是罗伯特和他的两个儿子，这就违反了已知条件（3）。选A的情况类似于选D。如果选A，将会出现如下的情况：吉姆、珍妮同坐一辆出租车；埃伦、苏珊同坐一辆出租车；这样，第三辆出租车上肯定坐的是罗伯特一家人中的三个，这显然也违反了已知条件（3）。

答题3：选B。因为这样一来，四个父母辈的人分坐在两辆出租车上，第三辆出租车上坐的全是儿、女辈的人，这就违反了已知条件（2）。

答题4：选D。根据题意和条件（2），P和R的断定肯定是对的。因为，为了满足已知条件（2）和（3），吉姆家的两个孩子不能坐在同一辆出租车上，罗伯特和玛丽也不能坐在同一辆出租车上。而Q的断定有可能对，也有可能错，可能性就不能保证每种组合的绝对正确。因此除D外，其他选择都是片面的或不一定正确。

答题5：选A。由题目我们已知罗伯特家的两个男孩已经跟着吉姆下车了，因此剩下的三个孩子只能是吉姆家的两个女儿和罗伯特家的一个儿子。只有A和这个结果相符，故选A。

381. 答题1：应选C。根据已知条件（2），L病不会有喉咙痛的症状，因此，这个病人患的肯定不是L病。

答题2：应选B。根据已知条件（3）和（4），患了T病的人不一定发皮疹，而患了Z病的病人肯定不会发皮疹，但他至少表现出头痛这种症状，我们无法判断这个病人究竟患的是哪一种病。但是有一点我们已经知道：患这种病的病人都会有头痛的症状。因此，B肯定对。

答题3：应选E。下面，我们逐项地来分析：根据已知条件（2），可推出米勒得的不是L病，因此，选A肯定错。根据已知条件（4），可推出Z病病人可能会表现出喉咙痛，也可能不会表现出喉咙痛这种症状，我们无法断定米勒得的是不是Z病。因此，选B和D都不行。根据已知条件（1），我们也可推出同样的结果，即米勒可能患的是G病，也可能患的不是G病，所以，C也不对。根据已知条件（3），可知患T病的病人肯定会表现出喉咙痛的症状，而米勒没有喉咙痛的症状，因此，他患的肯定不是T病，由此，选E肯定正确。

答题4：应选D。根据已知条件和本题题意可推出罗莎患的肯定不是G病、L病和T病，那么她患的只能是Z病。而患Z病的病人必定会头痛而又绝不会发皮疹，因此判断①和②都是正确的，而判断③是错误的。

答题5：应选A。根据已知条件（1）和（2），可推断哈里斯患的肯定不是G病和L病，那么他患的可能是T病或Z病。根据已知条件（3）和（4），哈里斯不管患的是T病还是Z病，他都会有头痛的症状，所以，判断①肯定正确，而判断②和③则不一定，故选A。

答题6：应选D，根据已知条件（1），患G病的人除了发烧和头痛两种症状外，他还会发皮疹，因此，A错。根据已知条件（2），患L病的人不会头痛，因此B也错。根据已知条件（3），可知患T病的人有喉咙痛的症状，因此，C和E都错。根据已知条件（4），患Z病的人除了头痛，还伴有其他一种症状，因此这个病人患的肯定是Z病。

382. 从已知条件中，我们可先推出每对三胞胎都是由二男一女组成，N和Q是兄弟关系，O和R是同胞关系。明白这一点，我们在以后推理中可省去不少时间。

答题1：应选E。从题意分析中我们已经知道，N和Q是兄弟关系，O和R是同胞关系。M或P，可能居于N和Q这一对，也可能居于O和R这一对，但是N、Q绝不可能是O、R的同胞兄弟姐妹，由此可知：R和Q不可能是同胞兄弟姐妹关系。而其他几对都有可能是同胞兄弟姐妹关系。故选E。

答题2：应选E。此题可用排除法一个一个地分析：如果M和Q是同胞兄弟姐妹，那么我们可以假设M是女的，P是男的，但我们仍不知道究竟O或者R是女的，因此A错。选B也错，因为Q和R不可能是同胞兄弟姐妹（分析见答题1），因此更不能知道R是否一定是女性。如果P和Q是同胞兄弟姐妹，由此我们可以假设P是女的，M是男的，但我们还是不知道究竟O或者R是女的，因此选C也错。如果O是P的小姑，那推断的结果必定是R是男性，故选D同样错。在O是P的小叔这一条件下，我们可以推断在M、O、R这对三胞胎中M、O都是男性，R必定是女性。因此选E正确。

答题3：应选B。

答题4：应选A。根据题意，我们已经知道，N和Q是男性。如果Q和R结为夫妇，我们可以推断R是女的；O是男性，因此B和D肯定错，而C和E则不一定对，只有A肯定正确。

答题5：应选D。根据已知条件与本题附加条件，可推断出P、R、O三人是同胞兄弟姐妹，其中O是女的；N、Q、M三人是同胞兄弟姐妹，其中M是女的。由此我们可以看出，除D之外的其他选择都错。

383. 技巧：你最好能画出一幅平面图，只有依照平面图对题目的要求作出直观的理解，才能在10分钟之内完成这道题。

平面图如下：

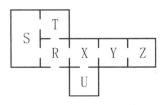

答题1：从平面图上可以清楚地看出，Z不可能是从R开始进入的第三个房间，要到达Z，需经过R、X、Y三个房间，也就是说，Z只能是从R直接进入的第四间房间。所以，应该选E。

答题2：选A。关掉的或是R、S之间的通道，或是R、T之间的通道，或是S、T之间的通道。

答题3：选E。Z房间只有一条通道与Y相通，故进出都需经过Y。也就是说，进出Z都要经过Y。

答题4：选C。对照平面图，你将清楚地看到只要在T、U之间开条通道，就可满足题目的要求。参观者的路线将是R—S—T—U—X—Y—Z。

384. 无论怎样，这位理发师都会违反镇长的规定的，所以他应该把这个问题告诉镇长，让镇长更改一下规定。

为什么这个悖论会引起"第三次数学危机"呢，因为"罗素悖论"完全是用当时严密的数学语言写成的，最后却得出了悖论。就像"理发师悖论"说明镇长的规定有问题一样，"罗素悖论"也说明了当时的数学体系有问题。而人们对数学体系的理解，对逻辑体系的理解，也随着"罗素悖论"的解决而更加深入了。

385. 如果你足够聪明的话，你就会嘲笑所罗门的愚蠢，因为所罗门的这个方法根本不能识别出谁是真正的母亲！当所罗门提出要将孩子一分为二时，真母亲当然不会同意，而宁愿将孩子让给对方。假母亲如果足够聪明，就能够猜测到这是所罗门国王的"苦肉计",她完全可以也假装痛苦地表示宁愿将孩子"让"给对方。这样,情况就变成了两个母亲都愿意将孩子判给对方,问题又回到了原点。不管所罗门国王杀婴的恐吓是否可信,他现在都无法判断谁是孩子的真正母亲。

386. 第一个问题是:如果下一个问题是你愿意不愿意请我吃顿饭,你的答案是否和这个问题一样?第二个问题是:你是否愿意请我吃顿饭?

如果老板的第一个问题的答案是:"是",那第二个问题他必须要回答"是",小刘就能免费吃到饭了。

如果老板的第一个问题答"不是",那第二个问题他还是必须答"是"。所以小刘总能免费吃一顿。

387. 罪犯提前在董事长的一个车胎里充入高压氰酸钾气体。早上,当董事长想开车时,发现一个轮胎的气太足,就想放出一些气,这样剧毒的氰酸钾气体喷出使其身亡。

388. 山本司机被副驾驶员杀害了,然后尸体被投入到了蒸汽机车的锅炉中烧掉了。

389. 是犯罪团伙利用鸵鸟走私钻石。因为鸵鸟的胃很特殊,它会吞食小石子帮助消化。这些石子不会排泄掉,而是留在胃里,犯罪团伙利用这一点,让鸵鸟吞食钻石,走私回国,然后杀死鸵鸟,取回钻石。

390. 按照上面的洗牌规则,假设原来排在第 x 张的牌经过一次洗牌后会排在第 y 张,由题意可知:

当 $1 \leqslant x \leqslant 26$ 时,$y=2x-1$;

当 $52 \geqslant x \geqslant 27$ 时,$y=2x-52$。

跟踪每一张牌在各次洗牌后的位置,我们可以发现每次洗牌后都会出现以下几个不变的规律:

(1)原来编号为1和52的两张牌的位置是一直不变的,1号在最下面,52号在最上面;

(2)原来的第18号、第35号两张牌的位置是不停互换的,即洗一次会让35在前面,洗2次则18在前面,也就是说如果洗的次数是偶数次,那么编号为18的牌仍然在第18位,编号为35的牌仍然在第35位;

(3)其余的48张牌以8张为一组,各自在组内以8次洗牌为一个循环。

所以,这副牌在洗8次牌后就会回到初始状态。

大家可以拿出一副扑克牌自己试一下,如果你没有那么好的洗牌技术,则可以从两叠牌中一张一张按顺序取牌,也可以达到洗牌的效果。

391. 首先,第二天,有4个人喊叫,一定是4个平民的喊叫,不可能其中有小偷。可得出下面3种可能的情况。因为有4个平民被盗,1个警察,又因为小偷一天偷一次,这三个条件。所以,第一种情况:4个小偷,4个平民,2个警察。

第二种情况：4个小偷，5个平民，1个警察。第三种情况：5个小偷，4个平民，1个警察。

第一天，这几个小偷不约而同地偷了豪宅（除了十个房间以外的地方）里的东西！这也解释了为什么第二天被盗的4个人当中一定没有小偷！

分析第一种情况：因为，4个平民都可以识别警察，而警察又有2个。并且，第二天，他们4个平民又互相认识了彼此的身份。所以，他们每个人都很清楚剩下的4个人一定是小偷！因此，他们每个人都会写2封一样的匿名信，分别投进2个警察的信箱里。而题目中却是5封信，并且每封信里所包含的姓都不一样！所以第一种情况是不可能的！

第二种情况：4个小偷，5个平民，1个警察。

首先，当每个被盗的平民看到外面只有1个警察时，这时候每个被盗的平民都不能确定剩下的5个人中到底是4个小偷和1个没有被盗的平民，还是这5个人都是小偷。所以，他们无法写匿名检举信。换句话说：在5个平民中，只有那个没有被盗的平民知道外面有4个被盗平民，1个警察。从而推断出剩下的4个人一定是小偷！他只用写一封信就够了。然而，那4个小偷如果看到外面有5个平民，那么每个小偷都能推出那个没有被盗的平民一定会写一封信给警察！因此，他们就不约而同地做出了一件事！因为每个小偷都无法从除了自己、5个平民以外的4个人中推出谁是警察。所以，他们每个人都写了4封信，而这4封信的特点是：每封信都不写自己、收信人和4个被盗的平民的姓，然后就把这4封信分别投入对应的收信人的信箱！那么，总会有一封信会被警察收到！所以，警察一共会收到5封信，而这5封信中，每封信的内容都不一样。

警察看完信，想了一会儿后马上冲出去。为什么警察要冲出去呢？肯定是他已经知道谁是小偷了。可为什么这么急呢？怕小偷销毁证据。

但是警察只能推出5个嫌疑人中有4个是小偷，无法判断哪个是没有被盗的平民！

当那4个小偷看到有一个没有被盗的平民后，每个小偷都会知道这个平民一定会写给警察一封匿名检举信。所以这4个小偷都会写4封匿名诬告信。但是有一点你们都没有注意到：就是当小偷在写第一封信的时候，他的潜意识里已经有了3个人的姓！其中有一个是自己的姓，另一个是收信人的姓。但是这两个人的姓都不能写在信里呀！对！还有一个人，小偷一定是第一个写这个人的姓！这个人就是：没有被盗的平民！因为，只有他在每个小偷的脑海里是直观印象的，而其他的3个人的姓只能靠推理，随机地推出一个写一个！所以，这个小偷在写每一封信的第一个姓的时候就不假思索地写下了没有被盗的平民的姓！其他的小偷都会这样想，这样做！因此，陈警察收到的5封信应该是：其中有4封信的第一个姓是一样的，只有一封信的第一个姓是不一样的！而这封第一个姓不一样的信

234

的写信人就是：没有被盗的平民！

第三种情况下，5个小偷都会写信给警察。

第一天，有5个小偷不约而同地偷了豪宅（除了十个房间以外的地方）里的东西。到了第二天，有两种可能：5个小偷都偷了4个平民，有一个平民被盗了两次！这5个小偷都认识外面的4个平民，每个小偷都会想：如果有2个警察，那么每个警察一定会收到4封信，每封信包含的姓是一样的。而且，每个小偷都会想到警察会想到这些！在这种情况下，每个小偷都意识到包括自己在内的所有小偷都会被抓。所以，他们就没有必要再去写匿名诬告信了！如果只有1个警察，那么就应该有5个小偷。每个小偷都知道那4个平民是不会给警察写信的！因为，这时候每个被盗的平民都不能确定剩下的5个人中到底是4个小偷和1个没有被盗的平民，还是这5个人都是小偷。所以，他们无法写匿名检举信。每个小偷都会想到这一点！所以，为了能让自己不被警察怀疑，每个小偷都会写信给警察。

第二种可能：第二天，有4个小偷都不约而同地偷了4个平民，而这个时候，有一个小偷却偷的还是豪宅（除了十个房间以外的地方）里的东西！那么，偷平民的那4个小偷他们的想法是和上面是一样的！而那个偷豪宅的小偷，他会不会一定写匿名诬告信呢？答案是：会的！因为他能清清楚楚地推出：一定有5个小偷（包括自己）。他也能想到其他4个小偷会写包含自己的姓的诬告信！如果自己不写信给警察，那么警察就会收到4封信，而每封信的内容里都有自己的名字，这样很容易让警察怀疑上自己！因此每个小偷都会写匿名诬告信的！

所以，最终的答案就是：

1个警察——陈

4个平民——张，王，李，徐

5个小偷——董，许，林，孔，赵

392. 这个游戏的独特之处在于你必须考虑其他参与者是怎么想的。

首先，你可能假定人们都是随机地选择一个数字寄回，这样的话平均值应该是50，那么最佳答案应该是50的2/3，也就是33。

但你应该想到，别人也会像你一样，想到33这个答案。如果每个人都选择了33，那么实际的平均值应该是33而不是50，这样最佳答案应该修改成33的2/3，也就是22。

那么别人会不会也想到这一层？如果大家都写22呢？那么最佳答案就应该是15。

可是如果大家都想到了15这一层呢？

……

这样一步步地分析下去，如果所有人都是绝对的聪明而理性，那么所有人都会做类似的分析，最后最佳答案必然越来越小，以至于变成0。鉴于0的2/3还是0，所以0必然是最终的正确答案。

但问题是，如果有些人没有这么聪明呢？如果有些人就是随便写了个数呢？

刊登广告的其实是芝加哥大学的理查德德泰勒。他收到的答案中的确有些人选择了0，但平均值是18.9，获胜者选择的数字是13。这个实验就是要说明，很多人是不那么聪明，也不那么理性的。